Charles Sibthorpe · Unter höherem Befehl

Charles Sibthorpe

UNTER HÖHEREM BEFEHL

Wesen und Prinzipien christlicher Leiterschaft

PROJEKTION J VERLAG GMBH · HOCHHEIM

1. Auflage 1986
2. Auflage 1987

Titel der Originalausgabe:
A Man Under Authority

© 1984 by Charles Sibthorpe
published by Kingsway Publications LTD, Eastbourne

© der deutschen Ausgabe by Projektion J Verlag GmbH, Hochheim
ISBN 3-925352-04-X

Übersetzung: Thomas Mankel
Umschlaggestaltung: Wepler & Burfeind, Hamburg
Herstellung: Heinzelmann Druckservice, Metzingen

Dank

Ich bin Gott dankbar für die Liebe und die Ermutigung, die ich beim Schreiben dieses Buches empfangen habe.

Mein besonderer Dank gilt Marigold, die geholfen hat, meine Gedanken verständlich zu machen; ebenso Sandy, David und Jane für ihre Hilfe.

Namentlich möchte ich auch meiner Familie und den Mitbewohnern danken für ihre Ermutigung – Joyce, Craig, Joanna, Daniel, Coralie, Ben, David, Lyn und Rosie.

Ich danke Gott für das Team der »Hyde Leaders' Week«, wo der meiste Stoff dieses Buches entstand und erprobt wurde.

Ich danke Gott für Colin, Bob, David und Michael, meinen Mitältesten der Bethany Fellowship (Kommunität), in der ich danach trachte, meinen Stand als Mann »Unter höherem Befehl« in das tägliche Leben umzusetzen.

Inhalt

1 Bist du ein Leiter?

Am Anfang unserer Ehe wohnten Joyce und ich in einem großen Haus, das einen 5-Zimmer-Wohntrakt und einen altmodischen Tante-Emma-Laden unter einem Dach vereinte. Die eine Hälfte des Hauses wurde unser Heim, die andere wurde rasch zu einem Unterschlupf für unsere wachsende Jugendgruppe umgebaut.

Ich war immer aufs neue gespannt darauf, wer wohl freiwillig die Kaffeetheke aufräumen oder mit einem neuen Anstrich aufmöbeln würde. Das Ergebnis ist aufschlußreich: Diejenigen, die am ehesten bereit waren zu dienen, haben später Leiterpositionen eingenommen. Einer von ihnen widmet sich heute als Missionar der Bibelübersetzung in Afrika, ein anderer ist Presbyter im Nordosten Englands, und ein Ehepaar leitet einen Hauskreis in einer anglikanischen Gemeinde in Manchester.

Bist du ein Diener?

Ein Schlüssel zur Leiterschaft ist die Bereitschaft, zu dienen. Jesus sagte:»Wer unter euch groß sein will, der sei euer Diener, und wer unter euch der Erste sein will, der sei euer Knecht« (Mt. 20,26–27).

Samuel hatte nicht den Ehrgeiz, ein Prophet zu werden, als er im Tempel diente. Es heißt schlicht von ihm: »... als der Knabe Samuel dem Herrn diente unter Eli...« (1. Sam. 3,1). Gott fiel auf, wie zuverlässig Samuel seinen Dienst versah, und fand, daß er nur Samuels Ohren die lebenswichtige Botschaft anvertrauen konnte, die dem Eli gesagt werden mußte. Größere Verantwortung hielt Gott für später bereit.

Als Elisa wußte, daß er Elias Nachfolger als Prophet Gottes werden würde, war seine erste verantwortungsvolle Handlung nicht, eine großartige Botschaft Gottes zu verkünden oder ein Wunder zu wirken, sondern statt dessen – wie es im 1. Kön. 19,21 heißt – »...machte er sich auf und folgte Elia nach und diente ihm«.

Jeder, der das Zeug dazu hat, ein Leiter zu werden, wird von Gott in die Schule des Dienens und des Ableistens von einfachen, ja niedrigen Diensten genommen. Meine Freunde in der Jugendgruppe begannen damit, daß sie den

Malerpinsel in die Hand nahmen; Samuel begann den Dienst im Tempel und Elisa, indem er Elia diente.

Dienst ist eine notwendige Vorbereitung; das bedeutet aber noch lange nicht, daß alle diejenigen, die Dienste verrichten, damit automatisch für die geistliche Leitung qualifiziert sind. Zur Leitung muß man deutlich von Gott berufen sein.

Bist du von Gott berufen?

An den Tag, an dem Gott mich in den Vollzeitdienst berufen hat, werde ich mich immer erinnern. Es geschah in einer kleinen Kapelle in Cornwall, St. Agnes Beacon. In diese einsame Kapelle auf dem Land war Dr. Denis Ball eingeladen worden, dort mehrtägige Vorträge zu halten. Als ich mit Joyce und Freunden eintraf, war ich entsetzt über die geringe Teilnahme; während der ersten Hälfte des Gottesdienstes ließ ich meinem Ärger freien Lauf, daß nicht mehr Leute gekommen waren. Als aber Denis Ball mit seinem Vortrag begonnen hatte, merkte ich, daß Gott nur einige wenige versammelt hatte, weil er für uns eine besondere Botschaft hatte.

Gott rief mich, ihm mein Leben in Gehorsam und Dienst in einer Weise zu widmen, wie ich es nie zuvor getan hatte, und als Denis die Teilnehmer einlud, zum Einzelgebet nach vorne zu kommen, sprang ich von meinem Stuhl auf und war als erster vorne. Ich wußte: es war für mich bedeutsam, rasch zu handeln, obwohl es meinem Wesen eher entsprochen hätte, zu warten, bis andere vorangingen und dann mich diesen anzuschließen. Gott aber hatte gerufen; ich hatte dem Ruf zu folgen.

Die Initiative liegt immer bei Gott. Jeremia war – trotz seiner Jugend und seiner Ängste – von Gott gerufen worden: »Siehe, ich setze dich heute über Völker und Königreiche, daß du ausreißen und einreißen, zerstören und verderben sollst und bauen und pflanzen!« (Jer. 1,10).

Gott ruft diejenigen, die er erwählt. Infolgedessen ist die Verantwortung niemals leicht, zur Leiterschaft berufen zu werden. Gott wird die Berufung jedem einzelnen immer bekräftigen – durch Bibelstellen und durch die Bestätigung anderer Glieder des Leibes Christi.

Scheust du zurück?

Wenn ein Leiter weiß, daß er nicht fähig ist, seine Arbeit aus eigener Kraft zu tun, wird er nur widerstrebend einwilligen. Das ist keine falsche Demut, sondern echte Zurückhaltung, die aus dem ehrlichen Wissen um die eigenen menschlichen Begrenztheiten stammt.

Eine solche Scheu ist in vielen Paulusbriefen belegt. Paulus wußte, daß er seinen Auftrag als Leiter nur unter dem Befehl und in der Kraft Gottes ausführen konnte. Natürliche Worte und Handlungen werden im Leben der Menschen keine übernatürlichen Ergebnisse zeitigen; ebenso ist das Evangelium ein übernatürliches Werk Gottes, das nur durch den täglich bewährten lebendigen Glauben aktiviert werden kann. Pauli Beschreibung seiner Mission nach Korinth verdeutlicht das: »Auch ich, liebe Brüder, als ich zu euch kam, kam ich nicht mit hohen Worten und hoher Weisheit, euch das Geheimnis Gottes zu verkündigen. Denn ich hielt es für richtig, unter euch nichts zu wissen als Jesus Christus den Gekreuzigten. Und ich war bei euch in Schwachheit und in Furcht und mit großem Zittern« (1. Kor. 2,1–3).

Als Mose Gottes Ruf in die Leiterschaft vernahm, antwortete er: »Herr, beauftrage lieber jemand anderen als mich!« Ich bin begeistert, wie ehrlich und offen die Bibel das berichtet. Hier wird eines der Geheimnisse von Mosis Größe enthüllt. Kurzum: Mose wurde nie größenwahnsinnig!

Gideons Reaktion auf seine Berufung verlief ähnlich: »Ach, mein Herr, womit soll ich Israel erretten? Siehe, mein Geschlecht ist das geringste in Manasse, und ich bin der Jüngste in meines Vaters Hause« (Ri. 6,15).

Ganz am Schluß des 2. Korintherbriefs finden wir einen Kernspruch von Paulus, der den Schlüssel zu geistlicher Kraft liefert: »Wenn ich schwach bin, so bin ich stark« (2. Kor. 12,10b).

Verkündigst du das Wort?

»Seid eingedenk eurer Vorsteher, die euch das Wort Gottes verkündigt haben...« (Hebr. 13,7/Zürcher Bibel). In der Kirche von heute herrscht kein Mangel an Worten. Wie viele davon sind wirksam? Jesus sagte seinen Jüngern: »Die Worte, die ich zu euch rede, die rede ich nicht von mir selbst aus« (Joh. 14,10). Jesus sprach nur die Worte, die ihm Gott gab. Jesus sagte auch: »Die Worte, die ich zu euch geredet habe, die sind Geist und sind Leben« (Joh. 6,63).

Menschliche Schlußfolgerungen haben nur begrenzte Wirkung und haben nur so lange Bestand, bis jemand mit einem besseren und überzeugenderen Argument kommt. Wenn du aber das Wort Gottes verkündigst, so hat das lebensverändernde Kraft. Gottes Wort bringt der verlorenen Menschheit die Erlösung, es bringt Kraft in das Vakuum menschlicher Schwäche und bringt Heilung den Zerbrochenen und Kranken.

Paulus sagte: »Mein Wort und meine Predigt geschehen nicht mit überredenden Worten menschlicher Weisheit, sondern in Erweisung des Geistes und der Kraft, damit euer Glaube nicht stehe auf Menschenweisheit, sondern auf Gottes Kraft« (1. Kor. 2,4–5).

Deshalb ist es so wichtig, daß ein Leiter ein Mann des Wortes Gottes ist. Solch ein Mann soll eine gründliche Bibelkenntnis haben; sein Leben soll mit den Lehren der Bibel übereinstimmen; seine Worte sollen den Stempel der Vollmacht Gottes tragen.

Paulus sagt dem Timotheus: »Bemühe dich darum, dich vor Gott zu erweisen als einen rechtschaffenen und untadeligen Arbeiter, der das Wort der Wahrheit recht austeilt« (2. Tim. 2,15).

Lebst du deine Botschaft?

»Seid eingedenk eurer Vorsteher..., schaut den Ausgang ihres Wandels an...« (Hebr. 13,7/Zürch. B.). In unserer heutigen Gesellschaft gibt es Leute, die in Wirtschaft, Handel und Politik führende Positionen innehaben und diese wohl versehen, obgleich ihr Privatleben in Unordnung ist. Sie bringen es fertig, ihr Leben in getrennten Bereichen zu leben, wobei ein Bereich nicht ernstlich den anderen beeinflußt. Da kommt es vor, daß ein Mann erfolgreich sein Geschäft führt, wobei er seine Mitarbeiter gut bezahlt und feinfühlig auf sie eingeht, während zu Hause seine Ehe in die Brüche geht, weil er sich um die persönlichen Bedürfnisse seiner Frau nicht gekümmert hat.

Ein geistlicher Leiter kann so nicht wirksam handeln. »Schaut den Ausgang ihres Wandels an«; das Leben spricht eine deutlichere Sprache als Worte. Das heißt nicht, daß alles wertlos ist, was einer sagt oder predigt, solange er in seinem Leben nicht darin Vollkommenheit erreicht hat; vielmehr ist gemeint, daß der Leiter Gottes Wort erst auf sich selbst anwenden muß – nur dann hat er die Freiheit, es anderen mitzuteilen.

Die Wahrheit ist aufregend: Je mehr ich Gott erlaube, *in* mir zu handeln, desto mehr kann Gott *durch* mich handeln.

Jesus sagte: »Wer mir folgen will, der verleugne sich selbst und nehme sein Kreuz auf sich täglich und folge mir nach« (Lk. 9,23). Das Leben mit Jesus zu leben heißt, dem Sich-selbst-Leben adieu zu sagen.

Paulus war unbefangen genug, seine Mitarbeiter aufzufordern: »Darum ermahne ich euch: Folgt meinem Beispiel!« (1. Kor. 4,16). Es spielt keine Rolle, ob das nun ausdrücklich gesagt wird oder nicht: Genau das würden diejenigen, die Paulus achten, tun; denn der Leiter vervielfältigt sich in seinen

Schützlingen auf allen Ebenen der Moral und des Lebensstils. Das sieht man am ehesten daran, wie Kinder von den Eltern beeinflußt werden.

Paulus fährt fort:»Aus demselben Grund habe ich Timotheus zu euch gesandt, der mein lieber und getreuer Sohn ist in dem Herrn, damit er euch erinnere an meine Weisungen in Christus Jesus, wie ich sie überall in allen Gemeinden lehre« (1. Kor. 4,17).

Die Anforderungen sind hoch, aber nicht unerreichbar. Petrus schreibt über die Kraftquellen, die Gott uns schenkt, damit wir nach seinen Absichten leben können:»Alles, was zum Leben und zur Frömmigkeit dient, hat uns seine göttliche Kraft geschenkt durch die Erkenntnis dessen, der uns berufen hat durch seine Herrlichkeit und Kraft« (2. Petr. 1,3).

Handelst du aus dem Glauben?

»Seid eingedenk eurer Vorsteher... und ahmt ihren Glauben nach« (Hebr. 13,7/Zürch. B.). Ein weiterer deutlicher Unterschied zwischen Leitenden in Gesellschaft und Wirtschaft einerseits und geistlichen Leitern andererseits ist dieser: Erstere können allein aufgrund von Erfahrung und Ausbildung handeln; ein Leiter des Volkes Gottes aber muß ein Mann des Glaubens sein.

Lebendiger Glaube bringt die machtvolle Kraft Gottes in jede Situation des Lebens und des Gottesdienstes. Im Hebräer 11, V. 6 heißt es:»Ohne Glauben ist's unmöglich, Gott zu gefallen; denn wer zu Gott kommen will, der muß glauben, daß er ist und daß er denen, die ihn suchen, ihren Lohn gibt.«

Von einem christlichen Leiter erwarten wir einen solchen Glauben, der ansteckend ist, einen Glauben, dem wir nacheifern möchten. Glaube weist auf Gott hin, der jede Einzelheit unseres Lebens unter Kontrolle hat und der – obwohl er die Schwierigkeiten versteht, denen wir ausgesetzt sein mögen – gerne seine Kraftquellen in unser Leben hineinbringen möchte, um solche Verhältnisse zu ändern.

Paulus schreibt an die Römer (1,17):»Denn die Gerechtigkeit Gottes wird im Evangelium enthüllt aus Glauben zum Glauben; wie geschrieben steht: ›Der Gerechte aber wird aus Glauben leben‹« (Wuppertaler Studienbibel).

- Glaube ist notwendig, um Menschen aus der Dunkelheit ihrer Sünde zur neuen Geburt in Jesus zu führen.
- Glaube ist notwendig, um in das besiegte und kraftlose Leben von Menschen die Kraft des Heiligen Geistes hineinzubringen.
- Aus Glauben wird für die Kranken gebetet und im Namen Jesu geheilt.

- Durch Glauben werden die Mächte der Finsternis zerschmettert und Menschen freigelasssen in die herrliche Freiheit, die in Christus Jesus ist.
- Durch Glauben werden Alltagssituationen aus Niederlage und Entmutigung in Sieg und Freude verwandelt.

Folgt man dir?

Jesus sagte: »Folgt mir nach; ich will euch zu Menschenfischern machen«, und der Bericht fährt fort: »Sogleich verließen sie ihre Netze und folgten ihm nach« (Mk. 1,17–18).

Als ich noch Geschäftsmann in Cornwall war, hatten wir drei Läden und beschäftigten ca. 70 Angestellte. Die gehorchten mir als Chef, und ich empfand, daß ich loyale und hart arbeitende Mitarbeiter hatte. Das war ermutigend und schmeichelte meinen Führungsfähigkeiten und meinem beruflichen Können. Ich kam aber nicht an der Tatsache vorbei, daß ich diese Menschen für ihre geleistete Arbeit bezahlte. Hätte ich die Gehälter nicht ausbezahlt, dann hätte ihre Bereitwilligkeit rapide nachgelassen.

Im Leibe Jesu ist Leiterschaft anders. Die Menschen werden nicht bezahlt und unterliegen keinerlei Zwang, sich zu fügen. Leiterschaft auf der einen Seite und Sichfügen auf der anderen Seite sind unbedingt erforderlich; aber das ganze Kräftespiel basiert auf der Beziehung zwischen Gott und den Menschen und nicht auf Belohnung.

Ein Leiter muß straff führen, und sein Leben muß in Übereinstimmung mit dem Wort Gottes sein. Seine Führung wird danach beurteilt, wie die Geführten darauf ansprechen. Das bedeutet nicht, daß er den Mitarbeitern zu Gefallen handeln sollte. Keineswegs! Ist er zuerst Menschen zu Gefallen, dann begibt er sich aus der Vollmacht Gottes heraus auf unbefugtes Gelände und ist nicht mehr wert, daß man ihm folgt.

Im Buch Richter 5,2 heißt es: »Lobet den Herrn, daß die Leiter die Leitung in Israel übernahmen und das Volk willig dazu gewesen ist.« Wenn niemand folgt, ist der Hirte kein Leiter. Wenn aber sein Leben deutlich das Dienstsiegel Gottes trägt, dann werden sich Mitarbeiter finden, die sich bereitwillig unter seiner Leitung einbringen.

Bringst du Frucht?

Wer eine Obstplantage mit Apfelbäumen anlegt, erwartet eine Ernte von schmackhaften, köstlichen Äpfeln. Gott »pflanzt« oder ernennt Leiter in der

Erwartung, eine reiche Ernte von Früchten im Leben seines Volkes einzubringen. Paulus redet einige seiner Gemeindeglieder an mit »Meine lieben Kinder, die ich abermals gebäre, bis Christus in euch Gestalt gewönne!« (Gal. 4,19).

Fruchtbarkeit ist im Volk Gottes das Widerspiegeln Jesu in seinem Leben. Andere mögen davon pflücken und ernährt werden. Jesus stellt fest: »Nicht ihr habt mich erwählt, sondern ich habe euch erwählt und bestimmt, daß ihr hingeht und Frucht bringt und eure Frucht bleibt« (Joh. 15,16).

Fruchtbarkeit zielt jedoch zuerst auf Gott. »Lebt als Kinder des Lichts; die Frucht des Lichts ist lauter Güte und Gerechtigkeit und Wahrheit. Prüft, was dem Herrn wohlgefällig ist« (Eph. 5,8b–10).

Gott sehnt sich danach, uns mit seinem Heiligen Geist zu beschenken, der Früchte bringt, die ihm Ehre machen und anderen ein Segen sind. »Die Frucht aber des Geistes ist Liebe, Freude, Friede, Geduld, Freundlichkeit, Güte, Treue, Sanftmut, Keuschheit« (Gal. 5,22–23).

Wesentliche Voraussetzung ist natürlich, daß der Leiter selbst Frucht bringt; die wird sichtbar in der Art, wie Gott im Leben der dem Leiter unterstellten Menschen am Werk ist. Die Frucht wird ausgeprägt und wahrnehmbar sein. Die Unbekehrten werden in Jesus ihren Retter und Herrn finden; die Schwachen und Unterlegenen werden durch das Wort und durch die Kraft des Heiligen Geistes gestärkt sein. Die Leute werden sagen: »Gott ist hier«, weil sie ihn unter seinem Volk am Werk sehen können.

Bist du deinen Mitarbeitern voraus?

Diese Frage mag befremdend klingen. Dennoch mußt du deinen Mitarbeitern voraus sein, wenn sie dir folgen sollen. Paulus war kühn genug zu fordern: »Folgt meinem Beispiel, wie ich dem Beispiel Christi!« (1. Kor. 11,1).

Leiter stehen in der Verantwortung, ständig auf Gott hin vorwärtszudrängen. Damit will ich nicht behaupten, daß jeder Leiter ein Riese in geistlichen Dingen sein müsse; du mußt deinen Mitarbeitern nur eine halbe Gangart voraus sein. Gott wird dich Schritt um Schritt führen, und du wirst deine Mitarbeiter genauso voranbringen – Schritt um Schritt. Ein Leiter sein bedeutet: Du bist von Gott berufen und bist bereit, dich mit ihm an die Spitze zu setzen. Oft ist es ein einsamer Pfad, weil du neues Gelände erschließt, damit andere später hindurchmarschieren können; aber du selbst brauchst ja nur dem Pfad zu folgen, den Jesus schon vorgebahnt hat.

Aus Entmutigung und Erschöpfung finden sich Leiter oft nicht mehr vorn, und ihre Mitarbeiter sind infolgedessen zum Stillstand gekommen. Zuweilen stellt ein Leiter fest: ›Meine Mitarbeiter sind mit Gott nicht mehr vorangekommen, sie sind steckengeblieben!‹ In Wirklichkeit ist ihr Leiter steckengeblieben. Vor allem diese Situation war es, die den Anstoß zu dem Plan zu Seminaren für Leiter in dem Haus unserer Kommunität ›The Hyde‹ gab, die mittlerweile die Hauptaufgabe meines Dienstes geworden sind.

Hyde Leaders' Weeks (Seminare für Leiter)

Während ich als Mitarbeiter eines Missionsteams in verschiedenen Städten in ganz England unterwegs war, fielen mir Geistliche und Leiter auf, die unermüdlich und voller Vertrauen arbeiteten und dennoch eine auffrischende Berührung von Gott benötigten. Mir war bewußt, daß Gott uns im Zuge unserer Berufung in die Bethany Fellowship beauftragt hatte, Leiter und Geistliche zu ermutigen.

Im Jahre 1982 wurde uns klar: der Weg für dieses Werk war nun offen. Gott legte mir die Last dieses Dienstes aufs Herz. Meine Mitältesten Colin Urquhart und Bob Gordon ermutigten mich, diese Vision weiterzuverfolgen (obwohl mir mein Verstand sagte, dafür ganz und gar ungeeignet zu sein), und stimmten zu, sich an der Unterweisung zu beteiligen.

Die Seminarbroschüre nennt die Ziele eines Seminars für Leiter:

● eine neue Begegnung mit Gott
● eine neue Erfahrung der Kraft des Heiligen Geistes
● eine neue Befreiung zum Dienst
● eine neue Sicht für die Zukunft

Jedes Jahr werden 14 solcher Seminare abgehalten, in denen jeweils ca. 25 Geistliche, Älteste, Leiter und ihre Frauen in The Hyde zusammenkommen, um Gott zu suchen. The Bethany Fellowship – unsere Kommunität – hat ihren Stammsitz in The Hyde, einem Landhaus in Handcross in der Grafschaft Sussex. Die Teilnehmer kommen Montag nachmittag an, und das Seminar endet am späten Freitagvormittag. Auf diese Weise bleibt genug Zeit für die An- und Abreise, ohne daß die Verpflichtungen daheim am Wochenende vernachlässigt werden müssen. Für Unterkunft ist in The Hyde bzw. in den umliegenden Wohnungen der Mitglieder unserer Kommunität gesorgt.

Das Schwergewicht liegt auf persönlicher Erweckung und dem Wirken Gottes im Leben eines jeden einzelnen, damit – während sein Leben von Gott verändert wird – sein Dienst zu neuer Kraft befreit wird.

Im Rahmen dieser Seminare ist dieses Buch entstanden.

Unter höherem Befehl

Der Titel dieses Buches ist der Geschichte im Matthäusevangelium Kapitel 8,5–13 entnommen, der Heilung des Knechtes des römischen Hauptmanns von Kapernaum. Diese Geschichte belegt das Wesentliche christlicher Leiterschaft – nämlich, daß wir Autorität ausüben unter dem Befehl eines Höheren. Je mehr von Gottes Autorität und Befehlsgewalt in deinem Leben zur Geltung kommt, um so mehr wird von seiner Autorität durch dich im Leben anderer freigesetzt werden.

Dieses Buch ist für alle diejenigen geschrieben, die zur Leiterschaft im Leib Christi berufen sind – Männer und Frauen, Klerus und Pfarrer, Älteste und Diakone, Leiter von Hauskreisen und Jugendleiter, Leiter von Lobpreiszusammenkünften und Gottesdiensten –, eigentlich für jeden Christen, der durch stillen Eifer wie auch durch göttliche Berufung vom Herrn dazu benutzt wird, Gottes Leben und Gottes Kraft zu vermitteln.

Das Grundprinzip *Leiter leiten durch ihr Beispiel* zieht sich wie ein roter Faden durch dieses Buch. Wenn Gott *in* dir wirkt, kann er *durch* dich wirken.

TEIL I

Wie das Leben eines Leiters beschaffen ist

2 Ein Mensch, der mit ganzem Herzen Gott sucht

Auf der Autobahn M 6 lauschte ich im Wagen Andrae Crouchs Kassette »Live in London«. Bei voll aufgedrehten Lautsprechern erlebte ich aufs neue dieses Konzert, dem ich in London beigewohnt hatte.

Die Klangfülle war überwältigend; ich freute mich an der Lebendigkeit und Kraft dieser Musik. Ein lautes, rhythmisches Stück war gerade zu Ende gegangen. Nach ein par einführenden Worten begann ein sanfteres, ruhigeres Lied. Es handelte von der Liebe zu Gott. Die Verse waren bewegend.

Das Lied sprach mich an, obwohl ich es schon oft gehört hatte, in einer nie zuvor erlebten Unmittelbarkeit. Dabei traf mich der Vers: »Du kannst mir das liebste Wesen auf Erden nehmen – dennoch werde ich dich, Herr, nicht aufhören zu lieben.« Bevor ich mich zusammenreißen konnte, weinte ich, und ich war verlegen, obwohl ich mich allein im Wagen befand. Stehe ich selbst zu dieser Aussage? Würde ich dich, Herr, wirklich so innig wie bisher lieben, wenn du mir meine Frau Joyce oder eines der Kinder nehmen würdest?

Ich plagte mich mit diesen Fragen, während ich in der Nachmittagssonne weiterfuhr. Stehe ich wirklich dazu? Ich ließ das Band zurücklaufen. Während ich es noch einmal abspielte, stellte ich mir die Frage erneut. Tief aus meinem Innersten kam die Antwort: ›Ja, Herr‹, und ich wußte, sie war echt, obwohl sie der Wirklichkeit nicht hatte standhalten müssen.

Ein Herz, das Gott sucht

Israel hatte sich einen König gewünscht; Saul wurde zum König gesalbt. Er hatte einen guten Start; aber unter dem zunehmenden Druck der Aufgaben traten die Mängel seines Charakters offen zutage. Er hatte Gott nicht den ersten Platz in seinem Herzen eingeräumt, so daß er zur Beute aller möglichen Einflüsse wurde. Am Ende gehorchte er Gott nicht mehr und maßte sich den Vollzug des Brandopfers an, der allein dem Priester vorbehalten war. Saul war nicht treu auf den Wegen Gottes geblieben; deshalb wurde er von Gott ins Abseits gestellt und verlor seine Königswürde. Als Samuel dem Saul den Richtspruch verkündete, hob er hervor, wie beschaffen Gott sich den neuen König wünschte: »Aber nun wird dein Königtum nicht bestehen. Der Herr hat sich einen Mann gesucht nach seinem Herzen, und der Herr hat ihn bestellt zum Fürsten über sein Volk« (1. Sam. 13,14).

Ein bemerkenswerter Kontrast zwischen Saul und David: beide hatten gesündigt und hatten versagt; während jedoch Saul von Gott verworfen und ins Abseits gestellt wurde, erlebte David den Durchbruch zur Vergebung und Wiedereinsetzung. Worauf ist das zurückzuführen?

Saul war voller Selbstrechtfertigung, als Samuel ihm seine Sünde vorhielt (1. Sam. 15,13–35). Selbst sein Versuch der Reue war dadurch verdorben, daß er seinen Ruf schützen wollte, indem er Samuel bat:»Ich habe gesündigt; aber ehre mich doch jetzt vor den Ältesten meines Volkes...« (V. 30).

Sauls Liebe war selbstbezogen und selbstgefällig; in der 1. Chr. 10, V. 13 steht sein Abgesang:»So starb Saul um seines Treubruchs willen, mit dem er sich an dem Herrn versündigt hatte, weil er das Wort des Herrn nicht hielt.« Seine Eigenliebe bedeutete, daß er im Angesicht von Schwierigkeiten immer unzuverlässig sein würde; seine Eigenliebe war die Ursache dafür, daß er letztendlich verworfen wurde und die Königswürde verlor.

David dagegen bekannte, als ihm der von ihm begangene Ehebruch und Mord vorgehalten wurde, vor seinem Seelsorger Nathan:»Ich habe gesündigt gegen den Herrn« (2. Sam. 12,13). Davids Liebe war auf Gott konzentriert; sein Schmerz darüber, wie sehr er mit seinen Sünden Gott weh getan hatte, ist im Psalm 51 offensichtlich:»Verwirf mich nicht von deinem Angesicht...« (V. 13);»Errette mich von Blutschuld, Gott...« (V. 16);»Die Opfer, die Gott gefallen, sind ein geängsteter Geist, ein geängstetes, zerschlagenes Herz wirst du, Gott, nicht verachten« (V. 19).

Leiter erleben wirklich Sünde und Versagen, die ihre Zukunft aufs Spiel setzen können. Gott ist stets dann bereit, uns von solchen Folgen zu erlösen, wenn unsere Bußfertigkeit echt ist. Im Angesicht von Sünde und Not wird der Brennpunkt unserer Liebe offenbar.

Infolgedessen war es David, der von Gott als der nächste Monarch erwählt und gesalbt wurde. Gott wußte: Davids Beziehung zu ihm würde sich auch unter Belastungen als tragfähig erweisen. Davids Psalmen geben ein ausdrucksvolles Zeugnis seiner Liebe und Hingabe an Gott:»Herzlich lieb habe ich dich, Herr, meine Stärke! Herr, mein Fels, meine Burg, mein Erretter; mein Gott, mein Hort, auf den ich traue...« (Ps. 18,1–2).

Wenn der Weg schwierig wird, dann werden deine Handlungen zeigen, auf wen du wirklich deine Liebe und dein Vertrauen gesetzt hast. Deine Liebe zu Gott ist lebenswichtig. Diese Aussage wird belegt durch die Geschichte der zwölf Männer, die Mose als Kundschafter in das Land Kanaan entsandt hatte. Alle zwölf sahen dieselben Dinge; aber die Reaktion von Josua und

Kaleb unterschied sich sehr von der Reaktion ihrer Gefährten. Wieso? Weil Josua und Kaleb eine lebendige Beziehung zu Gott hatten, die in ihnen Glauben und Vertrauen auslöste. Die kleinmütige Reaktion der anderen Kundschafter zeigte dagegen, daß diese sich von den Umständen viel stärker beeindrucken ließen als von der Treue Gottes. Der Herr selbst bewertet seinen Knecht Kaleb mit der Feststellung, »daß ein anderer Geist in ihm war und er völlig hinter mir stand...« (4. Mo. 14,24/Jerusalemer Bibel).

Der bahnbrechende Missionar C. T. Studd faßte seine Verpflichtung gegenüber Gott in folgende Worte: ›Wenn Jesus Christus Gott und für mich gestorben ist, dann darf doch für mich kein Opfer für ihn zu groß sein.‹ Das ist die einfache Erklärung eines Mannes, der mit ganzem Herzen Gott sucht.

Liebe zu Gott macht den Weg frei für Gottes Gegenwart im täglichen Leben und Arbeiten

Liebe zu Gott ist das Kernstück dessen, was uns die Bibel lehrt. Wer dein Herz erobert hat, ist Triebkraft für dein ganzes Leben. Jesus sagte: »Denn wes das Herz voll ist, des geht der Mund über« (Lk. 6,45).

Gott kannte die Dinge, die im Herzen der Menschen um den Thron zu streiten pflegen: genau deshalb gab er dem Volk seines Bundes einen solch direkten Befehl: »Du sollst den Herrn, deinen Gott, liebhaben von ganzem Herzen, von ganzer Seele und mit all deiner Kraft« (5. Mo. 6,5).

Die Dinge, die dein Herz beherrschen, werden deine Gedanken beherrschen, und deine Gedanken werden dein Leben beherrschen. Was du in deinem tiefsten Inneren vor dem heiligen Gott bist, der alles über dich weiß, wird sich auch in deinem Leben und Wirken ausdrücken. Die Frucht im Leben anderer aus deiner Umgebung wird der Frucht deines eigenen Lebens entsprechen, und wenn du leitest, gibst du ein Stück eigenes Leben in das Leben derjenigen hinein, die du beeinflußt. Bei der Beeinflussung anderer kommt es nicht so sehr darauf an, was du sagst, sondern was du bist.

Vielleicht kennst du einen Menschen, der total verrückt nach Fußball ist. Er ißt, lebt und schläft Fußball. Jedem, der nur in Hörweite kommt, erzählt er die letzten Neuigkeiten über ›seine‹ Fußballmannschaft. Seine Kleidung, der Wandschmuck seines Schlafzimmers, die Aufkleber auf seinem Wagen teilen alle dieselbe Botschaft mit. Niemand zweifelt daran: was das Herz dieses Menschen gefangenhält, bewegt sein Leben. Sein Lebensstil wird entweder anziehen oder abstoßen; doch diejenigen, die in seinem Einflußbereich bleiben, werden von seiner Fußballleidenschaft angesteckt werden.

Wenn Liebe zur Kirche die Liebe zu Gott ersetzt, kann man leicht ›Kirchlichkeit‹ (Liebe zur Kirche) statt ›Christlichkeit‹ (Liebe zu Jesus Christus) erzeugen.

Bringt der Kirchenchor Gottesdienstbesucher in die lebendige Gegenwart Gottes und strahlt er die Ehrerbietung, die Gott allein gebührt, in seiner Darbietung aus? Sind die Musiker mehr mit ihren Instrumenten beschäftigt – seien es Gitarren oder Orgelpfeifen – als mit dem lebendigen Gott? Ist die Jugendgruppe um ihrer selbst willen da, oder dient sie dazu, andere junge Menschen zum pulsierenden Glauben an Jesus zu führen?

Wenn du deine eigene Arbeit für Gott unter die Lupe nimmst, wirst du die Stärken und die Schwächen deines ganzen Lebens klar erkennen. Genauso wie die Liebe und die Gegenwart Gottes erfahrbar sein sollten, wenn Leute dein Heim besuchen, sollte auch die Liebe Gottes von denen gespürt werden, die mit deiner Leitung in Berührung kommen.

Liebe zu Gott macht seinem Wort gehorsam

Jesus sagte: »Wer mich liebt, der wird mein Wort halten...« (Joh. 14,23). Es ist für dich wichtig, die Tiefe deiner Liebe zu Gott auszuloten, indem du sorgfältig das Ausmaß deines Gehorsams Jesus gegenüber feststellst.

Tiefgehende Liebe weckt Gefühle; doch sie dringt noch tiefer, unser Verhalten zu bestimmen. Von der Liebe Gottes so überwältigt zu sein, daß Tränen vergossen werden, ist kein Zeichen von Schwäche. Es ist auch nicht ungehörig, Jesus so innig zu lieben, daß man »aufgelöst ist in Staunen, Liebe und Anbetung«. Echte Liebe zum Herrn ist warmherzig; ihren Ausdruck findet sie in Freude und Preisgabe bei Lobpreis und Anbetung wie auch in einem Leben, das vom Gehorsam gegen Jesu Lehren bestimmt ist.

Letzteres bedeutet nicht, einem gesetzlichen Religionsregelwerk zu folgen wie die Pharisäer, eine Praxis, die Jesus mit Entschiedenheit abgelehnt hatte. Es ist der freudige Gehorsam gemeint gegenüber allem, was Jesus gelehrt hat.

Johannes hat in seinem ersten Brief den Gehorsam in zweierlei Hinsicht beleuchtet: Wenn wir im Glauben beten – so Johannes –, können wir von Gott alles empfangen, worum wir bitten, weil a) wir seinen Anweisungen gehorchen, b) wir tun, was ihm gefällt (1. Joh. 3,21–22). Was ist der Unterschied zwischen diesen beiden?

Ich will versuchen, die Antwort anhand von zwei Beispielen aus meinem täglichen Leben zu geben. Wenn ich zu Hause bin und mich so gegen neun Uhr abends mit meiner Familie um den Kamin schare, frage ich für gewöhnlich: ›Wer bringt wohl uns allen was zu trinken?‹ Das löst normalerweise eine Diskussion zwischen den Kindern wie auch den Erwachsenen aus, wer wohl dran ist und wer bereit ist, die riesige Anstrengung dieses Dienstes auf sich zu nehmen. Endlich meldet sich einer freiwillig; meine Frage ist im Endeffekt aus Gehorsam beantwortet worden. Manchmal jedoch bietet eines der Kinder – meist dasselbe – ungefragt von sich aus an, jedem eine Tasse Kaffee zu machen. Alle stimmen zu, und ohne langes Hin und Her haben wir bald unseren Kaffee.

Das erste Beispiel ist nur ein Akt des Gehorsams; das zweite ist ein Liebesdienst.

Wieviel von deinem Verhalten ist Ausdruck deiner Liebe zu Gott?

Liebe zu Gott bringt Sicherheit im Leben und Zutrauen im Dienst

Wie bekommst du Gewißheit, daß deine Liebe zu Gott die mächtigste Kraft in deinem ganzen Leben ist?

Deine Liebe zu Gott ist nicht so stark, wie du selbst gerne möchtest; das liegt – unter anderem – daran, daß du nicht in vollem Umfang die Liebe empfangen hast, die Gott für dich bereithält. Du hast Liebe von Gott nötig, um Gott zu lieben. Du hast Liebe von Gott nötig, um andere zu lieben. In beiden Fällen reicht die naturgegebene menschliche Liebe nicht aus.

Empfange die Liebe Gottes in deinem Herzen und sei ohne irgendeinen Zweifel gewiß, daß Gott dich erwählt hat und dich zu seinem Sohn oder seiner Tochter gemacht hat. Viele Menschen haben totale Gewißheit, daß sie von Jesus Erlösung und neues Leben empfangen haben; dennoch fehlt ihnen tiefes Verstehen oder Zutrauen, daß Gott sie wirklich liebt.

Unsicherheit ist eines der mächtigsten Gefühle. Unsicherheit kann deine Beziehungen zu Gott wie zu Menschen schwächen und untergraben. Unsicherheiten werden nicht so sehr dadurch geheilt, daß Verletzungen und Schmerzen aus der Kindheit aufgedeckt werden, sondern durch die Offenbarung: Du bist von Gott geliebt und angenommen, heute!

Johannes sagt: »Laßt uns lieben, denn er hat uns zuerst geliebt!« (1. Joh. 4,19) und: »Seht, welch eine Liebe hat uns der Vater erwiesen, daß wir Gottes Kinder heißen sollen – und wir sind es auch!« (1. Joh. 3,1).

Gott hat dich erwählt, weil er dich liebt; weil er dich liebt, hat er dich in seine Familie aufgenommen, und das bedeutet: Du gehörst zu ihm, und er gehört zu dir!

Wie kann es dann überhaupt vorkommen, daß du dich unsicher fühlst?

Nun, der Feind deiner Seele möchte Lügen in dein Denken einspeisen, etwa von der Art: ›Ich weiß zwar, daß Gott die ganze Menschheit liebt, aber mich kann er doch gar nicht lieben. Ich kann zwar verstehen, warum er andere erwählt hat, doch ich weiß, daß er mich in Wirklichkeit gar nicht will.‹

Vielleicht wunderst du dich, warum ein solcher Satz wohl in einem Buch über christliche Leitung vorkommt. Sei versichert: Leiter gehören zu den unsichersten Menschen, die ich je getroffen habe. Viele arbeiten Tag und Nacht, weil sie sich so ungeliebt fühlen und so unsicher, ob Gott sich um sie sorgt. Sie haben das Gefühl: Wenn ich genügend hart arbeite und anderen selbstlos genug diene, dann werde ich mir Gottes Liebe und Zustimmung verdienen.

Das ist eine Tragödie; denn verdienen kann man sich auf keine Art etwas von Gott. Was du bist und was du sein wirst, hängt einzig und allein von seiner Gnade und Liebe ab. Keinen seiner Gunstbeweise kannst du dir verdienen. Jeder Versuch in dieser Richtung unterläuft Gottes eigentliche Absichten: Deine eigene Unruhe und Zweifel breiten sich aus statt des Friedens und der Liebe Gottes.

In unserer Kommunität in The Hyde sprach ich während eines Seminars für Leiter mit einem Pfarrer, dessen Leben aus einem Katalog von Versagen und Ablehnung bestand. Dennoch hatte Gott ihn eindeutig zu Dienst und Leitung berufen. Dieser Mann hatte wirklich Liebe zu Gott und seinem Volk; aber aufgrund von ganz tiefen Unsicherheiten war es ihm nicht möglich gewesen, seine Herde selbst zu weiden. Er erwartete, daß die ihm Anvertrauten sowohl seinen Dienst wie auch ihn selbst ablehnen würden. Diese Angst blockierte ihn. Ich erklärte ihm: Gott möchte alle alten Wunden und alle Ablehnung heilen und in sein Leben eine so mächtige Offenbarung der Liebe und des Angenommenseins von Gott hineinschleusen, daß ein neuer geistlicher Dienst, der fest auf Gottes Liebe gegründet sei, durch ihn hindurch sich ausbreiten würde.

Wir beteten zusammen, und er vergab all denen, die zur Beschädigung seiner Vergangenheit beigetragen hatten, und er bat um Vergebung für seinen eigenen Mangel an Glauben und Vertrauen in den liebenden Gott. Darauf wurde er im Namen Jesu losgesprochen von allen zerstörenden und zersetzenden Kräften in seinem bisherigen Leben. Im Namen Jesu erhielt er die Zusage, daß er von »dem nichtigen Wandel nach der Väter Weise« (1. Petr. 1,18) erlöst worden war, d.h. von dem leeren Lebenswandel, der von seinen Vorvätern her auf ihn überkommen war. Ich bat Gott, er möge durch seinen Heiligen Geist eine Offenbarung der Liebe, der Annahme und der Heilung schenken, die er diesem seinem Kind gegeben hatte. Die Wirkung war erregend und machtvoll, und ich preise Gott dafür, daß dieser Mann jetzt in der Lage ist, Jesu Erlösung, Jesu Kraft und Jesu Liebe anderen zu vermitteln.

Du brauchst Gewißheit, daß du jetzt wirklich vom Heiligen Geist erfüllt bist. Einen der Gründe dafür finden wir in Rö. 8,14–16: »Denn welche der Geist Gottes treibt, die sind Gottes Kinder. Denn ihr habt nicht einen knechtischen Geist empfangen, daß ihr euch abermals fürchten müßtet; sondern ihr habt einen kindlichen Geist empfangen, durch den wir rufen: ›Abba, lieber Vater!‹ Der Geist selbst gibt Zeugnis unserm Geist, daß wir Gottes Kinder sind.«

Wenn du das Wirken des Heiligen Geistes vernachlässigst, wird dein Dienst kalt und leblos werden. Vielleicht gelingt es dir, Menschen in ein christliches Schema zu bringen; aber führst du sie wirklich in eine Beziehung zu dem lebendigen, liebenden Vater? Die Wirklichkeit unseres Glaubens besteht darin, daß er geistlich und übernatürlich ist. Infolgedessen ist das Wissen um die Erlösung ein Werk des Heiligen Geistes. Die Kraft, dein Leben als Gottes Kind zu leben, kommt durch den Einfluß des Heiligen Geistes. Die Offenbarung von Gottes Liebe und seinem Vatersein stammen ebenfalls vom Heiligen Geist.

Luther sagte einmal: »Die längste Reise der Welt ist die vom Kopf eines Menschen zu seinem Herzen.« Ich weiß, daß mein Glaube an Jesus diese 40-cm-Strecke zurücklegte, als Gott mich mit seinem Heiligen Geist erfüllte.

Liebe zu Gott zerstreut Furcht und wird mit menschlicher Bedrängnis fertig

»Furcht ist nicht in der Liebe, sondern die vollkommene Liebe treibt die Furcht aus...« (1.Joh. 4,18). Liebe zu Gott ist so wichtig! Sie ist in der Lage, andere Kräfte unter Kontrolle zu bringen, die unser Leben manipulieren wollen. Deine Liebe, die alles verzehrende Leidenschaft in deinem Leben, wird darüber bestimmen, ob und wie andere Menschen und Ereignisse dich umwerfen können.

»Menschenfurcht bringt zu Fall« (Sprüche 29,25). »Der Weisheit Anfang ist die Furcht des Herrn« (Sprüche 9,10). Deine Liebe zu Gott und die Offenbarung seiner Liebe zu dir müssen die mächtigsten Triebfedern deines Lebens werden. Dann wirst du nicht Beute eines jeden Drucks werden, der von Menschen auf dich ausgeübt wird, die du leitest; denn die Kraft der Liebe Gottes wird deine Gedanken und Handlungen kontrollieren. Du wirst dazu befreit sein, Gott zu hören, ihm zu gehorchen und solche Menschen dazu anzuleiten, Gott zu erkennen und zu lieben.

Welchen Tiefgang hat deine Liebe zu Gott? Ist dir wirklich bewußt, wie groß Gottes Liebe zu dir ist? Erfüllt die starke Festigkeit deiner Liebe zu ihm, zusammen mit der Kraft seiner Liebe zu dir, dein Leben in Jesus, so daß es von keiner Opposition erschüttert werden kann?

Es ist für dich notwendig, die Antworten auf diese Fragen zu wissen. Jesus mußte wissen, wie tiefgehend die Antwort des Petrus ausfiel. Deshalb war er so hartnäckig bei dem Zusammentreffen, über das in Joh. 21,15–18 berichtet wird:

»»Simon, Sohn des Johannes, hast du mich lieber, als mich diese haben?‹ Er spricht zu ihm: ›Ja, Herr, du weißt, daß ich dich lieb habe‹. Spricht Jesus zu ihm: ›Weide meine Lämmer!‹ Spricht er zum zweiten Mal zu ihm: ›Simon, Sohn des Johannes, hast du mich lieb?‹ Er spricht zu ihm: ›Ja, Herr, du weißt, daß ich dich lieb habe.‹ Spricht Jesus zu ihm: ›Weide meine Schafe!‹ Spricht er zum dritten Mal zu ihm: ›Simon, Sohn des Johannes, hast du mich lieb?‹ Petrus wurde traurig, weil er zum dritten Mal zu ihm sagte: ›Hast du mich lieb?‹ und sprach zu ihm: ›Herr, du weißt alle Dinge, du weißt, daß ich dich lieb habe‹. Spricht Jesus zu ihm: ›Weide meine Schafe! Wahrlich, wahrlich, ich sage dir: Als du jünger warst, gürtetest du dich selbst und gingst, wohin du wolltest; wenn du aber alt wirst, wirst du deine Hände ausstrecken, und ein anderer wird dich gürten und führen, wo du nicht hin willst.‹«

Es war von größter Wichtigkeit, daß beiden, Jesus und Petrus, das Ausmaß ihrer Liebe zueinander bewußt war. Was Jesu Liebe anbetraf, so gab es keinen Zweifel; die Liebe des Petrus jedoch war schon einmal auf dem Prüfstand gewesen und hatte Wünsche offengelassen. Die Fragen waren klar und durchdringend und die Antworten ehrlich. Das war nicht nur die Einleitung zu einem vollmächtigen Segnen von Tausenden zu Pfingsten, sondern führte Petrus auch in große persönliche Opfer und schließlich ins Martyrium für die Sache Jesu Christi.

Gott – davon bin ich überzeugt – hält heute Ausschau nach Männern und Frauen, die sich mit ganzem Herzen hingeben, ihn zu lieben, ihm zu dienen und seine gesalbten Leiter zu sein. Das ist eine kostspielige und anspruchsvolle Verpflichtung, gleichwie für Petrus, und erfordert eine so starke Liebe und Standhaftigkeit, daß diese Leiter um des Herrn willen vor nichts haltmachen werden.

3 Ein Mensch, der vor Gott steht

Schon oft hat mich eine Begebenheit amüsiert, die Colin Urquhart aus seiner Pfarrzeit in Luton erzählte. Die persönlichen Probleme und Nöte der Gemeinde hatten Colin so mit Beschlag belegt, daß er Samstag abend an nichts anderes mehr denken konnte. Alles in ihm drängte danach, daß er Sonntag von der Kanzel herunter den Gottesdienstbesuchern unverblümt die Meinung sagen sollte. War es das aber, was Gott wollte?

Colin fand einen Weg, damit fertig zu werden: er ging in die Kirche, verschloß die Tür, stieg auf die Kanzel; er betrachtete die leeren Bänke, stellte sich seine Kirchgänger darin vor und sprach laut aus, was sie hören müßten. Nachdem er so seinem Herzen Luft gemacht hatte, stieg Colin dann von der Kanzel, ging an der Altarstufe in die Knie und rief aus: »Nun, Herr, was möchtest DU mich sagen lassen?«

Sooft diese Begebenheit bei einem Leitertreffen erzählt wird, pflegt Colin folgenden wichtigen Grundsatz hinzuzufügen: »Wenn man den Gottesdienst wirklich Gott hält, dann dient Gott der Gemeinde.«

Was ist das ›Predigeramt‹, und was bedeutet ›den Gottesdienst halten‹? Es bedeutet ›Dienst‹ und ›ein Diener sein‹. Ein Pfarrer zu sein ist nichts Erhebendes – es bedeutet ganz einfach, bereit zu sein, den niedrigsten Platz einzunehmen. Jesus sagte: »Der Menschensohn ist nicht gekommen, daß er sich dienen lasse, sondern daß er diene und gebe sein Leben zur Erlösung für viele« (Mt. 20,28). Es ist ein Vorrecht, von Gott erwählt zu sein und sein lebensveränderndes Wort anvertraut zu bekommen. Ein Diener Gottes gehorcht Gott und dient anderen um Gottes willen. Paulus bezeichnete sich gerne als einen Sklaven: »Obwohl ich frei bin von jedermann, habe ich mich doch selbst jedermann zum Knecht gemacht, damit ich möglichst viele gewinne« (1. Kor. 9,19).

Gott dienen

Es ist ein entscheidendes Prinzip christlicher Leiterschaft, daß wir zuerst dazu berufen sind, vor Gott zu stehen und ihm zu dienen. Man kann dieses

28

Prinzip in der Arbeitsweise des Priesterstamms der Leviten entdecken, wie sie in den ersten Büchern der Bibel beschrieben wird: »Zur selben Zeit sonderte der Herr den Stamm Levi aus, die Lade des Bundes des Herrn zu tragen und zu stehen vor dem Herrn, ihm zu dienen und in seinem Namen zu segnen bis auf diesen Tag« (5. Mos. 10,8). Dies ist die nüchterne Wirklichkeit: solange das Dienen und Predigen nicht gottgefällig ist, ist es kraftlos. Bist du ein Leiter, um Gott zu gefallen oder den Menschen und dir selber? Dieser Frage mußt du dich ehrlich stellen.

Bevor du nicht die Tatsache anerkannt hast, daß du von Gott dazu berufen bist, jeden Tag in seiner heiligen Gegenwart zu stehen, ihn anzubeten und ihm zu dienen, wirst du jedem Druck im Leben zum Opfer fallen. Wie töricht ist es doch, in eine Welt voller Probleme verwickelt zu werden und die majestätische Macht Gottes aus den Augen zu verlieren!

Reue führt zu neuer Aufgeschlossenheit

Als Jesaja »in dem Jahr, als der König Usija starb« (Jes. 6,1), in den Tempel ging, muß er wohl irritiert gewesen sein über das traurige Ende eines Königs, der so großartig von Gott benutzt worden war. Warum war Usija Gott ungehorsam gewesen, indem er Brandopfer im Tempel dargebracht hatte, ein Privileg, das allein den Priestern vorbehalten war? Warum hatte Gott ihn mit Lepra geschlagen? Dies schien eine sehr harte Bestrafung. Man hätte es Jesaja nachempfinden können, wenn er sich von Gott unter Druck gesetzt gefühlt hätte. Aber Jesaja argumentierte und rechtete nicht mit Gott. Er ging in den Tempel, um Gott anzubeten und in seiner Gegenwart zu stehen.

Jesaja erinnerte sich: »Ich sah den Herrn auf einem hohen und erhabenen Thron sitzen« (V. 1) und beschrieb dann die majestätische Szene, die er sah. Wenn du mit Situationen konfrontiert bist, die dir unverständlich sind, und du nach Antworten suchst, wo keine zu sein scheinen, hält Gott den Schlüssel in seiner Hand. Seine heilige Gegenwart gab keine menschlichen Antworten, aber sie formte Jesajas ganze Lebenssicht um. Wenn man im Dienst steht, muß man sich immer wieder von dem Wirrwarr und den Anforderungen der Arbeit zurückziehen, um Zeit mit Gott zu verbringen. Jesaja war so überwältigt von der Größe und der Herrlichkeit Gottes, daß eine dramatische Umformung stattfand. Die Vision eines heiligen Gottes brachte ihn dazu, seine eigene Unheiligkeit und völlige Schwäche anzuerkennen. »Weh mir«, schrie er, »ich vergehe! Denn ich bin unreiner Lippen« (V. 5).

Jesajas Reue löste Gottes Vergebung und Reinigung aus. Der Serafim flog zum Altar, nahm die glühende Kohle, berührte damit Jesajas Mund und sagte: »Siehe, hiermit sind deine Lippen berührt, daß deine Schuld von dir genommen werde und deine Sünde gesühnt sei« (V. 7).

Dennoch redete Gott ihn direkt an: »Wen soll ich senden? Wer will unser Bote sein?« (V. 8). Gottes Liebe wendet sich immer zu den Verlorenen, und er sucht ständig nach denen, die die Kosten bedacht haben und bereit sind, berufen zu werden. Jeder, der Gott einmal in einer so tiefen Weise kennenlernte, hat etwas von Gottes mitleidigem Herzen für diejenigen erfahren, die »ohne Hoffnung und ohne Gott in der Welt« sind (Eph. 2,12). Jesajas Antwort war prompt: »Hier bin ich, sende mich!« (V. 8).

Festigkeit führt zur Reife

Zu den Hyde-Seminaren für Leiter kommen Geistliche und Leiter oft entmutigt und bedrückt durch die Zustände, die sie erlebt hatten. Wir beginnen das Seminar nicht damit, nach Antworten auf diese Probleme zu suchen, sondern wir verweisen auf den lebendigen Gott. Wenn ein Mensch vor Gott gestanden hat und ihm neu begegnet ist, wird er oft selbst den Ausweg aus seiner Zwickmühle sehen. Vor Gott stehen und seine Stimme deutlicher als Menschenstimmen zu hören, heißt, seiner Liebe und seines Friedens vergewissert zu werden, wie verzwickt auch immer die eigene Lage sein mag. Es bedeutet Schutz vor den ätzenden Auswirkungen der Sünde und der Dunkelheit um uns herum.

Das Alte Testament liefert hierzu das leuchtende Beispiel des Samuel. Die Geschichte beginnt mit dem rührenden Bericht, wie Hannah darum betet, einen Sohn geschenkt zu bekommen, und enthüllt dann, wie Hannah den Jungen, als ihr Gebet erhört ist, Gott zurückgibt.

Die Bedingungen für Samuels Lehrzeit zum Dienst im Tempel waren bei weitem nicht ideal (1. Sam. 2). Eli war schon alt und hatte seinen Dienst nicht mehr im Griff. Seine beiden Söhne, Hofni und Pinhas, lebten in Sünde und Ungehorsam gegen Gott.

»Die fragten nichts nach dem Herrn« (1. Sam. 2,12b). »So war die Sünde der Männer sehr groß vor dem Herrn; denn sie verachteten das Opfer des Herrn« (V. 17); »Sie schliefen bei den Frauen, die vor der Tür der Stiftshütte dienten« (V. 22).

Welchen Einfluß hatte das alles auf Samuel? Gewiß konnte in solcher Umgebung niemand fest bleiben und geistliches Format entwickeln. Samuel jedoch tat genau das, und das Geheimnis seines Erfolges liegt in drei Sätzen desselben Kapitels: »Der Knabe aber war des Herrn Diener vor dem Priester Eli« (V. 11); »Samuel aber war ein Diener vor dem Herrn« (V. 18); »der Knabe Samuel wuchs auf bei dem Herrn« (V. 21). Vor Gott stehen und ihm standhalten – das führt zur Reife: »Der Knabe Samuel nahm immer mehr zu an Alter und Gunst bei dem Herrn und bei den Menschen« (V. 26).

Demut entwickelt Empfindsamkeit

»Der Knabe Samuel diente dem Herrn unter Eli« (1. Sam. 3,1a). Trotz seiner Jugend hätte Samuel auf die Sünde, die er in seiner Umgebung wahrnahm, reagieren können, indem er sich Elis Befehlsgewalt widersetzte oder sich bei seinen Eltern darüber beschwerte, wenn sie ihn einmal im Jahr besuchten. Statt dessen unterstellte er sein Leben in Demut unter die Obrigkeit, die Gott über ihn gesetzt hatte; als Folge davon trug sein Leben dem Herrn Früchte.

»Zu der Zeit war des Herrn Wort selten, und es gab kaum noch Offenbarung« (1. Sam. 3,1b). Ungehorsam, Unreinheit und geistliche Finsternis verhindern, daß die Stimme Gottes gehört wird, und lassen den Menschen nur übrig, menschliche Entscheidungen zu treffen. Wenn ein Leiter es unterläßt, demütig vor Gott zu stehen, wird er die noch leise Stimme nicht hören (1. Kön. 19,12); statt dessen wird er von anderen Stimmen beherrscht sein. Die Stimme der Vernunft, des Kompromisses, des Selbstschutzes oder sogar die Stimme der Leute wird um seine Aufmerksamkeit buhlen.

Das Ergebnis davon, daß Samuel sich unter menschliche Obrigkeit beugte, wie auch die Entwicklung seiner eigenen Beziehung zu Gott bewirkten, daß er bereit war, die Botschaft zu empfangen, die von Gott kommen mußte (1. Sam. 3,9).

»Samuel aber wuchs heran, und der Herr war mit ihm und ließ keines von allen seinen Worten zur Erde fallen« (1. Sam. 3,19). Sobald ein Mensch gelernt hat, Gott zuzuhören, und geistliche Sensibilität entwickelt hat, wird Gott weiter zu ihm sprechen, und die Vollmacht dieses Menschen wird wachsen. »Und der Herr erschien weiter zu Silo, denn der Herr offenbarte sich Samuel zu Silo durch sein Wort. Und Samuels Wort erging an ganz Israel« (1. Sam. 3,21).

31

Abhängigkeit nährt Fürsprache und Glauben

Was tust du, wenn du mit einer unmöglichen Situation konfrontiert bist? In einer solchen Lage sah sich Abraham. Er hatte bereits einen großen Glaubensschritt getan, als ihm gesagt worden war, Sara bekäme ein Kind. Dann eröffnete ihm Gott, er werde die Städte Sodom und Gomorra wegen ihrer großen Sündhaftigkeit heimsuchen. Abraham kannte die Situation dieser Städte bereits; sie war wirklich schlimm. Die Männer, die für ihn die gute Nachricht gebracht hatten, daß Sara ein Kind empfangen würde, waren inzwischen bereits auf dem Weg nach Sodom. Was sollte Abraham machen? Sollte er nach Sodom eilen und versuchen, den Bewohnern Rechtschaffenheit zu predigen? Sollte er die Situation mit Lot besprechen? Er tat nichts dergleichen: »Aber Abraham blieb stehen vor dem Herrn« (1. Mos. 18,22b).

Ein Leiter, der vor Gott in Abhängigkeit von ihm steht, ist ein Mann des Gebets und ein Mann des Glaubens. Wenn ein Gebetstreffen durch eine Ausschußsitzung ersetzt worden ist, dann ist die falsche Versammlung abgesagt worden. Es ist erstaunlich, welche Reaktionen der Vorschlag auslöst, eine volle Sitzung des Kirchenvorstands oder der Diakone im Gebet zu verbringen. Hast du je ein Leitertreffen ganz dem Gebet gewidmet?

Ein bestimmtes Treffen einer der Leiterschaftsgruppen der Bethany Fellowship werde ich nie vergessen. David Brown, einer unserer Ältesten und zu jener Zeit Hirte der Kommunität, hatte eine Tagesordnung eingebracht. Als wir gerade damit beginnen wollten, sagte er: »Ich denke, Gott will uns *seine* Antworten zu den anstehenden Problemen geben; laßt uns deshalb beten!«

Wir knieten nieder und forschten nach Gottes Willen und Absichten. Nach anderthalb Stunden sagte David unvermittelt: »Es reicht für heute, ihr Lieben! Die Versammlung ist zu Ende. Ich habe jeden Punkt der Tagesordnung abgehakt; wir können heimgehen.«

Wenn Gott das tut, ist es einfach. Ich will damit nicht behaupten, es gäbe nie die Notwendigkeit, Situationen durchzusprechen; aber wenn das Gebet nicht allererste Priorität hat, dann werden unsere Lösungen aus menschlichen Überlegungen geboren und nicht aus Gottes Weisheit. Wenn Leiter erst einmal gelernt haben, alles im Gebet vor Gottes Thron zu bringen, werden sie auch fähig sein, ihre Mitarbeiter anzuleiten, dasselbe zu tun.

Abraham erhielt nicht die Antwort auf sein Gebet, die er sich gewünscht hatte. Doch er wußte: seine Sicherheit lag darin, Gott zu vertrauen. Die Geschichte endet mit den Worten: »Und der Herr ging weg, nachdem er aufgehört hatte, mit Abraham zu reden; und Abraham kehrte wieder an seinen Ort« (1. Mos. 18,33).

Zutrauen in Gottes Gegenwart verleiht Mut gegenüber Menschen

Selbstvertrauen, eine natürliche menschliche Eigenschaft, ist für die geistliche Leitung von zweifelhaftem Wert. Wenn man mit menschlichem Zutrauen arbeitet, werden die Aktionen darauf begrenzt bleiben. Ist das Selbstvertrauen stark, neigt es gern zu Stolz und Überheblichkeit; ist es schwach, wird es von Furcht beherrscht.

Arbeitest du mit dem Zutrauen, das Gott schenkt, dann erkennst du an, daß menschliche Aktionen nicht göttliche Ergebnisse zeitigen können. Dann läßt du menschliche Weisheit beiseite und beginnst, die Weisheit, die von Gott kommt, einzubringen. Dann hörst du auf, aus Furcht einen Rückzieher zu machen, und beginnst, im Glauben herauszutreten. Dann hörst du auf, Lorbeeren für die Werke, die Gott tut, einzuheimsen, und stellst sicher, daß aller Ruhm Gott zukommt.

Erstaunlicherweise setzen Menschen, die sich nicht viel zutrauen, ihre zuversichtliche Erwartung in ihr eigenes schwaches Ich und sind deshalb im Endergebnis voller Selbstvertrauen. Solchen Menschen fällt es schwer, diesen Mechanismus zu durchschauen, und sie versäumen es infolgedessen, ihr Vertrauen in Gott zu setzen. Paulus schreibt: »Solches Vertrauen aber haben wir durch Christus zu Gott. Nicht daß wir tüchtig sind von uns selber, uns etwas zuzurechnen als von uns selber; sondern daß wir tüchtig sind, ist von Gott« (2. Kor. 3,4–5).

In Gottes Gegenwart stehen, auf seine Stimme hören, danach trachten, zuallererst und zuallermeist ihm zu gefallen – das entwickelt dieses rechte Zutrauen.

Als Leiter bist du von vielen verschiedenen Seiten her unter ständigem Druck, und du mußt daher aufpassen, gegnerischen Kräften nicht in die Falle zu gehen. Paulus war sich solcher Kräfte bewußt, als er schrieb: »Predige ich denn jetzt Menschen oder Gott zuliebe? Oder suche ich Menschen gefällig zu sein? Wenn ich noch Menschen gefällig wäre, so wäre ich Christi Knecht nicht« (Gal. 1,10).

Wenn du beim Leiten darauf abzielst, die Zustimmung der Menschen zu bekommen, dann wird Gott nicht darüber erfreut sein, und die Fruchtbarkeit deiner Arbeit wird minimal sein. Leitung, die Gott gefällt, erfordert den Mut, der nur von Gott kommen kann.

Vertrauen in Gott entsteht, wenn du seinen Vorsatz für dein Leben begreifst wie auch sein Ziel für die Menschheit, wie es in der Schrift enthüllt ist, und im besonderen seine Absicht für die dir anvertrauten Menschen.

Wünschst du wirklich, daß alle Menschen zur vollen Reife in Jesus heranwachsen sollen? Dann wirst du auch den Mut haben, furchtlos Gottes Welt in ihr Leben einzuführen. Das heißt nicht, daß du mit rauher Feile ansetzen sollst. Das gründliche Lesen der Paulusbriefe zeigt ganz klar: Der Apostel war voller Liebe und Mitleid. Doch gerade weil Paulus sich der Heiligkeit Gottes, die in die Tiefe dessen reicht, was der Mensch nötig hat, so sehr bewußt war – gerade deshalb war Paulus fähig, seine Mitarbeiter hinzuführen »zum vollendeten Mann, zum vollen Maß der Fülle Christi« (Eph. 4,13).

4 Ein Mensch unter Gottes Autorität

Sicherlich sollte es heißen: ›A man with authority‹ = ein Mensch mit Autorität, und nicht ›A man under authority‹ = ein Mensch *unter* Autorität! Die Übersetzer der King-James-Bibel hatten wohl einen Fehler gemacht. Jedesmal, wenn ich die Geschichte von der Heilung des Knechtes des römischen Hauptmanns im Matthäusevangelium Kapitel 8 las, klang der Satz falsch in meinen Ohren, und nach meinem Verständnis änderte ich das Wort. Es hat viele Jahre gedauert, bis ich begriff, daß ich falsch lag, nicht die Übersetzer!

Der römische Hauptmann sah ein Prinzip im Dienst von Jesus walten, das er anerkannte. Er sah: wenn Jesus sprach, wirkte durch ihn eine größere Macht, als sie jemals bloßem menschlichem Einfluß hätte zugeschrieben werden dürfen. Er sah über Jesus hinaus die Macht Gottes. Er hatte keinerlei Schwierigkeiten, das zu verstehen; denn er war in einer ähnlichen Lage gegenüber der Macht Roms.

Wenn der Hauptmann zu den unter seinem Befehl stehenden Soldaten sprach, wußten diese, daß die ganze Autorität des Römischen Imperiums hinter ihm stand. Als der Hauptmann also zu Jesus sagte: »Sprich nur ein Wort, so wird mein Knecht gesund. Denn auch ich bin ein Mensch, der Obrigkeit untertan, und habe Soldaten unter mir« (Mt. 8, 8b–9a), erkannte er die Autorität an, die hinter Jesus stand. Jesus reagierte erstaunt: »Wahrlich, ich sage euch: Solchen Glauben habe ich in Israel bei keinem gefunden!« (V. 10). Jesus hatte bis zu diesem Zeitpunkt niemand gefunden, der so einfach und klar Jesu Vollmacht begriffen hatte. Der Hauptmann hatte jemanden gefunden, der *unter höherem Befehl* stand.

Weil Jesus sich diesem höheren Befehl ständig unterordnete, gewann er seine ganze Kraft und Größe. Davon sprach Jesus: »Wahrlich, wahrlich, ich sage euch: Der Sohn kann nichts von sich aus tun, sondern nur, was er den Vater tun sieht; denn was dieser tut, das tut gleicherweise auch der Sohn« (Joh. 5,19). Später heißt es im selben Kapitel: »Ich kann nichts von mir aus tun..., denn ich suche nicht meinen Willen, sondern den Willen dessen, der mich gesandt hat« (V. 30).

Jesus hatte in seinem Dienst Autorität, weil er sich in völliger Unterordnung unter seinen Vater befand. Der Verfasser des Hebräerbriefes faßt das wie folgt zusammen: »Er hat in den Tagen seines irdischen Lebens Bitten und Flehen mit lautem Schreien und mit Tränen dem dargebracht, der ihn vom Tod erretten konnte; und er ist auch erhört worden, weil er Gott in Ehren hielt« (Hebr. 5,7; in der englischen Bibelfassung lautet der letzte Teil dieses Satzes: »er ist erhört worden wegen seiner ehrerbietigen Unterordnung«/ d. Ü.). Nur wenn du unter Gottes Autorität bist, kannst du die Autorität seines Reiches ausüben.

Autorität in der Praxis

Auf zwei verschiedenen Wegen ist mir die Bedeutung dieser Erkenntnis klargeworden. Erstens, durch die tägliche Realität meines Lebens in der Bethany Fellowship. Ich traf mit meiner Frau Joyce und unseren fünf Kindern im September 1979 aus Cornwall dort ein und wurde fast sofort in die Leitung einbezogen.

Als einer der Ältesten – zusammen mit Colin Urquhart und David Brown – lernte ich bald nicht nur, was es heißt, sich in die Leitung der Kommunität zu teilen, sondern auch, wie das ist, wenn man sein Leben zwei anderen Männern unterordnen muß. Mir war gar nicht bewußt geworden, wie unabhängig ich gewesen war, bis ich sah, was echte Unterordnung wirklich bedeutet: nicht sklavisches Gehorchen dem oder den anderen, sondern eine echte, vertrauensvolle Beziehung, in der wir uns zu einem Leben gegenseitiger Unterordnung verpflichteten.

Unter Gottes Autorität zu leben, kann nur im Zusammenhang mit dem Leib Christi praktische Auswirkung haben. Ein solches Leben in der Unterordnung unter andere Gottesmänner und die Dienstausübung unter ihrer Autorität sind Erfahrungen gewesen, die zu den befreiendsten und befähigendsten meines ganzen Christenlebens gehören.

Wahre Autorität wird daran erkannt, daß andere bereit sind, sich ihr unterzuordnen. Wir müssen den Unterschied zwischen Autorität und autoritärem Verhalten sehen. Geistliche Autorität zielt darauf ab, Gott zu verherrlichen; autoritäres Verhalten will nur den Menschen erheben. Autorität von Gott wird bei Menschen Freiheit, Freude und Fruchtbarkeit freisetzen; menschliches autoritatives Verhalten wird Bedrückung und Gesetzlichkeit hervorrufen.

Paulus sagte: »Ordnet euch einander unter in der Furcht Christi« (Eph. 5,21). Echte geistliche Autorität kann nicht funktionieren, solange nicht jeder einzelne in freudiger Unterordnung lebt. Aus diesem Grund sagte Jesus: »Der

Größere unter euch soll sein wie der Jüngere, und der da zu führen hat, wie der, der da zu dienen hat« (Lk. 22,26/Wuppert. Studienbibel).

Der Leiter sollte die untergeordnetste Person in der ganzen Kirche sein; Gott unterworfen, dem Wort Gottes, seinen Mitleitern und der Gemeinde. Jesus sagte: »Ich aber bin unter euch wie ein Diener« (Lk. 22,27).

Ich versuche das z. B. bei einem Familienrat zu tun, der jeden Sonnntag abend zu Hause abgehalten wird. Alle Hausbewohner treffen sich, und jedermann unterbreitet sein Programm dem anderen. Gemeinsam nehmen wir Anpassungen vor, so daß wir – soweit möglich – auf die Wünsche eines jeden eingehen. So ist zum Beispiel ein Nachmittag für eine Fahrt in die Stadt vorgesehen: Coralie muß zu den Pfadfinderinnnen und Craig zu seinem Teilzeitjob im ›Happy Eater‹ gefahren werden. Ben fragt, wann sein Schulfreund Neil zum Spielen kommen kann, und Daniel will wisssen, wann wir alle kegeln gehen. Auch die Erwachsenen unterbreiten ihre Vorhaben. Die Daten werden dann in den Kalender eingetragen, und wir beenden den Familienrat, indem wir zusammmen beten und die Woche Gott übergeben.

Dieser Plan ist dann für uns alle verbindlich. Wenn daher jemand mit mir einen Termin vereinbaren will, der von mir schon für Kegeln mit der Familie vergeben ist, dann bleibt es bei der mit der Familie getroffenen Verabredung.

In einer weiteren Hinsicht habe ich gelernt, unter Gottes Obrigkeit zu sein, und das fast durch Zufall. Zu Beginn des Jahres 1981 hatten wir den Eindruck, wir sollten ein Schulungsprogramm für die Kommunität einführen; denn unsere Zahl nahm rasch zu, und die Anforderungen an unseren Dienst stiegen ständig. Zwei Parallelkurse wurden eingerichtet: einer unter der Leitung von David Brown zur persönlichen Seelsorge, ein zweiter mit dem Thema Evangelisation unter meiner Leitung.

Ich setzte mich zur Vorbereitung an meinen Schreibtisch und schlug meine Bibel im ersten Buch Mose auf. Gott lenkte meine Aufmerksamkeit darauf, wie seine Schöpfung nach seinem Plan hätte leben sollen, und wie der Mensch durch den Sündenfall alles verdorben hatte. Dabei wurde ich ganz aufgeregt, wie Gott mich leitete, dies in einem Schema darzustellen. Auf der nächsten Seite ist es abgebildet:

Die Darstellung zeigt deutlich die Vollkommenheit von Gottes Schöpfung, die Auswirkungen des Sündenfalls des Menschen sowie die Bedeutung des Kreuzes für die Erlösung der Menschheit. Sie demonstriert auch entschieden das vollständige Prinzip der Autorität Gottes und die Folgen, wenn man unabhängig von ihm handelt.

Ich sah, wie Gott Ordnung und Frieden in seine ganze Schöpfung gebracht hatte. Es fing mit Gott an, der alle Autorität, höchste Gewalt und Kraft

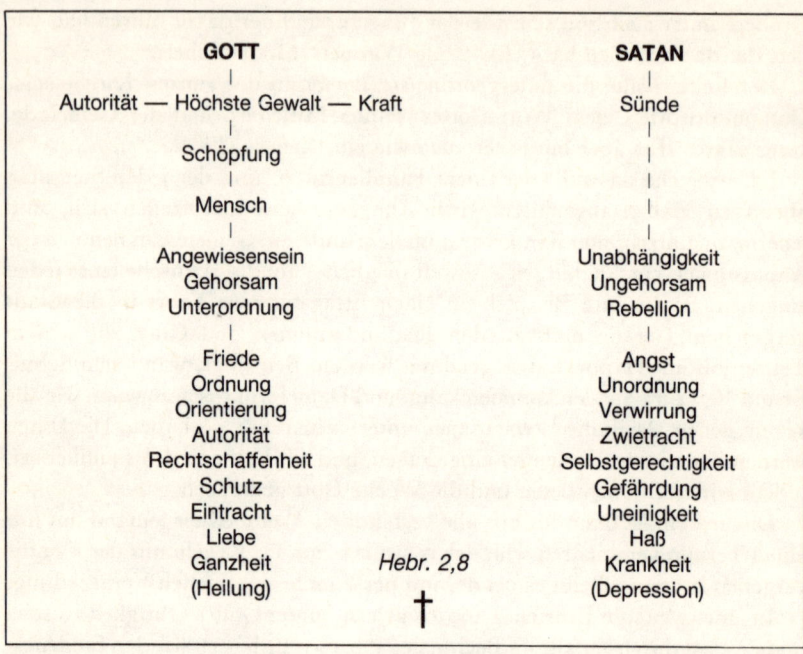

	GOTT		SATAN
	|		|
	Autorität — Höchste Gewalt — Kraft		Sünde
	|		|
	Schöpfung		|
	|		|
	Mensch		|
	|		|
	Angewiesensein		Unabhängigkeit
	Gehorsam		Ungehorsam
	Unterordnung		Rebellion
	|		|
	Friede		Angst
	Ordnung		Unordnung
	Orientierung		Verwirrung
	Autorität		Zwietracht
	Rechtschaffenheit		Selbstgerechtigkeit
	Schutz		Gefährdung
	Eintracht		Uneinigkeit
	Liebe		Haß
	Ganzheit	*Hebr. 2,8*	Krankheit
	(Heilung)		(Depression)
		✝	

Kolosser 1,19–20: »Denn es hat Gott wohlgefallen, daß in ihm alle Fülle wohnen sollte, und er durch ihn alles mit sich versöhnte, es sei auf Erden oder im Himmel, indem er Frieden machte durch sein Blut am Kreuz.«

besitzt. Er rief die Schöpfung ins Leben durch sein Wort, und die Krönung dieser Schöpfung war der Mensch, ihm zum Bilde geschaffen. Gott gab dem Menschen Herrschaft, weil er sich unter Gottes Autorität befand. Der Mensch lebte in Frieden, mit Ordnung in seinem Leben im Garten Eden, dem Platz, den Gott für ihn vorgesehen hatte. Es gab dort keine Sünde, und der Mensch lebte daher in Freiheit und vollkommener Rechtschaffenheit, geschützt vor jeder Gefahr. Die Verbindung dieser Faktoren führte zu einer Situation der Eintracht, Liebe und totalen Ganzheit. Bis die Sünde hineinkam!

Die Strategie der Versuchung durch die Schlange war die, den Stolz herauszufordern und ein unabhängiges Handeln heraufzubeschwören. »Ja, sollte Gott gesagt haben…?« (1. Mos. 3,1). »Entschließe dich selbst!« »Handle allein für dich!«

Diese erste Sünde war nicht nur ein Akt des Ungehorsams, sondern auch der Unabhängigkeit. Das Ergebnis: Adam und Eva verfielen in Rebellion gegen Gott und mußten aus dem Garten Eden verbannt werden.

Die Folge für sie – und seitdem für die ganze Menschheit: ein Leben, das von Angst, Unordnung, Verwirrung, Zwietracht, Selbstgerechtigkeit und Frust beherrscht wird, um nur einige wenige Früchte der Sünde zu nennen. Dies hat den Menschen mit Gott entzweit und ihm ein Leben in Gefährdung, Uneinigkeit, Haß und Krankheit als ständiger Bedrohung beschert.

Laßt uns Gott dafür preisen, daß wir durch das Opfer Jesu wieder in den Stand des Friedens und der Vergebung versetzt werden können! Es trifft aber nicht zu, daß die in der rechten Spalte unter Satan aufgeführten Dinge verschwinden, sobald wir anfangen, an Jesus zu glauben.

Ich begann zu begreifen, daß der Mensch, als er sündigte, aus der Autorität Gottes hinaustrat und deshalb seinen Frieden, seine Ordnung und seinen Schutz verlor. Nur wenn der Mensch sich in Buße und Glauben Gott wieder zuwendet, kommt er wieder unter Gottes Schutz. Ich begriff auch, daß mein Leben, selbst als Christ, erneut von Angst und Verwirrung beherrscht sein kann, wenn ich der Versuchung zu Unabhängigkeit und Ungehorsam erliege.

Diese Wahrheit war sensationell. Ich begriff, daß sie nicht nur auf meinen Evangelisations-Kursus zutraf, sondern für das ganze Gebiet der Autorität gilt. Ich habe nicht nur den Segen, der auf meinem Leben *unter höherem Befehl* liegt, in die Praxis umgesetzt, sondern begann zu verstehen, wie lebenswichtig es ist, in Gottes Ordnung zu leben. Schon oft hatte ich lehren hören, wie sehr Gott Unabhängigkeit haßt und nur mit einem Leben in totaler Unterordnung unter ihn zufrieden ist. Ich nahm diese Wahrheit nun für mich selber an.

Gottes Autorität bringt Frieden

Als unsere Kinder noch sehr klein waren und es mal nachts ein heftiges Gewitter gab, kam regelmäßig eines von ihnen in unser Schlafzimmer und kletterte zu Joyce und mir ins Bett. Das Gewitter tobte weiter, aber das Kind hatte seinen Frieden.

Frieden ist nicht das Fehlen von Aufruhr. Frieden bedeutet, daß Gott alles unter Kontrolle hat, den Umständen zum Trotz. Jesus hat diesen Frieden sein Leben hindurch gezeigt. Niemals hat er sich unter Druck setzen lassen. Niemals hat er Unruhe oder Aufregung gezeigt. Deshalb konnte er zu seinen Jüngern sagen: »Den Frieden lasse ich euch; meinen Frieden gebe ich euch. Nicht gebe ich euch, wie die Welt gibt. Euer Herz erschrecke nicht und fürchte sich nicht« (Joh. 14,27). Paulus beschrieb das als den »Frieden Gottes, der höher ist als alle Vernunft« (Phil. 4,7). Ein Friede, der nicht menschlichen Ursprungs ist, kennzeichnet denjenigen, der *unter höherem Befehl* steht. Unsere gestreßte Welt schreit nach dieser Art Frieden. Du kannst jedoch andere nur dann zu Gottes Frieden befreien, wenn du ihn für dich selbst empfangen hast.

Gottes Autorität bringt Ordnung

In Gottes Schöpfung ist Ordnung. Die Jahreszeiten kommen, ohne auszusetzen, die Sonne geht regelmäßig auf und unter. In Gottes Ordnung ist auch Wachstum. Die Saat wird zu ihrer Zeit ausgebracht, und die Ernte folgt mit Sicherheit. Ordnung ist nichts Totes, sondern eine befähigende, lebendige Kraft.

Gott möchte, daß sein Volk genauso nach der Ordnung lebt. Leitung ist dazu da, um Ordnung in das Leben und den Gottesdienst des Leibes Christi zu bringen.

Im 4. Kapitel des Epheserbriefes lesen wir, daß das Ergebnis des Wirkens der Apostel, Propheten, Evangelisten, Hirten und Lehrer derart ist, daß »dadurch der Leib Christi erbaut werden soll, bis wir alle hingelangen zur Einheit des Glaubens und der Erkenntnis des Sohnes Gottes, zum vollendeten Mann, zum vollen Maß der Fülle Christi« (V. 12–13).

Die Fragen, denen wir uns hinsichtlich der uns Anvertrauten stellen, sollen lauten:

● Werden sie reif in Jesus?
● Kommt Ordnung in ihr Leben?
● Haben wir alle ein gemeinsames Ziel?
● Ist Wachstum und Fruchtbarkeit da?

Wenn diese Dinge nicht so sind, wie sie sein sollten, dann fehlt es vielleicht an Autorität und Führung.

»Zu jener Zeit war kein König in Israel; jeder tat, was ihn recht dünkte« (Ri. 21,25). Diese Feststellung könnte heute geschrieben sein und träfe auf viele Gemeindesituationen zu.

Ich habe sogar einige Geistliche damit prahlen hören, daß in ihrer Kirche jeder tue und lasse, was ihm gefalle. Mag sein, daß einige Leute damit glücklich sind; aber Wirksamkeit im Reiche Gottes bewerkstelligt das nicht. Wenn die Leiterschaft in der Leitung versagt, wird sie zur Verantwortung gezogen werden dafür, daß sie anderen gestattet hat, unabhängig und außerhalb der Harmonie von Gottes Absichten zu handeln.

Gottes Autorität bringt Führung

Als Adam und Eva sündigten, trieben sie ab von Gottes Führung in ihrem Leben. Wenn Gottes Autorität im Leben seines Volkes wiederhergestellt ist, wird eine klare Führung zum Vorschein kommen.

Leiterschaft ist notwendig, um solche Führung dem Volke zu vermitteln. Moses hatte Anweisung von Gott erhalten, als er die Kinder Israels aus Ägypten hinausführte, und jedesmal, wenn er steckenblieb, fragte er Gott um Rat und erhielt neue Anleitung. Manchmal wurden Gottes Anweisungen nicht befolgt. Das Ergebnis waren Chaos und harte Zeiten. Die Israeliten zum Beispiel versäumten es, unter der Leitung Josuas Gott um Weisheit und Leitung zu bitten, und wurden infolgedessen von den Gibeonitern hereingelegt (Jos. 9,14).

Jesaja warnte sein Volk, Medien und Spiritisten zu befragen, und fuhr fort: »Soll nicht ein Volk seinen Gott befragen?« (Jes. 8,19).

Wir brauchen Führung in unserem Leben, aber nicht von der Sorte, die auf menschlicher Beweisführung oder Meinungsumfragen beruht. Wir brauchen Gottes Führung!

Wenn wir unter Gottes Autorität und seinem Wort leben und unsere Beziehung von Liebe und Hingabe geprägt ist, dann werden wir hören können, was Gott uns sagt. Leiter haben die Verantwortung, ihren Mitarbeitern die Weisung zu vermitteln, die sie von Gott gehört haben.

Gottes Autorität verleiht Autorität

15 Jahre meines Arbeitslebens verbrachte ich im elterlichen Geschäft. Es war nicht einfach, als Sohn des Chefs in die Firma einzutreten. Aufgrund meiner Geburt hatte ich schon einen Status, aber der Respekt mußte erst noch errungen werden. Als mein Vater mir mehr Verantwortung übertrug, stattete er mich auch mit mehr Autorität aus. Je mehr ich unter seine Autorität kam, desto mehr Autorität konnte mir übertragen werden. Die Mitarbeiter merkten: Wenn Anweisungen und Aufträge von mir erteilt wurden, dann stand mein Vater voll hinter mir. Ich durfte nie mehr Autorität haben als mein Vater, aber ich hatte genausoviel zu sagen wie er, solange er mich ließ.

Jesus sagte: »Mir ist gegeben alle Gewalt im Himmel und auf Erden. Darum gehet hin und machet zu Jüngern alle Völker« (Mt. 28,18b–19a). Den elf Jüngern konnte Jesus diese Voll-Macht geben, weil er sie vom Vater bekommen hatte.

Wahre Autorität kann nicht aus dem geistlichen Amt abgeleitet werden. Wir können jeden nach unserem Wunsch in jedes Amt wählen; aber echte geistliche Autorität beruht auf der Beziehung des Menschen zu Gott und dem Grad seiner Hingabe an den Leib Christi.

Weil Jesus selbst unbeschränkte Macht hat, gibt es kein Limit für die Macht, mit der er seine Nachfolger ausstatten kann. Jesus sagte: »Wer an mich glaubt, der wird die Werke auch tun, die ich tue, und er wird noch größere als diese tun; denn ich gehe zum Vater« (Joh. 14,12). Was für ein aufregendes und herausforderndes Versprechen!

Du kannst nur das Maß an Autorität weitergeben, das dir selbst gegeben ist. Es gibt dafür kein Schema, und du kannst es auch nicht für weniger haben. Die sieben Söhne des Skevas bezahlten diese Lektion teuer. Sie sahen, wie Paulus und seine Begleiter Menschen aus der Macht Satans befreiten, indem sie das einfach im Namen Jesu taten, und dachten; das probieren wir auch. Das Ergebnis war eine Katastrophe. Der Mensch, der vom bösen Geist besessen war, stürzte sich auf sie und überwältigte sie alle und richtete sie so zu, daß sie nackt und verwundet aus dem Hause flohen. Seine Antwort auf ihr Gebieten war: »Jesus kenne ich wohl, und von Paulus weiß ich wohl; aber wer seid ihr?« (Apg. 19,15).

Ein Mensch unter Gottes Autorität hat Zugriff auf die Hilfsquellen des Himmels und wird erkannt und gefürchtet von allen Mächten der Hölle!

Gottes Autorität bringt Rechtschaffenheit

Sind wir in Jesus, so sind wir mit der Rechtschaffenheit Gottes bekleidet. Das sind wir, ohne es in irgendeiner Weise verdient zu haben, was uns im Reich Gottes alle gleichstellt. Paulus hat das folgendermaßen ausgedrückt: »Als aber erschien die Freundlichkeit und Menschenliebe Gottes, unseres Heilandes, machte er uns selig – nicht um der Werke der Gerechtigkeit willen, die wir getan hatten, sondern nach seiner Barmherzigkeit« (Tit. 3,4–5).

Wir können uns nicht einmal zugute halten, daß wir Christen sind. Wir haben Gott keine Gefälligkeit erwiesen, als wir unser Vertrauen in ihn setzten. Und wir können auch jetzt nichts tun, was uns im Himmel als Verdienst zugeschrieben würde. Allein Gottes Erbarmen und Gnade haben wir es zu verdanken, daß wir gerecht gemacht worden sind. Jemand hat das so ausgedrückt: »Gnade heißt, zu bekommen, was man nicht verdient, und Erbarmen heißt, nicht zu bekommen, was man verdient.«

Gott hat uns seine Gerechtigkeit verliehen, und wir haben sie im Glauben empfangen. Sie hat uns in Harmonie zu seiner Heiligkeit versetzt und uns befähigt, uns unserer sündhaften Menschlichkeit bewußt zu werden.

Diese Gerechtigkeit kommt ausschließlich von Gott, und es gibt keine rechtschaffenen Taten, mit denen ich mir die Gunst Gottes erringen könnte. Es ist so, wie es im Römerbrief 1,17 steht:»Die Gerechtigkeit, die vor Gott gilt, welche kommt aus Glauben im Glauben.« Das bedeutet: Wir dürfen die verlorenen Menschen nicht mit ihrer Ungerechtigkeit aus einer Position der Selbstgerechtigkeit heraus konfrontieren, sondern aus der Gnade, die wir von Gott bereits empfangen haben.

Gottes Autorität bringt Freiheit

Ein altes Gebet lautet:»Sein Dienst ist vollkommene Freiheit.« Jeder würde annehmen, Freiheit hieße, tun und lassen zu können, was man will. Ein solcher Grad an Unabhängigkeit bringt jedoch keine Freiheit, sondern macht einen zum Gefangenen der eigenen Selbstsucht.

Kinder genießen sehr ihre Freiheit, wenn sie die Grenzen kennen, in denen sie leben und spielen dürfen. Gottes Autorität stellt dich in Grenzen nach seinem Willen; bewegst du dich in diesen Grenzen, dann wirst du dich großer Freiheit erfreuen. Im Psalm 40,9 lesen wir:»Deinen Willen, mein Gott, tue ich gern, und dein Gesetz habe ich in meinem Herzen.«

Adam und Eva genossen die Freiheit des Gartens Eden, solange sie unter Gottes Autorität blieben. Nach ihrem Sündenfall verloren sie jedoch ihre Freiheit und wurden zum Sklaven der Sünde.

Ohnmacht kommt in der Leiterschaft dann vor, wenn menschliches Wünschen mit Gottes Wegen in Konflikt gerät. Die Ursache dafür mag darin liegen, daß die Mitarbeiter ihren eigenen Kopf und nicht Gottes Willen durchsetzen wollen; dem zu begegnen erfordert Mut. Ohnmacht kommt aber auch dann vor, wenn ein Leiter von selbstsüchtigem Ehrgeiz getrieben ist, statt sich von der Unterordnung unter Gottes Absichten leiten zu lassen.

Gottes Autorität bringt Schutz

Wahre Autorität und autoritäres Verhalten unterscheiden sich unter anderem darin, daß Autorität den von ihr Versorgten Schutz bietet, während autoritäres Verhalten nur sich selbst zu schützen sucht.

Wenn der Ehemann seine rechtmäßige Stellung als Haupt der Familie einnimmt, bietet er seiner Frau und seinen Kindern Schutz. Es ist interessant, wie Paulus das Beispiel der Beziehung zwischen Eheleuten benutzt, um darzustellen, wie Jesus für seine Kirche sorgt:

»Ihr Männer, liebt eure Frauen, wie auch Christus die Gemeinde geliebt hat und hat sich selbst für sie dahingegeben, um sie zu heiligen. Er hat sie gereinigt durch das Wasserbad im Wort, damit er sie vor sich stelle als eine Gemeinde, die herrlich sei und keinen Flecken oder Runzel oder etwas dergleichen habe, sondern die heilig und untadelig sei« (Eph. 5,25–27).

Unser erstes Haus war vier Treppen hoch. Als unsere Kinder ins Krabbelalter kamen, wurde das problematisch. Würden wir alle vier Treppen so absichern können, daß unsere Kinder daran gehindert wären, hinabzustürzen? Das war unrealistisch; denn ein Teil des Hauses wurde von unserem Jugendkreis benutzt, und es herrschte ein ständiges Kommen und Gehen. Die Lösung des Problems: Wir mußten den Kindern beibringen, nicht hinunterzufallen. Sobald sie in die Gefahrenzone krabbelten, drehten wir sie herum und brachten ihnen bei, bäuchlings mit dem Kopf nach oben, hinunterzurutschen. Nach einigem Umfallen war die Lektion rasch gelernt. Die Unterordnung der Kinder unter unsere Autorität war dabei für ihre Sicherheit und ihren Schutz lebenswichtig. Sie sind heute alle quicklebendig – also hat's funktioniert!

Die Familie Gottes sollte ein Ort der liebevollen Zuwendung und des Schutzes sein. Die Bethany Fellowship, zu der ich gehöre, hat ein Gemeinschaftsleben, das – wie wir denken – im Einklang mit den Lehren der Heiligen Schrift ist. Der Psalmist sagt: »Ein Vater der Waisen und ein Helfer der Witwen ist Gott in seiner heiligen Wohnung, ein Gott, der die Einsamen nach Hause bringt, der die Gefangenen herausführt, daß es ihnen wohlergehe« (Ps. 68,6–7).

Das bedeutet nicht, daß eine Menge Leute in einem großen Haus zusammengepfercht sind. Die Betonung liegt auf Familie. Wir leben in erweiterten Haushalten, wo Alleinstehende Teil einer Familie werden, die sich um ein Ehepaar und dessen Kinder schart. Wir sind der Auffasssung: Jedes Glied des Leibes Christi braucht Leitung, Fürsorge und Schutz. Das ist der Sinn unserer Gemeinschaftshaushalte.

Eine Beschreibung des Lebens in der ersten Kirche enthält die herausfordernde Aussage: »Es war auch keiner unter ihnen, der Mangel hatte« (Apg. 4,34).

Gottes Autorität bringt Einheit

»Ich bitte aber nicht allein für sie, sondern auch für die, die durch ihr Wort an mich glauben werden, damit sie alle eins seien, wie du, Vater, in mir bist und ich in dir« (Joh. 17,20–21). Wir werden Einheit in der Kirche erleben, wenn wir schlicht den Lehren Jesu folgen wie auch folgenden biblischen Grundprinzipien:

1. Gott ruft seine Kinder auf, sich zu sammeln, damit sie an dem Ort, wo er sie hingestellt hat, ein Abbild seines Leibes seien.
2. Gott hebt unter ihnen Leiter heraus, die seine Stimme hören und sein Volk leiten sollen.
3. Dem Leib Christi sind, damit er wachsen und Frucht bringen kann, Prinzipien der Wahrheit und des Lebens gegeben.

Es gibt allerdings keine starren Regeln, die Erfolg verbürgen. So, wie wir unsere Not bekennen, daß wir nichts als Gottes Gericht verdienen, und uns ausstrecken, um sein Erbarmen und seine Vergebung zu empfangen, so werden wir eins in ihm. Dies ist eine Position sowohl der Demut als auch des Vorrechts. »Gott widersteht den Hochmütigen, aber den Demütigen gibt er Gnade« (Jak. 4,6).

Einheit beginnt damit, daß Herzen sich unter dem Kreuz Jesu treffen. Einheit wächst, wenn Herzen in einer liebevollen Beziehung miteinander verbunden werden. Einheit gewinnt an Stärke, wenn Leiter sich einander anvertrauen und gemeinsam auf Gottes Weisung hören. »Ordnet euch einander unter in der Furcht Christi« (Eph. 5,21). Die Frucht der Einheit ist Gottes Segen: »Denn dort verheißt der Herr den Segen und Leben bis in Ewigkeit« (Ps. 133,3).

Warum in aller Welt gibt es dann soviel Uneinigkeit? Das Problem liegt zum Teil darin, daß Menschen nach Einheit im Denken und Glauben trachten, ohne die Vereinigung der Herzen zu betreiben. Aus vergangenen Jahrhunderten hat die christliche Kirche das Erbe der Teilung behalten; das heißt aber nicht, daß es dem Volk Gottes unmöglich wäre, heute in Harmonie zu leben.

Wir haben die Wahl: wir können argumentieren, daß uns das Versagen der Vorväter die Entschuldigung liefert, heute in Uneinigkeit zu leben – oder wir können die Verheißungen Gottes ernst nehmen und reale Bedingungen schaffen, um heute wirklich in Einheit zu leben. Das hängt ganz und gar von einer lebendigen Beziehung zu Gott und einer liebevollen Hingabe an den Leib Christi ab.

Ich lebe in Einheit mit meiner Frau Joyce. Das will nicht besagen, daß wir immer in allem übereinstimmen; weil aber unsere Liebe und unsere Hingabe so tief sind, überwinden wir unsere Schwierigkeiten und stellen sicher, daß wir harmonische Lösungen finden. So sollte es im Volke Gottes sein.

Gottes Autorität bringt Liebe

Echte Liebe ist unter Menschen anzutreffen, die sich Gottes Autorität unterordnen. Das sichere Wissen um Gottes Liebe und das Ausmaß seines Erbarmens bringen eine umsorgende, aufopfernde Liebe unter seinem Volk hervor. Jesus hat das wunderbar ausgedrückt, als er den Pharisäern erklärte, warum eine Sünderin ihn mit kostbarem Öl gesalbt hatte: »Deshalb sage ich dir: Ihre vielen Sünden sind vergeben, denn sie hat viel Liebe gezeigt; wem aber wenig vergeben wird, der liebt wenig« (Lk. 7,47).

Sicherheit, die aus dem Lieben und Geliebtwerden erwächst, sollte ein Gütezeichen der Familie Gottes sein. Die Kirche besteht aus Sündern, denen vergeben ist, und die miteinander verbunden sind in der Liebe Gottes. Traurigerweise ist in der Kirche von heute oft ein Mangel an Liebe festzustellen, weil wir versucht haben, die Liebe zu Gott von der Liebe zu den Menschen zu trennen.

Johannes schreibt darüber in seinem ersten Brief: »Laßt uns lieben, denn er hat uns zuerst geliebt. Wenn jemand spricht: Ich liebe Gott, und haßt seinen Bruder, der ist ein Lügner. Denn wer seinen Bruder nicht liebt, den er sieht, wie kann er Gott lieben, den er nicht sieht?« (1.Joh. 4,19–20). Das sind starke Worte. Sie sollten für uns alle eine ständige Herausforderung sein. Gehorsam sein heißt, ständig in einer Haltung der Vergebung und Offenheit gegenüber den Brüdern und Schwestern in Christus zu leben. Das schließt jede Bitterkeit, Trennung und Haßgefühle aus. Je besser wir verstehen, welche große Liebe Gott *uns* erwiesen hat, und je besser wir seine Vergebung für *uns* begreifen, um so besser werden wir in Liebe und Vergebung gegen *andere* leben können.

Gottes Autorität bringt Heilung

Heilung an Körper, Psyche und Geist ist Realität im Reiche Gottes. Das Beiseitelassen physischer Heilung heißt Gottes Allmacht einschränken; doch es ist auch ein Fehler, eine so starke Betonung auf die körperliche Heilung zu legen, daß der große Atem der wiederherstellenden Kraft Gottes verlorengeht. Jesu Heilen bringt Ganzheit und Jüngerschaft. Es muß fester Bestandteil des lokalen Gemeindelebens sein, damit die Familie Gottes in der Ganzheit Gottes leben kann.

Als Jesus die zehn Aussätzigen heilte, kehrte nur einer um und dankte ihm. »Einer aber, als er sah, daß er gesund geworden war, kehrte er um und pries Gott mit lauter Stimme und fiel nieder auf sein Angesicht zu Jesu Füßen und dankte ihm – und das war ein Samariter. Jesus aber antwortete und sprach: Sind nicht die zehn rein geworden? Wo sind aber die neun? Hat sich sonst keiner gefunden, der wieder umkehrte, um Gott die Ehre zu geben, als nur dieser Fremde? Und er sprach zu ihm: Steh auf, geh hin, dein Glaube hat dir geholfen!« (Lk. 17,15–19 – in der Amplified-Version: ...hat dich ganz gemacht). Alle zehn wurden geheilt, aber nur einer wurde ganz gemacht. Heilung, die nicht Jüngerschaft zur Folge hat, bringt nicht Ganzheit.

Leben unter Gottes Autorität heißt, sich großen Segens, großer Sicherheit und großer Fruchtbarkeit zu erfreuen. Es ist die einzige Basis für wirksame Leiterschaft im Leibe Christi.

5

Ein Mensch, der in der Erweckung lebt

›Mein Glaube für diese Evangelisationseinsätze ist: Durch euch geschieht Erweckung! Aber Ihr habt diesen Glauben nicht!‹

Diese Botschaft bekamen Colin Urquhart und das Team von Gott, als wir uns 1981 für Sommer-Evangelisationswochen vorbereiteten, die in mehreren Städten Englands stattfinden sollten.

Gott hatte recht! Er wollte Erweckung nach Southport, Merseyside, unserer ersten Station, bringen; dafür reichten jedoch unser Glaube und unsere Erwartungen nicht aus.

Erweckung im Sinne der großen Bewegungen des Heiligen Geistes, die durch ganze Gemeinwesen fahren – in vergangenen Zeiten in den Hebriden und Cornwall, heute in Ostafrika und den Philippinen –, ist ein souveränes Werk Gottes. Erweckung auf persönlicher Ebene geschieht dann, wenn wir für Gott total offen sind. Wir selbst können Erweckung nicht machen; Gott allein tut das. Aber unser individueller Ungehorsam und Unglauben kann das verzögern und sogar Gott daran hindern, es zu tun.

In Southport führte die Erkenntnis unserer persönlichen Verantwortung dazu, daß wir mit ganzem Herzen Gott in seiner Erweckungskraft suchten (Colin hat über diese Zeit ausführlich in den Kapiteln 13 und 14 seines Buches ›Glaube für übermorgen‹, Projektion J GmbH, Hochheim 1983, berichtet).

Für mich war das eine äußerst bedeutsame Zeit des Wachstums, und dieser besagte Tag in Southport war wie das erste Aufleuchten, das dem Anbruch des Tages vorangeht. Ich begriff: Es *ist* möglich, persönliche Erweckung zu erfahren! Ich *kann* Gott so nahekommen, daß seine Erweckungskraft durch mich hindurchfließen kann!

Diese Entdeckung war aufregend, aber beängstigend. Mir stand der Bericht über Jesus vor Augen: »Und er tat dort in Nazareth nicht viele Zeichen wegen ihres Unglaubens« (Mt. 13,58). Mir wurde mein eigener Glaubensmangel bewußt, und wie ich Gott mit meinem Leben eingeengt hatte. Darüber war ich nicht verzweifelt, doch ich sehnte mich danach, daß Gott mich veränderte.

Nachdem wir wieder heimgekommen waren, begannen wir, einige Bücher zu lesen, die das Ergebnis von Erweckungssituationen waren, darunter ›Finney on Revival‹ von Charles Finney (E. E.Schelhauer [ed.], Dimension Books, Bethany Fellowship Inc.) und ›Das neue Erwachen‹ von Roy Hession (R. Brockhaus Verlag, Wuppertal). Roy Hession hat eine einfache Definition für Erweckung: ›Erweckung ist ganz einfach das Leben des Herrn Jesus, ausgegossen in Menschenherzen.‹ Ich begann zu verstehen: Erweckung erhellt den Platz, der Gott gebührt, und weist mir den richtigen Platz zu.‹

Erweckung bewirkt Sündenerkenntnis und Zerbruch

Ostern 1981. Die meisten aus der Kommunität wollten für eine kurze Weile wegfahren. Als wir uns zum Abschlußgebet trafen, kam Colin mit einem Stapel Papier herein und verteilte an jeden ein Exemplar. Es handelte sich um eine Liste von Einflüssen, die die Erweckung verhindern oder behindern, mit dem Titel: ›Vorbereitung auf die Erweckung‹. Es war ein Extrakt aus Finneys Buch. Die Liste war einschüchternd:
    Prüfe dein Herz auf
– falsche Beziehungen und Verhaltensweisen zu anderen
– (Zwietracht oder) Meinungsverschiedenheiten mit deinen Leitern
– Eifersucht
– üble Nachrede
– weltlich Gesinntsein
– heimliche Sünde
– Lässigkeit in geistlicher Disziplin
– Unzuverlässigkeit
– ein verhärtetes Herz(vor allem gegen Gottes Wort)
– Unheiligkeit
– Mangel an Offenheit gegen andere
– Mangel an Dankbarkeit und Liebe zu Gott
– Vernachlässigung der Bibel
– Vernachlässigung des Gebets
– Vernachlässigung der Familienpflichten
– Vernachlässigung der Wachsamkeit gegen dich selbst wie auch gegen deine Brüder
– Vernachlässigung der Selbstverleugnung und der Gnadenmittel
– Unglauben
– Stolz
– Neid
– Klatsch

- Frivolität
- Lüge
- Betrug
- Scheinheiligkeit
- Gott um etwas bringen
- schlechte Laune
- andere daran hindern, nützlich zu sein

Nun wußten wir, warum wir Erweckung nicht erlebt hatten! Wir suchten die persönliche Stille, um unsere Herzen zu erforschen und um uns Gott in der Buße zuzuwenden. Wir wurden nicht durch Verdammung zerschmettert, sondern befreit, als wir Gott erlaubten, unser Leben bis in neue Tiefen hinein offenzulegen.

Am nächsten Tag fuhr ich mit meiner Familie nach Schottland, für eine Woche auf einen einsamen Bauernhof im westlichen Hochland. Das war auch eine bedeutsame Zeit der Begegnung mit Gott. Jeden Tag standen Joyce und ich früh auf, machten uns Kaffee und gingen hinaus an den Rand der Klippe, um zu beten.

Während die Sonne aufging und ihr frühes Morgenlicht über die Insel Skye und die Cuillins ergoß, arbeiteten wir uns Punkt für Punkt durch die Liste, jeden Tag ein paar Punkte. Wir nahmen uns nicht vor, uns gegenseitig auf unsere Sünden aufmerksam zu machen, sondern jeder von uns konzentrierte sich auf seine eigenen. Jeder sprach aus, was Gott ihm gesagt hatte, und betete es durch.

Das waren mit die schönsten Ferien, die wir je hatten. Wir waren mit sechs Tagen Sonnenschein gesegnet, was unserer Entspannung und unserem Vergnügen guttat, und, so wie Gott in uns am Wirken war, wurde es der heiligste Urlaub, den wir bisher verbracht haben!

Ich verstand nun deutlich, daß Erweckung nicht vom Himmel fällt wie ein Blitz, sondern zu denen kommt, die Gott ernstlich suchen und die bereit sind, sich von ihm verändern zu lassen. Später kam ich dazu, Berichte über frühere Erweckungen zu lesen, und entdeckte, daß im Mittelpunkt jeder souveränen Erweckung durch Gott Menschen standen, die ihn entschlossen suchten.

Am Anfang deiner Vorbereitung auf Erweckung mußt du Gott erlauben, durch seinen Heiligen Geist Sünde in deinem Leben aufzudecken. Sündenerkenntnis sollte dann in die Beichte münden. Genau das geschah auf der Klippe in Schottland. Gott legte seinen Finger auf einen wunden Punkt nach dem anderen in unserm Leben, und wir bekannten sie Gott voreinander.

Auf eine neue Weise begannen wir, die Wahrheit der Worte zu verstehen:

»Bekennt also einander eure Sünden und betet füreinander, daß ihr gesund werdet« (Jak. 5,16). Das schenkte unserer Ehe eine neue Tiefe des Verstehens und setzte in unserer beider Leben die Reinigung durch Gott frei. Wie Johannes schreibt: »Wenn wir aber unsere Sünden bekennen, ist er treu und gerecht, daß er uns die Sünden vergibt und reinigt uns von aller Ungerechtigkeit« (1. Joh. 1,9). Wenn Gott dich trifft in seiner Heiligkeit, wird es immer Sündenerkenntnis, Bekennen und Reinigung geben. Das ist die Vorbereitung.

Aber echte Erweckung geht tiefer. Schuldbewußtsein muß in die Reue führen. Reue geht dem Zerbruch und der radikalen Änderung voraus. Es ist möglich, dieselbe Sünde wieder und wieder zu bekennen. Jedesmal ist Gott treu, und du wirst Vergebung und Reinigung empfangen; aber ein ›Es tut mir leid‹ ist noch keine Reue. Bereuen umfaßt nicht bloß das Beichten der Sünde, sondern eine Änderung des Willens, die sich in einer Änderung des Verhaltens ausdrückt. Dein Wille ist damit in Einklang gesetzt mit Gottes Willen.

Charles Finney schreibt in ›Wahres und falsches Bereuen‹ (Kregel Publications, 1966):

Wenn du wirklich bereut hast, dann liebst du jetzt die Sünde nicht; dann hältst du dich ihr nicht fern aus Angst und um Bestrafung zu vermeiden, sondern weil du sie haßt. Wie hältst *du* es damit? Weißt du eigentlich, daß deine Veranlagung, zu sündigen, nicht mehr vorhanden ist? Betrachte die Sünden, die du immer wieder begangen hast, als du noch unbußfertig warst – wie sehen sie in deinen Augen aus? Angenehm? Und würdest du sie wirklich gerne wieder begehen, wenn du dich trautest? Wenn du das bejahst, dann ist deine Veranlagung zur Sünde noch da, du bist lediglich der Sünde überführt. Deine *Ansichten* über Sünde mögen sich geändert haben; aber wenn die Liebe zu dieser Sünde bleibt, dann bist du immer noch ein unbußfertiger Sünder.

Wahre Reue führt zum Zerbruch. Dies ist ein Begriff, der oft falsch verstanden wird. Viele Leute meinen, Zerbruch bedeute, so zerknirscht vor Gott zu sein, daß man in einem Haufen von Mutlosigkeit zusammenbricht. Was für eine Lüge des Feindes! Zerbruch befaßt sich mit deiner Selbstsucht und deinem Stolz, so daß das Leben Jesu in dir freigesetzt wird!

Roy Hession drückte das in ›Das neue Erwachen‹ so aus:

Gebrochensein ist der Anfang der Erweckung. Es ist schmerzhaft und demütigend, aber der einzige Weg. Jetzt heißt es: »Nicht mehr ich, sondern Christus«, und das ›C‹ ist ein gebeugtes ›I‹. Der Herr Jesus kann uns nicht eher erfüllen und sich nicht früher durch uns offenbaren, bis das stolze Ich in uns gebrochen ist. Es bedeutet, daß das harte, unbeugsame Ich, das sich selbst rechtfertigt, einen eigenen Weg gehen will, eigene Rechte verteidigt und eigene Ehre sucht, sich nun endlich vor dem Willen Gottes beugt, seine Fehler zugibt, den eigenen Weg an Jesus preisgibt, die eigenen Rechte ausliefert und die eigene Ehre ablegt — damit der Herr Jesus alles in allem sei. Mit anderen Worten: Es ist das Sterben des selbstsüchtigen Ichs.

Erweckung führt zur Heiligung

Als wir uns nach den Osterferien wieder versammelten, war es klar, daß Gott auf bedeutsame Art und Weise ans Werk gegangen war. Buße hatte ein neues Freisetzen der Kraft des Heiligen Geistes bewirkt. Doch einige von uns waren noch weit davon entfernt, zufrieden zu sein.

Wir wußten: mit der Erweckung mußte es noch mehr auf sich haben, als wir bisher erlebt hatten. Während unserer täglichen Morgengebetszeit begann Colin über Heiligung zu lehren. Es ist erstaunlich, wie wir die Lehre der Schrift von der Heiligung übersehen hatten. In den letzten Jahren hat es viel Lehre über den Heiligen Geist und das Bedürfnis nach mehr Kraft, Liebe und Freude gegeben – aber wer möchte heilig sein?

»Jagt dem Frieden nach mit jedermann und der Heiligung, ohne die niemand den Herrn sehen wird« (Hebr. 12,14).

»Sondern wie der, der euch berufen hat, heilig ist, sollt auch ihr heilig sein in eurem ganzen Wandel. Denn es steht geschrieben: ›Ihr sollt heilig sein, denn ich bin heilig‹« (1. Petr. 1,15–16).

Gott wünscht sich ein heiliges Volk, das für ihn abgesondert ist. Wie kann das geschehen? Ist das wirklich möglich?

Der erste Maimontag jenes Jahres war ein gesetzlicher Feiertag, und wir freuten uns alle auf ein langes Wochenende mit unseren Familien. Während einige von uns Freitagmittag zusammen beteten, machte Gott uns klar, daß wir unsere Pläne aufzugeben hatten und das ganze Wochenende drangeben sollten, ihn zu suchen. Samstag sollte ein Tag des Gebetes sein, und alle Erwachsenen der Kommunität sollten am Abend zusammenkommen.

Als wir uns versammelten, leitete Colin das Treffen mit den Worten ein: »Ich war noch nie in dieser Lage und habe keine Vorstellung davon, was passieren wird. Wir sind zusammengekommen, um Gott zu suchen; laßt uns deshalb beten.« Dieser Einleitung folgte eine Bitte: »Herr, komm bitte zu uns in deiner Heiligkeit.«

Wir begannen mit Anbetung. Es war anders als sonst – nicht der fröhliche Lobpreis, zu dem es oft zu Beginn einer Veranstaltung kommt, sondern Preis mit einer neuen Tiefe und Schönheit. Es gab ein prophetisches Wort, doch der mächtigste Eindruck des Treffens war die Empfindung, daß Jesus unter uns war in seiner Heiligkeit. Jesu Heiligkeit deckte unsere Unheiligkeit auf, und wir begannen, zum Herrn um seine Vergebung und sein Erbarmen zu flehen. Spontan kam es zum offenen Sündenbekennen. Das Beten im Sitzen erwies sich als völlig unangemessen; wir fielen vor Gott auf die Knie und auf unser Gesicht. Es gab tief berührende Überführung von Sünde, und es gab Tränen.

Ein erheblicher Teil der Beichte betraf unsere Beziehungen zueinander: Vergebung und Versöhnung geschahen überall. Die Zeit blieb stehen, als Gott uns durch Bereuen in seinen Frieden führte.

Wir hatten angefangen, die Worte Davids zu begreifen: »Schaffe in mir, Gott, ein reines Herz, und gib mir einen neuen, beständigen Geist« (Ps. 51,12).

Wir suchten den Herrn wieder an den folgenden Abenden des Sonntags und Montags, und jedesmal führte uns der Herr tiefer. Von der Dunkelheit unserer Herzen wurde mehr und mehr ans Licht gebracht und behandelt. Als der Montagabend sich dem Ende neigte, hatten wir die gewaltige Empfindung: die Herrlichkeit des Herrn ist unter uns. Wir standen auf und riefen ihm laut unseren Lobpreis zu, ihm, der sich uns so barmherzig offenbart hatte.

Seitdem habe ich darüber nachgedacht, wie Gott mit uns bei diesem Treffen umgegangen ist, um herauszufinden, welche Prinzipien dafür galten. Anscheinend gab es drei Komponenten bei Gottes Handeln an uns:

Erstens gab es das, was Finney »das Aufpflügen des fahlen Bodens« genannt hätte. Es begann mit der Liste mit dem Titel: »Vorbereitung auf die Erweckung«, der die Kommunität mittlerweile den Spitznamen »Finney-Sündenregister« gegeben hat. Überlegte, bewußte und gründliche Buße ist der Auftakt zur Erweckung.

Zweitens gab es von Gottes Wort geprägte Lehre. Sie deckte viele Gebiete ab, einschließlich Reinigung und Erneuerung unserer Sinne. Sie hatte mehr Buße zur Folge und war sehr fruchtbar.

Drittens aber gab es das Maiwochenende, als die Sündenregister und die Lehre beiseite gelegt wurden und wir in der Gegenwart Gottes zusammenkamen. Gott war es durch seinen Heiligen Geist möglich, Dinge aufzudecken, die weder durch die Finney-Liste noch durch die Lehre allein ans Licht gekommen wären. Doch Zeit mußte dafür erübrigt werden – und wenn es uns auch das verlängerte Wochenende kostete –, in der wir wirklich das Angesicht Gottes in einer neuen Weise suchten. Dies ist der Grund dafür, weshalb alle drei Komponenten im Mittelpunkt der Hyde-Seminare für Leiter stehen. Da gibt es Auslegung des Wortes; Zeit, das Herz anhand der Finney-Liste zu prüfen; aber am wichtigsten ist die mit Gott in seiner Heiligkeit verbrachte Zeit. All das kann auch allein vor Gott getan werden; aber es liegt ein großer Segen darauf, Gott mit anderen zu suchen, die dasselbe Verlangen haben.

Erweckung bringt Gottes Licht in dein Leben

Keiner hatte uns vorhergesagt, daß wir uns, wenn sich Gott uns in seiner Heiligkeit zeigte, unsere Sünden gegenseitig beichten würden. Wir lasen später, daß dies eine Begleiterscheinung aller Erweckungen in der Geschichte war. Hätten wir das vorher gewußt, wären manche von uns nicht so erpicht darauf gewesen, Gott zu begegnen! Warum passiert das?

Das liegt daran, daß Gott Licht ist; wenn Gott eingeladen wird, unter sein Volk zu kommen, dann kommt er nicht allein als der heilige Gott, sondern auch als das Licht. Sein Licht belichtet die Dunkelheit unserer Herzen.»Wenn wir aber im Licht wandeln, wie er im Licht ist, so haben wir Gemeinschaft untereinander, und das Blut Jesu, seines Sohnes, macht uns rein von aller Sünde« (1.Joh. 1,7).

In seiner Gegenwart wird Dunkelheit aufgedeckt, und unsere Herzen flehen in Beichte und Reue. Wahre Nachfolge Jesu ist beeinträchtigt, solange es in meinem Leben die Dunkelheit nicht bekannter Sünde gibt. Furcht vor offenem Bekennen verschwindet, wenn die Realität Gottes größer ist als das Bewußtsein, daß noch andere um mich herum sind. Die Gewißheit wird wichtiger, daß ich mit Gott im reinen bin, als daß mein Ruf vor Menschen unbeschädigt bleibt.

Solche Dunkelheit hat ja nicht nur meine Gemeinschaft mit Gott verdorben, sondern auch meine Beziehung zu meinen christlichen Geschwistern in Mitleidenschaft gezogen. Deshalb will ich solche Sünde demjenigen beichten, der durch sie verletzt worden ist, und Vergebung empfangen. Das ist mit dem Begriff »im Licht wandeln« gemeint.

Drei grundlegende Auswirkungen hat das »Wandeln im Licht«:

Erstens zielt es auf Gott. Wenn das Licht von Gottes Heiligkeit in mein Leben scheint und die Dunkelheit ausleuchtet, ist es mein wichtigstes Anliegen, mit Gott ins reine zu kommen. Deshalb bekenne ich Gott meine Sünde und empfange seine Reinigung, wie im 1.Joh. 1,9 zugesagt. Im Licht wandeln bringt Reinigung.

Zweitens zielt es auf andere Menschen. Sünde ist nie Privatsache. Sie beeinträchtigt immer andere, direkt oder indirekt, so daß ich meine Sünde denjenigen Christen beichte, die davon betroffen sind. Das ist das Jakobus-5,16-Prinzip:»Bekennt also einander eure Sünden und betet füreinander, daß ihr gesund werdet.« Wandeln im Licht bewirkt Heilung der Beziehungen, der Verletzungen und der Mißverständnisse; Versöhnung, wo Sünde Trennung bewirkt hatte; Wiederherstellung, wo Sünde entfremdet hatte.

Drittens besiegt es Satan. Lautes Bekennen ist sehr machtvoll. Das will ich mit einem persönlichen Beispiel erklären.

Mitten in all dem Wirken Gottes unter uns entdeckte ich plötzlich, daß eines der Mädchen im Team auf mich in einer Weise wirkte, die mich irritierte und mir unbegreiflich war. Die Wirkung schien nicht durch mein Verhalten ihr gegenüber ausgelöst worden zu sein. Nichts Offenkundiges geschah zwischen uns. Meine Ehe war unter keiner Belastung, und meine Liebe zu Joyce wuchs ständig weiter und wurde eher stärker als schwächer. Nein – das war wohl eine Attacke des Feindes, der versuchte, Dunkelheit in mein Leben zu bringen und Sünde auszulösen.

Ich rätselte noch darüber, nachdem ich es im Gebet bewegt hatte, als mir plötzlich einfiel, ich sollte mit David Brown, einem meiner Mitältesten, darüber reden. Eines Morgens suchte ich ihn in seinem Arbeitszimmer auf und erzählte ihm, was mich beschäftigte, und bat ihn um seine Hilfe. Er sagte einfach: »Nachdem du nun in dieser Sache mit mir im Licht gewandelt bist, brauchst du dir darüber keine Sorgen mehr zu machen. Die Macht des Feindes ist gebrochen.« Er hatte recht. Ich ging als ein freier Mensch aus seinem Zimmer. Ich entdeckte eine tiefere Bedeutung von Römer 10,10: »Denn wenn man von Herzen glaubt, so wird man gerecht; und wenn man mit dem Munde bekennt, so wird man gerettet.« Im Licht wandeln bewirkt den Sieg über Versuchung und Sünde; hier sei jedoch eine Warnung erlaubt – Beichte vor einem Zeugen, die zu sehr in intime Einzelheiten geht, kann mehr Schaden anrichten als Gutes stiften. Zum Beispiel wird das Bekennen lüsterner Gedanken kein Problem bereiten, wenn es nur mit diesen beiden Worten ausgedrückt wird, aber jedes weitere Detail könnte für den Beichthörenden schädlich sein und würde ohnehin nicht noch mehr Heilung im Leben des Beichtenden bewirken.

Wenn also, wie eben geschildert, die Situation delikat ist, dann begib dich einfach mit einem anderen Christen ins Licht.

Diese Prinzipien sind besonders für diejenigen beachtenswert, die zur Leitung berufen sind. Der Druck und die mögliche Isolation, denen ein Leiter ausgesetzt ist, schaffen extreme Verwundbarkeit. Es tut weh, zu erfahren, daß das Leben und der Dienst so vieler Menschen zerstört wurde durch moralische Entgleisungen und andere Sünden, die nie hätten passieren müssen, wenn diese Menschen nur mit einer anderen Person im Licht gewandelt wären.

Erweckung befreit in neuer Weise die Kraft Gottes in deinem Leben und Dienst. Das aktiviert gleichzeitig den Feind zu heftigeren Angriffen. Deshalb mußt du deine geistlichen Waffen scharf und bereit halten.

Es ist wichtig, daß ein Leiter wirklich offen und bereit ist, mit anderen im Licht zu wandeln. Deine Offenheit wird Offenheit in anderen freisetzen. Wenn du das Im-Licht-Wandeln zum Prinzip deines Lebens machst, werden diejenigen, die du leitest, bald folgen – d.h., wenn sie es ernst meinen mit Gott und in seiner Erweckungskraft leben wollen.

Erweckung bewirkt machtvolles Gebet

Nachdem wir Gott an dem besagten Wochenende begegnet waren, fuhren wir früh nach Grimsby, wo wir uns vor einem Missionseinsatz versammeln sollten. Schon auf der Autobahn merkten wir, daß etwas anders war als sonst. Normalerweise hätten wir uns unterhalten, der einen oder anderen Lobpreiskassette zugehört oder einer Wortkassette. Dieses Mal wollten wir nur beten und Gott loben.

Nachdem wir im Ice-House angekommen waren und unsere Gerätschaften aufgebaut hatten, sahen wir in unserem Zeitplan wie üblich eine halbe Stunde Gebet vor Beginn der Veranstaltung vor. Da empfanden wir, daß das hier völlig unzureichend war, und änderten unseren Zeitplan auf zwei Stunden Vorgebet vor jeder Veranstaltung. Diese Zeiten dienten dann nicht nur dem Gebet für die Veranstaltung, sondern waren Erweckungsgebet in der Gegenwart Gottes, in dem er seine Kraft in und durch uns freisetzen konnte. Das, was das Erweckungswochenende gekennzeichnet hatte, fand seine Fortsetzung. Offenes Bekennen von Sünden kam natürlich und rasch. Wir erfuhren ganz tief Gottes Frieden und waren uns ständig seiner heiligen Gegenwart unter uns bewußt. Der Glaube für den Dienst wurde neu freigesetzt und ein frisches Betroffensein und die Sorge um die Verlorenen geweckt.

Auf das Thema Gebet werde ich in einem späteren Kapitel eingehen. Hier ist aber das Verständnis wichtig, daß siegreiches Gebet ein notwendiger Bestandteil echter Erweckung ist. Zuviel Gebet verwenden wir darauf, Gott zu bitten, in anderen zu wirken; nicht genug darauf, in uns zu wirken.

Charles Finney schreibt darüber, Gott im Gebet zu bewegen in *Revivals of Religion* (Morgan & Scott, 1835):

Wenn ich davon spreche, Gott im Gebet zu bewegen, dann denke ich nicht daran, daß Gottes Absicht durch Gebet geändert wird, oder daß seine göttliche Lenkung oder sein Charakter geändert wird. Aber Gebet bewirkt eine solche Änderung in *uns,* daß es mit Gottes Handeln übereinstimmt, so wie es bei anderem Handeln nicht mit Gott übereinstimmen würde. Wenn ein Sünder bereut, dann macht dieses Gefühl Gott geneigt, ihm zu vergeben. Gott war immer bereit gewesen, dem Sünder unter dieser Bedingung zu vergeben; wenn also der Sünder seine Gefühle ändert und bereut, dann erfordert das keine Gefühlsänderung in Gott, um ihm zu vergeben. Es ist die Reue des Sünders, die Gott mit Vergebung antworten läßt und ihm erlaubt zu handeln, wie Gott handelt. Wenn also Christen zu wirksamem Beten bereit sind, dann bereitet ihr Seelenzustand Gott das Feld, zu handeln.

Das erwähnte Wochenende, an dem wir Gott gesucht hatten, änderte den ganzen Charakter des Gebetslebens unserer Kommunität. Das wahre Wesen der Erneuerung bringt ein neues Gewahrwerden der Größe Gottes und der totalen Nichtigkeit menschlichen Bemühens. Es setzt der Art zu beten ein

Ende, die so redet: »Herr segne, was ich für dich tue.« Statt dessen fördert es das Beten, das Gott anfleht, in seiner Souveränität und Macht Einzug zu halten; und es demütigt gründlich Gottes Kinder, wenn sie sich bewußt werden, daß er sich Instrumente wie sie auswählt, durch die er seine Kraft und Macht ausübt.

Erweckung setzt Liebe und Einigkeit frei

Nichts ist so geeignet wie eine gehörige Dosis Lobpreis Gottes, um Zank und Uneinigkeit zu beseitigen. In der Kommunität bescherte uns die Begegnung mit Gott den Durchbruch zu einer neuen Tiefe an Liebe und Einheit.

Wenn wir Meinungsverschiedenheiten mit Diskutieren und Argumentieren zu klären versuchen, dann passiert es uns oft, daß unsere Ansichten festgefahrener und unsere Positionen zementierter sind als zuvor. Wenn wir unsere verschiedenen Gesichtspunkte vor den Thron Gottes bringen, werden wir seine Stimme hören, und das bringt uns alle zur Buße und Einigkeit.

In unserer Kommunität hat sich eine Redewendung eingebürgert, die benutzt wird, wenn es knirscht und fruchtlos wird: »Was wir jetzt brauchen, ist ein bißchen Erweckung.« Was soll damit gesagt werden?

Während einer Leiterschaftswoche wurde es mir klar, daß es unter den Leuten in The Hyde wie auch unter meinen Mitarbeitern zum Teil Spannungen gab. Dies lag zu einem erheblichen Teil daran, daß es auf einigen Gebieten Gedankenlosigkeit und Vernachlässigung gegeben hatte. Statt alle zu einer Aussprache zu bitten, schlug ich einen Tag des Gebets und Fastens vor. Als wir uns alle eingefunden hatten, sagte ich einfach: »Letzte Woche sind viele Dinge schiefgelaufen; das hat uns nicht weitergeholfen oder dem Herrn Ehre gemacht. Ich bin nicht wirklich daran interessiert, wer recht oder unrecht hatte. Ich denke, was uns not tut, ist, zusammen den Herrn zu finden. Laßt uns Gott anbeten und ihn suchen.«

Eineinhalb Stunden danach war der Friede wiederhergestellt, wir waren im Licht gewandelt, und obendrein waren wir im Gebet mit Anregungen beschenkt worden, die viele der Probleme lösten, die scheinbar nicht zu bewältigen gewesen waren. Wie kam das? Weil wir Gott begegnet waren.

Ich muß hier vorbeugend klarstellen: ich empfehle nicht Erweckungsgebet als Heilmittel für schlechte Organisation oder schlechte Leitung. Gott verlangt, daß wir gute Haushalter sind und treu in allem, was uns aufgetragen ist. Doch selbst die bestorganisiertesten Kreise haben Erweckungsgebet, das Liebe und Einigkeit lebendig und frisch hält, nötig.

Erweckung endet mit einem Hunger nach Gott, was zu mehr Erweckung führt

»Der Herr ist nahe allen, die ihn anrufen, allen, die ihn ernstlich anrufen«, singt David im Psalm 145,18. Wenn du Gott in seiner Erweckungskraft begegnest, lernst du ihn besser kennen. Je mehr du von Gott weißt, desto mehr willst du von ihm wissen. Dein Herz stimmt mit dem Psalmisten in die Worte ein: »Meine Seele verlangt und sehnt sich nach den Vorhöfen des Herrn; mein Leib und Seele freuen sich in dem lebendigen Gott« (Ps. 84,3).

Selbst dieses tiefe innere Verlangen, mehr von Gott zu wissen, schließt nicht Anfechtung und Versagen aus, und nur zu leicht rutscht man von dieser Höhe geistlicher Lebendigkeit wieder ab.

Nach einem intensiven Sommer in der Evangelisation 1981 verbrachten wir den größten Teil des August mit unseren Familien. Gleich nach unserer Rückkehr aus den Ferien merkten wir, daß wir aus unserem Erweckungsstand, in dem wir uns einige Wochen zuvor befunden hatten, zurückgefallen waren. Sobald als möglich setzten wir deshalb einen Tag an, um Gott erneut zu begegnen und ihm zu erlauben, wieder in jedem von uns zu arbeiten.

Wie beeinflußt Erweckung die Leiterschaft?

Ein Leiter muß erst Gott in seiner Erweckungskraft begegnen und durch Zerbruch zu der Reue finden, die ihn zu Füßen des Kreuzes führt, wo er gereinigt wird und eine frische Salbung mit Gottes Kraft durch den Heiligen Geist erfährt. Dann ist Gott an seinem rechtmäßigen Platz im Mittelpunkt des Lebens und der Arbeit des Leiters, und der Leiter befindet sich an dem ihm gemäßen Platz vor Gott. Erweckung ist ein Gegenpol zu Stolz in der Leiterschaft und setzt Gebet und Glauben in den Menschen frei.

In der Erweckung zeigt dir Gott, wie ER deine Sünde sieht – und führt dich in die Buße.

In der Erweckung zeigt dir Gott, wie ER dein Leben sieht – und führt dich in die Heiligung.

In der Erweckung zeigt dir Gott, wie ER andere Christen sieht – und führt dich in neue Beziehungen der Liebe und des Miteinanderlebens im Licht.

In der Erweckung zeigt dir Gott, wie ER die Welt sieht – und führt dein Herz in ein neues Erbarmen mit den Verlorenen.

Bedeutet das nun, daß Gott, wenn er eine mächtige geistliche Erweckung durch die Nation (wie in Wesleys Tagen) schickt, das zwangsläufig durch diejenigen herbeiführt, die aktiv seine Erweckungskraft suchen? Vielleicht, vielleicht auch nicht: Gott ist souverän. Doch gewiß trifft es zu, daß die von Gott Erweckten Werkzeuge sind, die er benutzen kann, um solch eine Erweckung zu fördern; und ebenso trifft es zu, daß Ungehorsam und Unglauben seiner Kinder die Erweckung verzögern oder sogar verhindern können.

Ich kann mich mit vielen Dingen identifizieren, die in vergangenen Erweckungszeiten passiert sind; doch es gibt auch andere Kundgebungen der Macht Gottes, die ich noch nicht erfahren habe. Ich sehne mich danach, daß Gott in seinem Heiligen Geist dieses Land entzündet, wie er das in früheren Tagen getan hat.

Ich will dieses Kapitel mit einem Zitat aus Richard Owen Roberts Buch über *Erweckung* (Tyndale, 1982) schließen, das wundervoll diese Sehnsucht nach einem großen Ausgießen der Erweckung ausdrückt:

Wann darf Erweckung erwartet werden? Wenn Erweckung die außergewöhnliche Bewegung des Heiligen Geistes ist, dann kann sie erwartet werden, wenn der allmächtige Gott des Universums sie schickt. Und zu welchem Zeitpunkt schickt Gott wahrscheinlich ein ungewöhnliches Werk? In einer Zeit ungewöhnlicher Not, wenn seine Kinder von einem ungewöhnlichen Verlangen ergriffen sind, das nichts weniger sättigen kann als ein ungewöhnliches Ausgießen des Heiligen Geistes.

6 Ein Mensch, der unter dem Kreuz lebt

Das Kreuz ist ein Symbol des Todes. Es steht für das abrupte, gewalttätige Ende eines Menschen. Der Mensch, der zu Zeiten des Römischen Reiches sein Kreuz aufnahm und den Weg hinunter trug, hatte bereits seinen Freunden Lebewohl gesagt. Er kehrte nicht zurück. Er ging, damit alles ein Ende habe. Das Kreuz ließ keine Kompromisse zu, schwächte nichts ab, ließ nichts aus; es tötete alles in dem Menschen, vollständig und ein für allemal. Es versuchte nicht, mit dem Opfer auf gutem Fuße zu stehen. Es traf grausam und hart, und wenn es seine Arbeit getan hatte, war es aus mit dem Gekreuzigten.

Gott rettet das Individuum, indem er es auslöscht und dann auferstehen läßt zu einem neuen Leben.

Wenn wir zu Jesus kommen, dann bringen wir unser Leben nicht auf eine höhere Stufe; wir lassen es am Kreuz. Das Weizenkorn muß in den Boden fallen und sterben *(A. W. Tozer, The Alliance Witness, 1946).*

Das Kreuz Jesu Christi ist die revolutionärste Erscheinung unter den Menschen. Wenn aber das Kreuz nicht im Zentrum des Lebens und des Dienstes des Leiters steht, dann werden andere Dinge darin um die Vorherrschaft streiten. Das meint Paulus mit den Worten:»Es sei aber fern von mir, mich zu rühmen als allein des Kreuzes unseres Herrn Jesus Christus, durch den mir die Welt gekreuzigt ist, und ich der Welt« (Gal. 6,14).

Noel Proctor, Kaplan am Strangeways-Gefängnis, Manchester, hatte Colin eingeladen, dort im Sonntagfrühgottesdienst zu predigen. Die ca. 500 Gefangenen waren in Reihen in die Kirche eingezogen, Hymnen waren gesungen und die Eröffnungsgebete gebetet worden. Colin wurde vorgestellt, und er begann seine Predigt:»Ich habe heute eine gute Nachricht für euch alle; Gott will euch nicht verbessern!« Ein leises Lachen breitete sich in der Versammlung aus. Colin fuhr fort:»Nein, Gott will euch nicht verbessern. Gott möchte, daß ihr sterbt.« Verblüfftes Schweigen. Aufmerksames Zuhören war Colin sicher, als er die Macht des Kreuzes erklärte, das dem alten Leben Tod bringt und dem neuen Leben in Jesus Platz macht.

Das Kreuz ist die Stätte der Vergebung

Sünde ist in der heutigen Zeit ein unbeliebtes Wort. Lediglich die schlimmsten Verbrechen gegen die Gesellschaft oder die ärgsten moralischen Verfehlungen werden damit belegt. Das verführt viele angesehene Kirchgänger zu der Ansicht, ihr Lebensstil sei für Gott annehmbar. Wenn Sünde auf der einen Seite so heruntergespielt wird, dann wird auf der anderen Seite die Macht des Kreuzes verkleinert.

Sünde wird in der Bibel ganz einfach erklärt:»Wir gingen alle in die Irre wie Schafe, ein jeder sah auf seinen Weg« (Jes. 53,6). Was ist Sünde? Einfach ausgedrückt: wenn wir eher unseren eigenen Weg gehen als Gottes Weg. Was ist dann mit unseren guten Taten? Die Antwort der Heiligen Schrift lautet:»Alle unsere Gerechtigkeit ist wie ein beflecktes Kleid« (Jes. 54,6).

Wir haben alle gesündigt und sind hinter Gottes Gerechtigkeit und Heiligkeit zurückgeblieben; deswegen haben wir alle das Werk des Kreuzes als unseren einzigen Weg zur Rettung und Vergebung nötig. Es gibt nichts, womit wir uns Gottes Gnade verdienen könnten. Gott gibt uns das Werk des Kreuzes umsonst mit seinem Gnadenakt durch den Tod Jesu. Paulus sagt es den Ephesern so:»In ihm haben wir die Erlösung durch sein Blut, die Vergebung der Sünden, nach dem Reichtum seiner Gnade« (Eph. 1,7).

Laßt uns – als diejenigen, die zur Leiterschaft berufen sind – niemals das Wunder der Vergebung aus freien Stücken vergessen, das wir in Jesus haben. Ein Autoaufkleber in Amerika drückt das so aus:»Wir Christen sind nicht perfekt – uns ist nur vergeben!«

Das Kreuz ist die Stätte des Sieges über die Sünde

In Pilgrim's Progress gibt es eine Zeichnung des Pilgers, wie er den Hügel zum Kreuz mit einer schweren Sündenlast auf dem Rücken erklimmt. Als er am Kreuz ankommt und Vergebung erfährt, fällt die Last vom Rücken und poltert auf Nimmerwiedersehen den Abhang hinunter.

Das Kreuz ist gewiß der Platz, wo wir Sündenvergebung erfahren und wo wir in das neue Leben mit Jesus eintreten. Es ist jedoch möglich, das Kreuz in unserem Denken und Erfahren nur auf die Stätte der Vergebung zu beschränken und nicht gleichzeitig die volle Bedeutung von Jesu Opfer für uns zu realisieren.

Die umwerfende Wahrheit lautet: Als Jesus starb, nahm er meine Sünden mit in den Tod, und er nahm auch *mich* mit, mein ganzes Selbst.»Ich bin mit Christus gekreuzigt. Ich lebe, doch nun nicht ich, sondern Christus lebt in mir« (Gal. 2,19–20). Mein Eigenleben ist mit Jesus ausgelöscht worden:»So auch ihr, haltet dafür, daß ihr der Sünde gestorben seid, und lebt Gott in Christus Jesus« (Röm. 6,11).

Jesus hat am Kreuz nicht nur Vergebung für vergangene Sünden bewirkt, sondern auch den Sieg über die Sünde an sich errungen. Die Auferstehung hat den Sieg über den Tod proklamiert wie auch den Triumph über die Macht der Sünde in der gefallenen Menschheit. Das bedeutet, daß du nicht ein Sklave der Sünde, des Ungehorsams oder schlechter Gewohnheiten bleiben mußt.

Obwohl dir die Vergebung deiner Sünden zugesagt ist, bleibst du oft in der Sklaverei der Versuchung. Mußt du deswegen den Rest deines Lebens in einem ungleichen Kampf gegen die Sünde verbringen? Ganz gewiß nicht. Paulus schreibt an die Christen: »So tötet nun die Glieder, die auf Erden sind, Unzucht, Unreinheit, schändliche Leidenschaft, böse Begierde und die Habsucht, die Götzendienst ist« (Kol. 3,5). Du *kannst* im Sieg über Versuchung und Sünde leben!

Paulus sagt den Römern: »Wir wissen ja, daß unser alter Mensch mit ihm gekreuzigt ist, damit der Leib der Sünde vernichtet werde, so daß wir hinfort der Sünde nicht dienen, denn wer gestorben ist, der ist frei geworden von der Sünde« (Röm. 6,6–7).

Jahrelang war für mich das Kreuz nicht mehr als der Platz, wo mir meine Sünden vergeben worden sind. Ich verstand nicht, daß ich mir des Sieges über die Macht der Sünde durch das Kreuz gewiß sein kann, und lebte deshalb in Niederlage und Kraftlosigkeit. Wie man sieht, habe ich mehr Probleme mit mir selbst als mit meiner Sünde! Ich wußte zwar, daß mir meine Sünden vergeben sind; doch ich dachte, ich würde zu warten haben, bis ich im Himmel bin, bevor ich den Sieg über meine menschliche Schwachheit feiern dürfte. Als mir schließlich ein Licht aufging, war ich überglücklich, die Gewißheit haben zu dürfen: Welche Sünde mich auch immer hinunterziehen will – der Sieg darüber ist für mich *jetzt* da! Ich muß nicht darauf warten, bis ich jenseits des Grabes bin.

Wie bekommst du diesen Sieg? Du mußt zuerst Gebiete der Dunkelheit, des Versagens und des Kompromisses als Sünde erkennen. Bitte Gott, dir die Schändlichkeit deiner Sünde zu zeigen und dich zu befähigen, ernsthaft Buße zu tun – d. h. dich von der Sünde abzuwenden. Bringe das, was der Heilige Geist dir gezeigt hat, ans Kreuz und bitte Gott um seine Vergebung und Reinigung.

Bekenne in der Gegenwart eines anderen Christen; »Bekennt also einander eure Sünden und betet füreinander, daß ihr gesund werdet« (Jak. 5,16). Das bringt Gottes Licht in die Finsternis und bricht deren Macht in deinem Leben, wie ich ausführlicher im letzten Kapitel beschrieben habe.

Je größer deine Verantwortung als Leiter ist, um so größer ist der Druck auf dein Leben, und es wird in zunehmendem Maße wichtiger für dich, die tägliche Realität des Sieges über deine eigene Sünde zu kennen. Dann wirst du andere in die Erfahrung hineinführen können, wie man im Sieg über die Sünde lebt.

Jesus lebte ein siegreiches Leben, und durch das Kreuz versah er uns mit dem Weg, in seinen Fußstapfen zu folgen. »Wir haben nicht einen Hohenpriester, der nicht könnte mit leiden mit unserer Schwachheit, sondern der versucht worden ist in allem wie wir – doch ohne Sünde« (Hebr. 4,15).

Das Kreuz ist die Stätte des Sieges über Satan

Wenn wir das Wirken Satans in unserem Leben und in unseren Kirchen untersuchen, finden wir zwei auseinanderklaffende Ansichten; gegen beide müssen wir uns schützen. Auf der einen Seite gibt es einige, die die bloße Existenz Satans leugnen, und auf der anderen Seite gibt es diejenigen, die Satan für jeden negativen Einfluß verantwortlich machen. Satans Existenz leugnen heißt, ihm Raum geben zum freien, unbehinderten Agieren. Satan für alles die Schuld zuzuschieben, was schiefläuft, heißt, ihm bei weitem mehr Einfluß zuzuschreiben, als er verdient, und Angst unter den Menschen zu verbreiten.

Es stimmt, daß Satan Sünde und Ungehorsam fördert. Ihm jedoch für alles Böse die Schuld zu geben, nimmt dem einzelnen Menschen die Verantwortung für eigene Sünde und Missetat und maskiert die eigentliche Wurzel des Übels.

Satan ist real und mächtig, und es ist wichtig, mit Paulus anzuerkennen: »Wir haben nicht mit Fleisch und Blut zu kämpfen, sondern mit Mächtigen und Gewaltigen, nämlich mit den Herren der Welt, die in dieser Finsternis herrschen, mit den bösen Geistern unter dem Himmel« (Eph. 6,12).

Satans Streitkräfte sind heute in der Welt am Werk. Missionare, die unter primitiven Stämmen gearbeitet haben, sind sich seit Jahren bewußt, daß es dämonische Kräfte gibt. Wir mögen versucht sein, im zivilisierten Westen solche Kräfte nicht für möglich zu halten. Das entspricht nicht der Realität. Wir müssen uns im klaren darüber sein, daß die Mächte der Finsternis heute in unserem Land am Werk sind. Doch genauso müssen wir dieser Tatsache unser Wissen entgegensetzen, daß Satan und seine ganze Streitmacht am Kreuz endgültig besiegt worden sind – und sie wissen das!

Ein Geistlicher – nennen wir ihn Graham – hatte eine Zeit großer Dunkelheit durchgemacht und kam ziemlich niedergeschlagen zum Leiterseminar in The Hyde an. Ich beobachtete ihn während einer Gebetszeit und bemerkte, daß er sich quälte. Während der Kaffeepause setzte ich mich zu ihm: »Was fehlt Ihnen?« fragte ich ihn. »Ich muß befreit werden von allem, was mich seit längerem bedrängt«, antwortete er. Wir vereinbarten ein Gespräch.

Wenn man gegen die Kräfte der Finsternis antritt, ist es wichtig, nicht den Dienst allein auf sich zu nehmen. Deshalb zog ich Francis, ein Mitglied meines Teams, hinzu, und wir trafen uns zu dritt zum Gebet. Graham erklärte, wie Satan ihn immer wieder bedrängt hatte und große Depressionen und Schwäche ausgelöst hatte. Nachts hatte er sogar so etwas wie ein Gewürgtwerden empfunden. Ein Versuch, ihn zu befreien, hatte Erbrechen und Gewalttätigkeit zur Folge gehabt.

Ich sagte ihm, dieses Mal werde sich das nicht wiederholen. Wir beteten in der Vollmacht Jesu. In dem Augenblick aber, in dem wir für seine Befreiung beteten, begann Graham zu würgen. Ich schaute ihn sofort an, sprach jedoch die Mächte der Finsternis direkt an. »Im Namen Jesu: hör damit auf!« befahl ich. Als wir in der Seelsorge fortfuhren, gab es noch andere Symptome, die energisch im Namen Jesu zurückgewiesen wurden. Ich wußte, daß durch das Kreuz der uneingeschränkte Sieg schon errungen war, und ich war nicht bereit, mich mit weniger zufriedenzugeben.

Bald sprach Graham ein wunderschönes Gebet der Buße und wurde befreit von allem, was ihn bedrückt hatte. Der ganze Raum war in Frieden getaucht, als der Sieg errungen war. »Ich fühle mich, als ob ein Licht eingeschaltet worden wäre«, sagte Graham, als er sich in der Freiheit und der Freude sonnte, die Gott ihm geschenkt hatte.

Satan ist seiner Macht beraubt und weiß, daß sein endgültiges Urteil bereits gefällt ist und ganz sicher vollzogen werden wird. Paulus erinnert uns daran in Kol. 2,15: »Er hat die Mächte und Gewalten ihrer Macht entkleidet und sie öffentlich zur Schau gestellt und hat einen Triumph aus ihnen gemacht in Christus.« Und nachdem er die Mächte und Gewalten entwaffnet hatte, stellte er sie öffentlich bloß, indem er durch das Kreuz über sie triumphierte.

Gottes Wort sagt uns zu, daß jedwede Äußerung von Satans Aktivität im Leben eines Menschen, den wir treffen, kein Grund zur Furcht ist, denn wir wissen: durch den Triumph des Kreuzes haben wir das Recht auf den Sieg.

Es ist hier nicht meine Absicht, das ganze Thema der geistlichen Kriegsführung zu erforschen; denn es gibt viele Bücher über dieses Thema (hier empfehle ich *Spiritual Warfare* von Michael Harper, neu herausgegeben von Kingsway Publications, Eastbourne, 1983). Ich möchte aber klarstellen, daß wir die Tatsache bekanntmachen müssen, daß das Kreuz vollständig mit allen Mächten der Finsternis fertiggeworden ist. Das bedeutet, daß wir keine Entschuldigungen für Niederlagen, Versagen oder irgendeine Aktivität Satans in unserem Leben suchen, sondern wir können immer den Sieg durch das Kreuz erfahren. »Unser Glaube ist der Sieg, der die Welt überwunden hat. Wer ist es aber, der die Welt überwindet, wenn nicht der, der glaubt, daß Jesus Gottes Sohn ist?« (1. Joh. 5,4–5).

Das Kreuz ist die Stätte des Sieges über Krankheit

Als die Sünde in die Welt kam, brachte sie nicht nur das Gericht über die Menschheit wegen des Ungehorsams der Menschen gegen Gott, sondern sie brachte auch Krankheit und Verfall über den menschlichen Körper.

Das Kreuz ist die Stätte, wo mit Sünde, Tod und Krankheit ein für allemal kurzer Prozeß gemacht worden ist. Die Sünde ist ein für allemal durch das Blut Jesu getilgt, der Tod besiegt: »Tod, wo ist dein Sieg? Tod, wo ist dein Stachel?« (1. Kor. 15,55). »Christus Jesus... hat dem Tode die Macht genommen und das Leben und ein unvergängliches Wesen ans Licht gebracht durch das Evangelium« (2. Tim. 1,10).

Krankheit ist besiegt durch den Tod Jesu. Im 1. Petr. 2,24 lesen wir: »Durch seine Wunden seid ihr heil geworden.« Wir müssen an dieser Stelle verstehen, daß alles Leiden, das Jesus erduldet hat bis zu seinem Tod am Kreuz, ein Teil von Gottes Plan zu unserer Erlösung war. Gott hätte nie erlaubt, daß sein so sehr geliebter Sohn unnötig leidet. Das Leiden im Garten Gethsemane, wo die Todesangst ihn Blut schwitzen ließ, die Geißelung durch Pilatus, die Dornenkrone, die Wunden durch die Nägel bei der Kreuzigung bis zum Speer, der seine Seite öffnete, nachdem er gestorben war – all das war ein notwendiger Teil von Gottes Plan. Während Jesus ausrief: »Mein Gott, mein Gott, warum hast du mich verlassen?« machte er eine Entfremdung durch, die für seine Heilungskraft den Weg zu den Tiefen menschlicher Ablehnung und Leiden bahnte.

Petrus und Johannes demonstrierten die Realität der heilenden Gnade Gottes, als der Gelähmte vor der Tür des Tempels, die die Schöne genannt wird, geheilt wurde. Als Petrus von den Regierenden und Ältesten zur Rechenschaft gezogen wurde, erklärte er mutig: »Im Namen Jesu Christi von Nazareth, den ihr gekreuzigt habt, den Gott von den Toten aufgeweckt hat; durch ihn steht dieser hier gesund vor euch« (Apg. 4,10).

Wir können sehen: es ist ganz klar Gottes Wille, daß Heilung und Ganzsein ein wesentlicher Bestandteil der Verkündigung sein sollte. Heilung ist im Sühneopfer. Wir erkennen: wenn Gott uns unsere Sünden vergibt, gibt er uns ewiges Leben – sein eigenes heiliges Leben. Weil Jesus der Ewigkeit angehört, kann sein Leben niemals sterben und besteht deshalb in Ewigkeit. Wenn wir körperlich oder seelisch geheilt werden, dann wird Gott verherrlicht, die Werke der Finsternis sind zerstört, und wir nehmen Anteil an der Ganzheit Jesu.

Dennoch sind unsere sterblichen Leiber immer noch dem Verfall anheimgegeben und werden dem natürlichen Tod nicht entrinnen (es sei denn, Jesus kommt vorher wieder). Deshalb sagt Paulus: »Fleisch und Blut können das Reich Gottes nicht ererben; auch wird das Verwesliche nicht erben die Unverweslichkeit« (1. Kor. 15,50). Der natürliche Tod ist für den Christen keine Tragödie, sondern das Tor zur Fülle all dessen, das Gott für uns durch den Tod und die Auferstehung Jesu vorgesehen hat.

Ich habe nicht die Absicht, das ganze Thema Heilung zu behandeln, sondern will zeigen: wenn wir die vollständige Wirkung des Kreuzes annehmen, dann können wir im Dienst zuversichtlich die Ganzheit Jesu dem Geist, Verstand und Körper vermitteln.

Das Kreuz ist der Weg zur Kraft

In den letzten Jahren wurde großes Gewicht auf die Notwendigkeit gelegt, mit dem Heiligen Geist erfüllt zu werden, so daß mehr von Gottes Leben und Kraft in Herz und Leben der Menschen freigesetzt werden kann. Das ist gut und recht und entspricht der Lehre der Heiligen Schrift. Wie kommt es aber, daß man einigen von den mit dem Heiligen Geist erfüllten Christen die Kraft Gottes so viel mehr anmerkt als anderen? Hat denn jemals einer innegehalten, um sich zu fragen, wieviel von seinem Leben vom Heiligen Geist erfüllt ist? Gott kann nicht seine Ordnung außer Kraft setzen und dort regieren, wo menschliche Natur und Sünde regieren. Wir müssen willentlich jeden Bereich unseres Lebens der Kontrolle Gottes überlassen. A. W. Tozer sagte:

Es mag ohne jede Einschränkung behauptet werden, daß es an jedem einzelnen liegt, wie heilig und voll des Heiligen Geistes er ist. Er mag davon nicht so voll sein, wie er möchte; doch er ist gewiß so voll davon, wie er will.

Das Kreuz ist deshalb der Weg zur Kraft, weil nur dann, wenn der Tod Jesu unsere sündhafte menschliche Natur verändert, Gott uns mehr mit seinem Leben und seiner Kraft füllen kann.

Vielleicht flehst du Gott an, dir mehr von seinem Heiligen Geist zu geben, und wunderst dich, warum dein Leben dennoch davon unberührt bleibt. Was du brauchst, ist mehr vom Kreuz. Hier sei die Botschaft aus Römer 6 fortgesetzt – nicht nur tot gegen die Sünde zu sein, sondern lebendig gegenüber Gott in Christus Jesus: »So laßt nun die Sünde nicht herrschen in eurem sterblichen Leibe und leistet seinen Begierden keinen Gehorsam. Auch gebt nicht der Sünde eure Glieder hin als Waffen der Ungerechtigkeit, sondern gebt euch selbst Gott hin, als solche, die tot waren und nun lebendig sind, und eure Glieder Gott als Waffen der Gerechtigkeit« (Röm. 6,12–13).

Sünde beraubt dein Leben seiner geistlichen Kraft. Ebenso geht es dir, wenn du versuchst, Gott aus eigener Kraft zu gefallen. Seine natürlichen Kräfte einzusetzen, heißt zu glauben, daß man durch Anstrengung und harte Bemühungen für Gott wirksam sein könnte. Paulus erkennt die Sinnlosigkeit solcher Bemühungen an, wenn er schreibt: »Ich weiß, daß in mir, das heißt in meinem Fleisch, nichts Gutes wohnt« (Röm. 7,18). Schon Jesus hatte seinen Jüngern gesagt: »Ohne mich könnt ihr nichts tun« (Joh. 15,5). Deshalb mußt du dein eigenes Abstrampeln zum Kreuz bringen, damit du dich ausstrecken kannst, um Gottes himmlische Kraft zu empfangen. Das ausgewechselte Leben ist das kraftvolle Leben. »Ich bin mit Christus gekreuzigt. Ich lebe, doch nun nicht ich, sondern Christus lebt in mir« (Gal. 2,19–20).

Das Kreuz ist der Platz der Jüngerschaft

Wozu soviel reden über das Kreuz? Jüngerschaft erweitert das Wirken des Kreuzes um eine zusätzliche Dimension. Jesus sagte: »Wer mir folgen will, der verleugne sich selbst und nehme sein Kreuz auf sich täglich und folge mir nach. Denn wer sein Leben erhalten will, der wird es verlieren; wer aber sein Leben verliert um meinetwillen, der wird's erhalten« (Lk. 9,23–24).

Ein Leiter ist zuallererst ein Jünger. In Wirklichkeit ist alle Leiterschaft eine Zwischenleiterschaft, denn du kannst Vollmacht nur im Namen eines anderen ausüben. Als ein Jünger Jesu Christi wird dein Leben andere ermutigen, ebenfalls Jünger zu werden.

Wo paßt hier das Kreuz hinein? Das Bild »Nimm dein Kreuz auf dich« wird im täglichen Sprachgebrauch oft mißbraucht, um auszudrücken, daß wir irgendeine Last oder ein Unglück wie einen Mühlstein um den Hals mitschleppen müssen. Das will die Heilige Schrift nicht damit sagen. Das »Nimm dein Kreuz auf dich täglich« heißt, so willig ein Jünger Jesu zu sein, daß alles in deinem Leben, was dem Willen Gottes entgegensteht, »täglich ans Kreuz geht«, so daß Jesu Leben in dir gesehen wird.

In diesen Versen drückt Jesus die Bedingungen seiner Nachfolge aus. Es beginnt mit Selbstverleugnung. In deiner menschlichen Natur möchtest du dir gefallen und tun, was *dir* gefällt. Als Christ möchtest du *für* Gott wirken; das ist aber nicht Jüngerschaft. *Selbstverleugnung* heißt, sich abwenden von Selbstgefälligkeit und all den selbstbezogenen Sünden, die so leicht die Oberhand gewinnen – Eigenwillen, Selbstgerechtigkeit, Eigendünkel, Selbstbefangenheit, Selbstsucht (um nur ein paar zu nennen) –, und Jesus nachzufolgen und seinen Willen zu tun. Doch zwischen der Selbstverleugnung und der Nachfolge Jesu steht das Kreuz. Durch die Macht des Sterbens Jesu ist es dir möglich, ein wahrer Jünger Jesu zu sein. Von deiner menschlichen Natur aus willst du gar nicht all die selbstbezogenen Sünden in deinem Leben aufgeben. Doch Jesus sagte: »Wer sein Leben erhalten will, der wird's verlieren.«

Jüngerschaft ist ein Platz der Freiheit und der Freude, nicht der Entziehung. Jesus sagte auch: »Wer aber sein Leben verliert um meinetwillen, der wird's erhalten.« Das Leben zu leben, das Gott für dich geplant hat, ist totale Erfüllung. Doch es kostet seinen Preis und verlangt dir alles ab, was du bist und hast. Paulus bezeugt den Weg, auf dem der Ruf in die Jüngerschaft sein Leben ergriff:

»Was mir Gewinn war, habe ich um Christi willen für Schaden erachtet. Ja, ich erachte es noch alles für Schaden gegenüber der überschwenglichen Erkenntnis Christi Jesu, meines Herrn. Um seinetwillen ist mir das alles zum Schaden geworden, und ich erachte es für Dreck, damit ich Christus gewinne« (Phil. 3,7–8).

Das Kreuz Jesu entläßt dich aus der Bindung an ein selbstgefälliges Leben. Es setzt dich frei, ein Knecht Christi zu sein – »in dessen Dienst zu stehen vollkommene Freiheit ist«.

Das Prinzip des Kreuzes

Man muß unter dem Kreuz leben wollen, um die tiefen und die unerschöpflichen Reichtümer seiner Wirkung zu entdecken. Wir sind in den Dienst und die Leiterschaft berufen, und deshalb muß unser Leben ständig auf das Kreuz hinweisen und unauslöschlich vom Kreuz geprägt sein, denn »von ihm und durch ihn und zu ihm sind alle Dinge« (Röm. 11,36). Das Kreuz ist der Punkt, an dem unsere Pilgerreise beginnt und endet. Wie Paulus schreibt:

»Wir haben aber diesen Schatz in irdenen Gefäßen, damit die überschwengliche Kraft von Gott sei und nicht von uns. Wir sind von allen Seiten bedrängt, aber wir ängstigen uns nicht. Uns ist bange, aber wir verzagen nicht. Wir leiden Verfolgung, aber wir werden nicht verlassen. Wir werden unterdrückt, aber wir kommen nicht um. Wir tragen allezeit das Sterben Jesu an unserem Leibe, damit auch das Leben Jesu an unserem Leibe offenbar werde. Denn wir, die wir leben, werden immerdar in den Tod gegeben um Jesu willen, damit auch das Leben Jesu offenbar werde an unserem sterblichen Fleisch. So ist nun der Tod mächtig in uns, aber das Leben in euch« (2. Kor. 4,7–12).

Das Wirken des Kreuzes wird als ein läuterndes Feuer im Leben des Christen beschrieben. Als in den Dienst Berufener möchte ich, daß Gott noch mehr durch mich tut. Wie soll mein Dienst machtvoller werden? Diese Bibelstelle macht deutlich: Je mehr vom Sterben Jesu in meinem Leben gesehen wird, desto mehr wird das Leben Jesu in denen am Werk sein, denen ich diene. Mein Leben ist der Schmelztiegel, in dem Gott mich verändert. Sein Feuer prüft mich durch Bedrängnis, Bangigkeit, Verfolgung und Bedrückung.

Will Gott mich durch eine Art Bestrafung führen? Keineswegs. Ich finde, diese Dinge sind nicht ungewöhnliche Ereignisse, sie passieren auch nicht nur den Christen, sondern sie gehören einfach zu den Lebensumständen. Satan würde gerne Kapital aus ihnen schlagen und mich durch sie zerstören; indem ich aber das Werk von Golgatha auf mein Leben anwende, benutzt Gott diese Dinge, um mich reifer werden zu lassen, mich zu läutern und mich zu befähigen, brauchbarer in seinen Händen zu werden. Läutert das Kreuz dein Leben?

Als ich das erste Mal The Hyde besuchte, war es Juni. Im Wohnzimmer und in der Bibliothek gibt es große offene Kamine. Ich war überrascht, daß in jedem Feuerrost noch eine ca. 10 cm dicke Aschenschicht war. Meine erste Reaktion war, Eimer und Schaufel zu holen und die Asche zu entfernen. Statt dessen beschränkte ich mich darauf, nachzufragen, warum die Asche noch da war. Die Antwort: Wenn man Scheite auf einem so großen Feuerrost verheizt, ist es wichtig, darunter eine tiefe Ascheschicht zu haben. Wenn die Scheite brennen, wird die Asche mit aufgeheizt und erhöht die Wärmeabstrahlung.

Auf einem Leiterseminar wurde das Kaminfeuer dann ein Sinnbild. Der Herr zeigte mir, daß der Feuerrost mit dem offenen Feuer ein Bild unseres Lebens ist. Sobald jede Lebenslage und jede Prüfung angenommen und zum Kreuz gebracht ist, wird sie dort im Feuer des Kreuzes verbrannt und zur Asche im Aschekasten unseres Lebens. Solche Lebenslagen arbeiten nun nicht mehr gegen uns; sondern ihre Asche wirkt als Reflektor für den Ruhm Gottes, der durch uns auf andere abstrahlt. Dr. J. R. Müller schrieb in einem Buch über Josef: »Vollkommene, unverletzte, ungebrochene Menschen sind für Gott wenig brauchbar« (Zit. v. Paul E. Billheimer in *The Mystery of His Providence*, Kingsway Publications 1983). Verschmähe nicht die Asche, die dabei herauskommt. Das Prinzip des Kreuzes ist: »Der Tod ist mächtig in uns, aber das Leben in euch« (2. Kor. 4,12).

Ein Gedicht, das Gott Paula Worth, einem Mitglied unserer Kommunität, schenkte, spricht anschaulich von dem ständigen Wirken des Kreuzes in unserem Leben:

Der Sinn des Feuers

Zerbrechliches Gefäß; darinnen liegt
der Schmelztiegel, der meinen Glauben testet.
Allein der Schmelzer weiß, wie heikel diese Prüfung ist;
weder darf klein die Flamme sein, daß Schlacke bleibt,
auch nicht so groß, daß der fragile Tiegel
unwiederbringlich in der Hitze springt.
Stetig und sanft führt Gott sein Feuer zu,
einziges Ziel ist meine Reinigung;
ohne davon zu lassen, haben seine Augen
im Blick die Schönheit, die er eines Tages fassen wird...
Doch auch die Not, in der ich bin,
sieht er voll Mitleid, macht sich sie zu eigen,
er, Jesus, der einst selbst im Feuer
bewiesen hat, daß es nicht endgültig verzehrt,
auch nicht, wenn es ein Golgatha enthält.
In meinem Feuer fleh' ich laut zu ihm
und seh' ihn wandeln, ungehindert, auf mich zu,
begreif aufs neu, daß lediglich im Feuer
die Fesseln mir sind weggebrannt;
und ich erhalt ein Herz, mit Liebe ganz erfüllt,
der Liebe, die mit andern er geteilt im Feuer,
bis nach der letzten Läuterung
wir stehn zusammen, rein jetzt, vor dem Thron.

7   Ein Mensch, der Gott hört

»Ich kann wohl Gott nicht hören.« Fast kein Leiterseminar beginnt, ohne daß jemand diese oder ähnliche Worte ausspricht. Manchmal geschieht das in der Frageform: »Würden Sie mir beibringen, wie man Gott hört?«

Wie man Gott hört

Satan greift besonders gerne an, indem er einen glauben machen will, daß man Gott nicht hören kann. Weshalb? Weil er sich vor denen fürchtet, die in lebendigem Kontakt mit Gott leben; denn nur, wenn du in fortwährender Kommunikation mit dem lebendigen Gott lebst, können dein Leben und dein Dienst sich zielgerichtet und im Vertrauen weiterentwickeln.

Aus ähnlichem Grund sind im Krieg wie im Frieden die Nachrichtendienste so wichtig. Wenn irgendwo in der Dritten Welt ein Staatsstreich stattfindet, wird als erstes die Radiostation besetzt. Wer die Nachrichtendienste besitzt, übt die Kontrolle aus.

Tatsächlich kann jeder Christ Gott hören. Man kann nicht Christ werden, ohne Gott gehört zu haben. Jesus sprach: »Wahrlich, wahrlich, ich sage euch: wer mein Wort hört und glaubt dem, der mich gesandt hat, der hat das ewige Leben und kommt nicht in das Gericht, sondern er ist vom Tode zum Leben hindurchgedrungen« (Joh. 5,24). Jedes Kind Gottes kann sich an einen Zeitpunkt erinnern, an dem Gott es angesprochen hat – durch eine Predigt oder durch ein Buch oder durch das Zeugnis eines anderen – und es dem Ruf Gottes geantwortet hat und wiedergeboren wurde.

Wenn du in das neue Leben Jesu geboren wirst, dann ist das, als ob ein Radioempfänger durch den Heiligen Geist in dich hineingesetzt worden wäre. Du gehörst nun zu Gott, und er möchte zu dir sprechen und von dir hören. Sein Reden ist keine Einbahnstraße; denn er möchte echte Freundschaft und Gemeinschaft mit dir haben.

Wie kannst du Gewißheit haben, daß Gott zu dir sprechen wird und du ihn hören wirst? Zum einen, weil er dir sein Wort darauf gegeben hat: »Wer von Gott ist, der hört Gottes Worte« (Joh. 8,47).

Zweitens wirst du feststellen, wenn du die Erfahrung deines eigenen Lebens unter die Lupe nimmst, daß du Gott schon oft und auf viele Arten gehört hast. Falls du aber zur Zeit Gott nicht hörst, mag das daran liegen, daß Entmutigung oder Ungehorsam deine geistlichen Ohren blockiert.

Drittens wirst du im Laufe dieses Kapitels entdecken, daß du die mannigfachen Wege vielleicht vernachlässigt oder sogar zurückgewiesen hast, die Gott schon benutzt hat, als er dich zu erreichen versuchte.

Wenn du Gott hören willst, dann mußt du dir bewußt sein, daß er meistens mit der *stillen, leisen Stimme* spricht; du mußt dir Zeit nehmen und lernen, für diese Stimme empfänglich zu werden. Ich kann die Stimme meiner Frau oder eines meiner Kinder in einem überfüllten Raum heraushören; denn ich habe gelernt, ihren individuellen Klang und ihre Tonlage herauszuhören. Wenn man ein Musikinstrument spielen kann, sagen wir eine Flöte, dann kann man die Flötentöne sogar dann heraushören, wenn alle Instrumente des Orchesters spielen. Das Ohr ist dann geschult, die Flöte herauszufiltern. Genauso ist es, wenn man auf Gott hört. Wir müssen lernen, seine Stimme aus dem Lärm der Welt herauszuhören.

Jedes Kind Gottes kann die Stimme Gottes hören. Doch für diejenigen, die von Gott zur Leiterschaft in seiner Kirche berufen sind, ist es sogar noch wichtiger, ihn jeden Tag zu hören; es ist sogar *lebenswichtig*, daß man in ständiger Verbindung mit ihm lebt.

Gott durch sein Wort hören

Bei unserem Hören auf Gott nimmt die Bibel die Zentralschaltstelle ein. Gott spricht zu uns durch sein Wort, und wir müssen täglich in ihm leben, wenn wir inmitten seines Willens bleiben sollen. Alles, was wir von Gott auf andere Weise hören, muß anhand der Heiligen Schrift überprüft werden. Alle Worte, die wir von Gott erhalten, müssen mit der Bibel im Einklang sein. Die Bibel ist die Offenbarung des dreieinigen Gottes an sein eigenes Volk. Sie ist nicht nur eine lehrmäßige Verlautbarung über das christliche Leben oder eine Geschichte des Volkes Gottes.

Die Pharisäer hatten dieselbe Schrift wie Jesus; doch sie machten sie zu einem Gesetzeswerk, das sowohl sie als auch ihre Gefolgsleute fesselte, so daß Jesus ihnen sagte: »Ihr sucht in der Schrift, denn ihr meint, ihr habt das ewige Leben darin; und sie ist's, die von mir zeugt; aber ihr wollt nicht zu mir kommen, daß ihr das Leben hättet« (Joh. 5,39–40).

Stellen wir das der Szene gegenüber, wo wir Jesus auf dem Weg nach Emmaus dieselbe Schrift auslegen sehen: »Und er fing an bei Mose und allen

Propheten und legte ihnen aus, was in der ganzen Schrift von ihm gesagt war« (Lk. 24,27). Bemerkenswert ist die Reaktion der beiden Jünger, als sie die Identität ihres Reisegefährten aufdeckten: »Brannte nicht unser Herz in uns, als er mit uns redete auf dem Wege und uns die Schrift öffnete?« (V. 32).

Man sieht, daß man die Bibel lesen kann, ohne dabei unbedingt Gott zu hören. Wie hören wir ihn dann durch die Schrift? Am Anfang stehen Glaube und Erwartung. Der Glaube vertraut darauf, daß Gott *jeden Tag* durch die Bibel reden möchte. Die Erwartung vertraut darauf, daß Gott *heute* sprechen wird, weil Gott stets treu zu seinem Wort steht.

Ich denke, wir müssen die Bibel auf ganz verschiedene Art und Weise lesen. Zunächst müssen wir das Wort wie ein Schwamm aufsaugen. »Gleichwie der Regen und Schnee vom Himmel fällt und nicht wieder dorthin zurückkehrt, sondern feuchtet die Erde und macht sie fruchtbar und läßt wachsen, daß sie gibt Samen, zu säen, und Brot, zu essen, so soll das Wort, das aus meinem Munde kommt, auch sein« (Jes. 55,10–11).

Es tut gut, die Bibel in größeren Abschnitten zu lesen. Ich finde es nützlich, ein Buch des Alten Testaments durchzuarbeiten oder einen Psalm, eines der Evangelien oder einen Brief, in dem ich ein Kapitel auf einmal lese oder noch mehr und dem Wort erlaube, wie eine Regendusche über mich zu kommen. Vielleicht springt mich gar nicht ein besonderer Vers an, doch ich merke, daß ich dadurch erfrischt und gereinigt bin.

Zweitens müssen wir über dem Wort meditieren. Ich selbst tue das auf zwei Arten: wenn ich Teile der Schrift durchlese, dann hebe ich Stellen mit Farbstiften hervor, wobei ich ein System von verschiedenen Farben für jeweilige Themen oder Begriffe entwickelt habe. Das soll in erster Linie nicht die Bibel bunt machen, sondern hilft der Konzentration und ist auch ein nützlicher Schlüssel, um verschiedene Themen und Prinzipien durch die Schrift hindurch zu verfolgen. Eine weitere Art der Meditation, wie ich sie anwende: nur einen Vers oder Satz herausnehmen und ihn in meinen Verstand und meinen Geist sinken lassen, dann Gott bitten, ihn in mir lebendig werden zu lassen.

Es gibt noch viele andere Methoden, die Bibel zu lesen, doch diese drei Methoden sind besonders geeignet, Gott durch sein Wort zu hören. Es ist wichtig, die Bibel so zu lesen, daß dies regelmäßig zu den täglichen Pflichten gehört und nicht nur in Vorbereitung einer Predigt, eines Bibelabends oder ähnlichem. Wenn ich nach den oben beschriebenen Methoden meine Bibel lese, dann öffnen sich mir Kanäle, durch die Gott zu mir sprechen kann. Der Psalmist sagt: »Dein Wort ist meines Fußes Leuchte und ein Licht auf meinem Wege« (Ps. 119,105).

Gott hören, während wir in seiner Gegenwart stehen

»Ich möchte, daß alle in unserer Kommunität es sich zu einer täglichen Gewohnheit machen, sich Zeit zu nehmen, um auf Gott zu hören, und in ein Notizbuch einzutragen, was er sagt.« Colin Urquhart sprach zu unserer ganzen Kommunität und hatte dabei die Prinzipien entwickelt, wie man auf Gott hört. Über Jahre hinweg hatte er diese Prinzipien zu einem Teil seines eigenen Lebens gemacht.

Ich erinnere mich: Meine erste Reaktion war recht ablehnend. Abgesehen von allem anderen schien mir das Aufschreiben von Dingen, die Gott heute sagte, zu unterstellen, daß die Bibel unvollständig sei. Darüber hinaus konnte ich nicht wirklich glauben, daß ich Gott hören konnte.

Als ich mit Colin darüber sprach, lernte ich, daß das Aufgeschriebene etwas Ähnliches wie Prophetie ist, von der die Bibel sagt, sie sei keine Ergänzung der Bibel, sondern diene »den Menschen zur Erbauung und zur Mahnung und zur Tröstung« (1. Kor. 14,3). Genauso wie Prophetie ist alles, was gehört und niedergeschrieben ist, nicht vollkommen, sondern muß vom Leib Christi geprüft werden: »Unser Wissen ist Stückwerk, und unser prophetisches Reden ist Stückwerk« (1. Kor. 13,9).

Ich mußte ebenso einsehen, daß der Ausspruch Jesu: »Wer von Gott ist, der hört Gottes Worte« auch mir galt, und daß auch ich Gott hören konnte.

So fing ich also an. Zu Beginn meiner stillen Zeit mit Gott betete ich einfach: »Vater, würdest du bitte zu mir reden über mein Leben heute und über deinen Willen für mich?« Ich nahm meinen Füller zur Hand und begann zu schreiben. Ich vernahm nicht eine hörbare Stimme, aber hatte die Empfindung, daß gewisse Dinge mir auferlegt wurden. Ich schrieb sie auf. Ich schrieb in mein Heft etwa sechs Zeilen. Dann las ich sie noch einmal und fühlte mich dabei ein bißchen komisch. Hatte ich das zusammenphantasiert? Hatte Gott wirklich zu mir gesprochen? Ich klappte das Heft zu und fing an, in der Bibel zu lesen und Gebete für den Tag zu sprechen, ohne weiter an das Aufgeschriebene zu denken.

Am nächsten Morgen fühlte ich mich ein wenig entmutigt bei dem Gedanken, in dieser Übung fortzufahren. Ziemlich zögernd öffnete ich mein Notizbuch. Als ich das am Vortag Aufgeschriebene noch einmal las, war ich verblüfft. Was ich da aufgeschrieben hatte, entsprach genau dem, was dann während des Tages passiert war. Gott *hatte* gesprochen! Ein Gefühl der Freude und der Erleichterung stieg in mir auf; begierig nahm ich den Füller in die Hand und wartete still darauf, daß Gott erneut sprechen möge.

Täglich auf Gott zu hören ist mittlerweile ein äußerst produktiver und kreativer Teil meines Lebens geworden. Ich denke, daß es für alle, die in Leiterschaft und geistlichen Dienst gerufen sind, lebenswichtig ist, diese regelmäßige Gewohnheit des stillen Wartens auf Gottes Gegenwart und des Hörens auf seine Stimme zu pflegen. »Wohl dem Menschen, der auf mich hört, daß er wache an meiner Tür täglich, daß er hüte die Pforten meiner Tore!« (Spr. 8,34).

Noch einige Ratschläge und Warnungen seien erlaubt. Die empfangenen Botschaften sind persönlich bestimmt, und niemand liest, was ich aufgeschrieben habe, nicht einmal meine Frau. Ich zitiere auch nicht aus meinem Notizbuch gegenüber anderen in der Absicht, damit beeinflussend in ihr Leben einzugreifen. Die mir geschenkten Botschaften sind in mein eigenes Leben hineingesprochen. Wenn ich das Gehörte mitteile, dann dazu, um Bestätigung oder Ablehnung vom Leib Christi zu erhalten.

Wenn ich still vor Gott sitze, zeigt er mir als erstes jede ungebeichtete Sünde. Das führt mich in die Buße. Wenn ich mit Gott oder meiner Familie uneins bin, fällt es mir sehr schwer, vor ihn zu treten, da ich weiß, daß ich von ihm nichts hören werde, bis ich die Dinge sowohl mit ihm als auch anderen in Ordnung gebracht habe.

Das stille Warten in der Gegenwart Gottes ist keine passive Übung. Wenn ich mich mit einer Person unterhalte, so ist das immer eine zweiseitige Angelegenheit. Wenn ich von Gott Antworten möchte, muß ich ihm Fragen stellen. Deshalb halte ich Gott die verschiedenen Situationen meines Lebens hin und frage ihn, was ich über sie wissen muß. Zu einigen Problemen höre ich sofort eine Antwort; die schreibe ich auf. Andere Fragen bleiben vielleicht unbeantwortet, was mich nicht weiter beunruhigt, habe ich doch gar kein Recht, von Gott eine Antwort zu verlangen. Ich weiß, daß seine Antwort zu seiner rechten Zeit gegeben werden wird. Von meiner Seite stelle ich dieselbe Frage weiter, und im Laufe der Zeit entdecke ich, daß Gott seine Antwort und Weisung aufdeckt, wenn ich in treuem Gehorsam bleibe. Gelange ich nicht zum Ziel, dann kann es gut sein, daß ich die falschen Fragen stelle.

Selten lese ich weiter zurück als ein oder zwei Tage, und ich vernichte mein Notizbuch, wenn es voll ist. Die Rückschau legt mehr Gewicht auf Werte der Vergangenheit als auf die frischen Botschaften Gottes für den heutigen Tag. Falls ich Schwierigkeiten habe, etwas zu hören, dann schaue ich die Aufzeichnungen der beiden letzten Tage durch auf der Suche nach Hinweisen Gottes, denen ich nicht gehorcht habe. Meiner Erfahrung nach verschwendet Gott auf den Ungehorsamen keine Worte. Ich weiß, daß meine Aufzeichnungen nicht perfekt sind. Deshalb messe ich den Aufzeichnungen eines Tages allein nicht allzu großes Gewicht bei; doch die Dinge, die Gott mir wiederholt sagt, sind meiner Erfahrung nach von größter Wichtigkeit. In unserer Kommunität werden Hören und Notieren allgemein gehandhabt. Gott hören gibt keinen Anlaß zu geistlichem Hochmut – denn wir alle hören ihn.

Was ich höre, ist im Einklang mit dem, was Gott meinen Mitältesten sagt. Manchmal ist es neu und anspruchsvoll. Solange es aber von Gott ist, wird es von uns allen beim Austausch anerkannt.

Stille Zeit in der Gegenwart Gottes ist unerläßlich, um ein hörendes Ohr zu entwickeln. Gewiß ist das Aufschreiben nicht der einzige Weg, ihn zu hören. Unter Streß oder wachsenden Ansprüchen ist es wohltuend, sich abzusondern, damit Gott in der Stille Frieden in unser Herz bringt und sein Wort in unsere Situation schenkt. Zeit für Gott ist niemals vertane Zeit. »Alle Morgen weckt er mir das Ohr, daß ich höre, wie Jünger hören« (Jes. 50,4).

Gott hören in allen Lebenslagen

Du wirst einwenden: »Erst ist uns gesagt worden, wir müssen uns vom Tagesgeschehen zurückziehen, um Gott zu hören. Jetzt wird uns gesagt, wir müssen Gott im Tagesgeschehen hören.« So ist es.

Da Leiterschaft sich widerspiegelt, wird deine eigene Situation einen Hinweis darauf geben, was deine Leiterschaft hervorbringt.

Während eines Leiterseminars formulierte ich den Satz: »Wenn du herausfinden willst, wie du als Leiter bist, schaue die dir Anvertrauten an – sie spiegeln dich wider!« Die Wirkung war dramatisch! Ein Mann schrie unwillkürlich auf – wie vielsagend! Durch den Schrei hörte er Gott und begriff: wie Gott sich mit ihm abgab, so müßte er sich seinerseits mit seinen Gemeindegliedern abgeben. Genau das geschah. Als Gott diesen Mann mehr mit seinem Leben und Geist erfüllte, erfuhr seine Gemeinde neues Leben und neue Kraft.

Gott hören heißt nicht, über der Erde zu schweben. Das Hören muß immer fest in der Realität verwurzelt sein. Die Umstände erkennen heißt nicht, sich von ihnen unterkriegen zu lassen, sondern zu sehen, wo Glaube tätig werden muß. Es gibt Zeiten, wo wir das Geschehene betrachten und aufstöhnen: »Es ist alles schiefgelaufen. Da kann ja nichts Gutes dabei herauskommen!« In einer solchen Lage ist das Begründetsein auf das Wort lebenswichtig, damit wir das Ausharren im Glauben und eine absolute Gewißheit der Allmacht Gottes gewinnen.

Paulus sagt: »Wir wissen aber, daß denen, die Gott lieben, alle Dinge zum Besten dienen, denen, die nach seinem Ratschluß berufen sind« (Röm. 8,28). Gott hat es geschehen lassen, es hat ihn nicht überrascht, und seine Zusage steht: Er wird denen, die ihn lieben, alle Dinge zum Besten dienen lassen. Das ist es, worauf Glaube gegründet ist: auf das Fundament der Bibel. Wenn wir diese Tatsache anerkennen, können wir uns nach Gott ausstrecken, um von ihm die Antwort auf unser Problem zu bekommen. Er ist immer der Gott, der erlöst. Wie der Psalmist sagt: »Denn bei dem Herrn ist die Gnade und viel Erlösung bei ihm« (Ps. 130,7).

Amy Carmichael stellt fest: »Niemand kann uns mit irgendeiner Handlung verletzen, es sei denn, wir erliegen einer falschen Reaktion.« Ich fand dieses Zitat in einem Buch über das Leben Josefs, der dreizehn sehr schwere Jahre durchmachen mußte und unter solchen Umständen auf Gott zu hören hatte. Am Ende seines Lebens erinnert er sich an diese Jahre und sagt seinen Brüdern, die dafür, daß er in die Sklaverei verkauft worden war, verantwortlich waren: »Ihr gedachtet es böse mit mir zu machen, aber Gott gedachte es gut zu machen, um zu tun, was jetzt am Tage ist, nämlich am Leben zu erhalten ein großes Volk« (1. Mose 50,20).

Es gibt Zeiten, in denen uns unsere Lebensumstände glauben machen, wir seien am falschen Platz oder täten das Falsche. Gottes Wort versichert uns: Wenn wir ihm gehorsam und treu folgen, dann werden wir Frieden, Fruchtbarkeit und Weisung kennen. »Großen Frieden haben, die dein Gesetz lieben; sie werden nicht strauchlen« (Ps 119,165).

Frieden ist nicht das Fehlen von Konflikten, sondern ein Geschenk Gottes inmitten der Turbulenzen des Lebens. Wenn wir den Prinzipien *Auf Gott hören* und *Ihn täglich suchen* treu gefolgt sind und es uns doch sehr an Frieden mangelt, dann sollten wir wohl fragen: »Was will mir Gott sagen?« Es ist wichtig, dieser Rastlosigkeit mit deinem Seelsorger oder Leiter auf den Grund zu gehen; denn sie kann verschiedene Ursachen haben. Mangel an Frieden ist ein Weg, auf dem wir Gott hören. Mag sein, der Anlaß ist eine kleine Sache, die in Ordnung gebracht werden muß, aber es kann auch etwas Wichtiges sein, das Einfluß auf die Ausrichtung unseres Lebens hat.

Jesus sagte: »Nicht ihr habt mich erwählt, sondern ich habe euch erwählt und bestimmt, daß ihr hingeht und Frucht bringt und eure Frucht bleibt« (Joh. 15,16). Fruchtlosigkeit mag sehr wohl ein Anzeichen dafür sein, daß etwas schiefläuft. Manchmal wird Glaubwürdigkeit mit Fruchtbarkeit verwechselt. Gott fordert seine Kinder auf, glaubwürdig vor ihm zu leben, doch er möchte auch, daß ihr Leben Frucht bringt. Deiner Berufung gemäß solltest du zur Ehre Gottes Früchte zeigen. Wenn da wenig oder nichts zu sehen ist, dann solltest du dich einem ernsten Gespräch mit Gott unterziehen.

Mehr als alle anderen müssen Leiter wissen, wohin sie gehen. Falls sie kein Ziel oder keine Richtungsweisung haben, dann werden auch die von ihnen

Geführten das nicht haben. Daß Blinde die Blinden führen, war schon immer eine verhängnisvolle Beschäftigung. Wenn du weißt, daß dein Leben ohne Ziel ist, mußt du furchtlos vor Gott treten, um zu hören, was er zu sagen hat; und du mußt bereit sein, ihm zu gehorchen.

Gott hören durch die Gaben des Heiligen Geistes

»In einem jeden offenbart sich der Geist zum Nutzen aller« (1. Kor. 12,7). Gott hat seinen Heiligen Geist in uns hineingelegt, um uns seine Kraft, Liebe, Heiligkeit und Freude zu geben. Der Heilige Geist in uns ist also wie der Radioempfänger, über den ich weiter vorne geschrieben habe. Er ermöglicht es uns, Wissen und Verstehen zu empfangen, was nicht durch natürliche Übermittlung erlangt werden kann.

Die Gaben des Heiligen Geistes werden vielleicht in persönlichen Gebetszeiten gegeben – wobei am wahrscheinlichsten die Prophetien, Visionen oder Worte der Erkenntnis sind. Öfter aber werden sie geschenkt, wenn der Leib der Gläubigen zu Lobpreis und Gebet zusammenkommt. Ganz gleich, ob die Gaben allein oder in der Gemeinschaft empfangen werden: sie sind immer für das allgemeine Wohl bestimmt, das heißt zum Aufbau des Leibes Christi.

Prophetie ist ein Wort von Gott, das Stärkung, Ermutigung oder Tröstung bringt. Gott spricht vielleicht auch prophetisch durch die Gabe des Zungenredens, gefolgt von der Auslegung. Die Prophetie sagt nicht unbedingt zukünftige Ereignisse voraus, sondern bringt dem Volk Gottes Weisung, Führung und – sehr oft – eine Herausforderung.

Das prophetische Wort kommt manchmal in der Form eines Bildes oder einer Vision. Ich denke, Gott benutzt die Form des Bildes dann, wenn es besonders wichtig ist, daß die Botschaft im Gedächtnis bleibt; denn es ist bei weitem leichter, sich an ein Bild zu erinnern als an Worte. Die Person, der das Bild gegeben ist, sieht in ihrer Vorstellung entweder ein unbewegtes Bild oder eine sich entfaltende Szene, die sie dann mit Worten beschreibt.

Wir haben oft die Erfahrung gemacht, daß Gott unserem Team im Gebet für ein bevorstehendes Leiterseminar eine Prophetie oder eine Vision schenkt, die uns hilft, unser Gebet auf Bedürfnisse zu richten, von denen wir auf andere Weise keine Kenntnis erhalen können.

Ein Wort der Erkenntnis ist eine Wahrheit, die Gott über eine Person weiß, die aber dem Beter unbekannt ist. Gott zieht den Vorhang von seiner Kenntnis zurück, damit er verborgene Umstände enthüllen kann, die für die gegebene Situation wichtig sind. Ein klassisches Beispiel bietet das Johannesevangelium, wo Jesus mit der Samariterin spricht: »»Geh hin, ruf deinen Mann und komm wieder her!‹ Die Frau antwortet: ›Ich habe keinen Mann!‹ Jesus spricht zu ihr: ›Du hast recht geantwortet: Ich habe keinen Mann. Fünf Männer hast du gehabt, und der, den du jetzt hast, ist nicht dein Mann«« (Joh. 4,16–18). Jesus sprach aus der Erkenntnis, die er vom Vater empfangen hatte. Das brach das Eis und führte dazu, daß das Leben dieser Frau umgewandelt wurde und das noch vieler anderer dazu, die ihr Zeugnis hörten (V. 39).

Während eines Leiterseminars hatten wir eine Zeit des Gebets und des Wartens auf Gott; in dieser empfing ich ein Wort der Erkenntnis, das ich aussprach: »Ich habe den Eindruck, hier ist jemand in Ängsten. Sie haben dich im Griff und haben mit deiner Mutter zu tun. Gott möchte dich befreien.« Sofort bekannte eine Frau: »Meine Großmutter wurde vor ihrem sechzigsten Lebensjahr senil, ebenso meine Mutter. Seit meiner Kindheit hat man mir erzählt, daß Frauen in unserer Familie senil werden, bevor sie die Sechzig erreichen. Ich bin über fünfzig und geschüttelt von Angst vor der Vergreisung.« Ich bat sie nach vorne und wies im Namen Jesu die Furcht zurück; sie war sofort befreit. Was aber noch wichtiger ist: als ich sie einige Monate darauf in unserem Familienlager erblickte, sah sie um zehn Jahre jünger aus, und sie jubelte immer noch über die Befreiung, die sie erlebt hatte.

Gelobt sei Gott für seine Gaben, die Verstehen und Hilfe bringen, wenn man auf Gottes Stimme hört.

Gott hören, indem man Menschen zuhört

Es ist ein Riesenunterschied, ob ich mich vor der Reaktion der Leute fürchte, oder ob ich kreativ zuhöre, was sie sagen. Paulus lehrte: »Predige ich denn jetzt Menschen oder Gott zuliebe? Oder suche ich Menschen gefällig zu sein? Wenn ich noch Menschen gefällig wäre, so wäre ich Christi Knecht nicht« (Gal. 1,10).

Wenn ich Menschen unter meiner Leitung zuhöre, lautet meine erste Frage: »Was hört ihr von Gott?« Gott hören kann nicht in Isolation geschehen, weil von Gott geschenkte Offenbarung vom Leib Christi geprüft werden muß. Wenn das von mir Gehörte tatsächlich von Gott ist, dann werden andere aus meiner Umgebung möglicherweise dasselbe hören. So etwas ermutigt und bestätigt.

Was passiert nun aber, wenn der Leib etwas hört, das im Gegensatz zu dem steht, was die Leitung gehört hat? Persönlich traue ich mir zu, daß ich immer ansprechbar bin und Korrektur und Zurückweisung vertragen kann; denn der

Leiter sollte derjenige von allen sein, der sich am meisten unterwirft. Falls ich jedoch für die Initiativen meiner Mitarbeiter kein Ohr haben sollte, könnten sie immer meine Mitältesten ansprechen, die prüfen würden, was gesagt wurde; und zusammen würden wir nach Gottes Ansicht suchen. Dies könnte uns sehr wohl einer Korrektur unterziehen und uns veranlassen, die Vergebung des Leibes Christi zu suchen.

Wenn die Leitung in einer Person gebündelt ist, besteht eine Gefahr: Sollte der Leiter unfähig sein, überzeugende Korrekturen von der Gemeinde anzunehmen, kann das nur Schäche und Verwirrung zur Folge haben. Das ist einer der Gründe, warum meiner Ansicht nach die Leitung immer gemeinschaftlich von mehreren ausgeübt werden sollte.

Wenn die Gemeinschaft einig ist und dafür offen, Gott selbst durch das schwächste Glied zu hören, kann sie sich zielstrebig und kraftvoll entwickeln.

Paulus schreibt an die Korinther: »Auf alle Gottesverheißungen ist in Jesus das Ja; darum sprechen wir auch durch ihn das Amen, Gott zum Lobe« (2. Kor. 1,20).

Da wir hören, was Gott sagt, und da wir das den Menschen verkünden, können wir von ihnen das *Amen* erwarten, da jeder von ihnen es als von Gott empfängt.

Es ist wichtig, dem Gehör zu schenken, was andere von Gott gehört haben. Es ist aber auch wichtig, Untertöne aus Bemerkungen und Reaktionen herauszuhören. Mir ist es wertvoll, meinen Kindern zuzuhören, wenn ich Gott hören will. Kinder antworten spontan und ohne ihre Worte auf die Waagschale zu legen. Kinder haben ein feines Urteilsvermögen über Charakter und geistliches Leben. Wenn bei uns jemand mehrere Tage zu Gast ist, der keine echte Spiritualität besitzt, sondern sie nur vorgibt, so kriegen das die Kinder im Nu spitz.

Wir müssen dahin kommen, daß wir Menschen und Situationen, die uns umgeben, mehr und mehr mit Jesu Augen sehen. Ich finde, daß die Arbeit in einem Team, das gemeinsam auf Gott hört, meine Sinne schärft. Was ich von Gott gehört habe, kann ich anderen im Team mitteilen und von ihnen hören, was sie für Botschaften empfangen haben. Diese Praxis entlarvt, was aus meiner eigenen Vorstellung stammt und nicht von Gott ist.

In meiner Anfangszeit in der Bethany Fellowship bestand der Ältestenrat aus Colin Urquhart, David Brown und mir. Wir hatten uns Tage reserviert, an denen wir zusammen beteten und besprachen, was vor uns lag. Oft sagte Colin dann: »Laßt uns nicht über die verschiedenen Anliegen sprechen. Laßt uns statt dessen jeder für sich damit ins Gebet gehen und einzeln hören, was Gott dazu sagt. Dann erst laßt uns wieder zusammenkommen und austauschen, was wir gehört haben.« Ich fand dieses Vorgehen eine enorme Herausforderung, die sich sehr gelohnt hat. In der Stille auf Gott zu hören, war für mich äußerst lehrreich. Wenn wir uns wieder zum Austausch des Gehörten trafen, war die Einheit bemerkenswert. Doch noch mehr haben wir darüber gestaunt, daß wir auf diese Weise oft zu Schlüssen kamen, die genau das Gegenteil von dem waren, was in einer Diskussion herausgekommen wäre. Man lernt nur durch die Praxis.

Gott hören durch den Frieden, den er schenkt

»Denn Gott ist nicht ein Gott der Unordnung, sondern des Friedens« (1. Kor. 14,33). Diese Worte hat Paulus speziell auf die Ordnung im Gottesdienst bezogen. Die Wahrheit dieses Satzes erstreckt sich aber auch auf den Bereich des Hörens auf Gott. Wenn wir Gott zu irgendeiner Situation des Lebens oder Dienstes hören, ist *Friede* ein bedeutender Test, ob das, was wir gehört haben, wirklich Gottes Antwort ist.

Paulus sagt: »Der Friede Christi, zu dem ihr auch berufen seid in einem Leibe, regiere in euren Herzen« (Kol. 3,15). Ich frage mich selbst: »Habe ich den Frieden des Herrn in dieser Sache?« Meine Antwort ist ein guter Test, ob sie vom Herrn ist oder nicht.

Jesus sagte: »Den Frieden lasse ich euch, meinen Frieden gebe ich euch. Nicht gebe ich euch, wie die Welt gibt. Euer Herz erschrecke nicht und fürchte sich nicht« (Joh. 14,27). Friede ist typisch für den Heiligen Geist und sollte ein Gütezeichen geistlicher Leiterschaft sein.

Derselbe Friede kann auch bei gemeinschaftlichen Entscheidungen gefunden werden. Wenn alle Prinzipien des Hörens auf Gott befolgt werden, dann brauchen Beschlüsse niemals durch Abstimmung gefaßt werden; denn die dafür Verantwortlichen werden Gott hören und zu demselben Schluß kommen. Ich sage das nicht leichthin. Ich weiß, daß es Ausschüsse gibt, wo das geistliche Gespür bei den einzelnen so unterschiedlich ist, daß einstimmige Entscheidungen nicht möglich sind. Ich denke jedoch, daß die für die geistliche Leitung des Volkes Gottes Verantwortlichen, z.B. Älteste, niemals Entscheidungen durch Abstimmung treffen sollten. Die Entscheidungsfindung mag zwar viel Gebet und Meinungsaustausch einschließen; doch sie wird an einem Punkt des Friedens enden, an dem Gottes Stimme klar vernommen worden ist, und an dem alle sich in völliger Übereinstimmung befinden. So handhaben wir es in der Bethany Fellowship.

Wenn gemeinschaftliche geistliche Leiterschaft Entscheidungen nicht durch Gebet und Warten auf Gott – zusätzlich zu offener Diskussion – trifft, dann ist eine Schwächung inbegriffen. Mehrheitsentscheidungen lassen die Minderheit unüberzeugt zurück. Einmütige Entscheidungen erfordern stets Opfer, und zwar von jedem Glied der Leiterschaft. Festgefahrene Positionen sind ein Zeichen von Frömmelei, nicht von geistlicher Reife.

Vor einiger Zeit war ich von einer Gemeinde eingeladen, die durch Trennung zerrissen war. Über einen Zeitraum von 18 Monaten hatte eine Polarisierung sowohl unter den einfachen Gemeindegliedern wie auch in der Leiterschaft stattgefunden. Mehrheitsentscheidungen wurden völlig mißachtet, und ständig kam es zu Austritten und Überwechseln zu anderen Gemeinden. Ich war gebeten worden, zu einer Gruppe von Leitern und Gemeindegliedern zu sprechen. Nachdem ich mir alle ihre Ansichten angehört hatte, konnte ich keine gemeinsame Basis erkennen. Dennoch war mir klar, daß diese Uneinigkeit nicht das war, was Gott für seine Kinder wollte. Ich empfahl, sie sollten einfach zusammenkommen, um Gott zu suchen und ihm in seiner Heiligkeit zu begegnen. In der gemeinsamen Buße unter dem Kreuz wird Einigkeit geboren.»Wenn ihr bereit seid, Gott zu begegnen, wird er die Festgefahrenheit eurer Situation auflösen und euch eine neue Zukunft schenken. Gott wird euch alle in die Buße führen und zu einer völlig neuen Einstellung zu seinem Plan und zueinander bringen«, sagte ich zum Abschluß. Später rief mich einer der Ältesten an und berichtete, ein Treffen habe stattgefunden, das nur wenig Umkehr und keine Einigkeit gebracht hätte. Diese Gemeinde kann nicht überleben, wenn diese Situation anhält.

Nur dann, wenn die Größe von Gottes Majestät die Kleinlichkeit der Meinungen des Menschen überwältigt, haben wir den Schlüssel zur Einigkeit. Das ist das Prinzip der Erweckung (vgl. Kap. 5).

Gottes Offenbarung für Leben und Dienst

»Wo keine Offenbarung ist, wird das Volk wild und wüst« (Spr. 29,18). Gott hören bedeutet weit mehr, als lediglich Weisung für den täglichen Weg mit ihm zu bekommen. Du benötigst von ihm eine solche Offenbarung seines Wortes und seiner Absichten, daß du die Menschen mit einem auf realen Erfahrungen gegründeten Vertrauen in Gott führst.

Es gibt eine sehr interessante Übersetzung des Spruches in der New-International-Version; sie lautet:»Wo keine Offenbarung ist, lassen die Menschen ihre Hemmungen fallen.« Die Kinder Gottes brauchen Gewißheit, daß ihre Leiter von Gott Informationen über seine Pläne sowohl für jeden einzelnen von ihnen wie auch für sie als Gemeinschaft beziehen. Wo das ausbleibt, werden die Menschen unruhig und neigen dazu, allein zu entscheiden. Ich vertraue darauf, daß die Lehre im Kapitel 4 hinreichend vor den Gefahren der Unabhängigkeit gewarnt hat!

Es gibt heute enorm viel Unruhe und Unzufriedenheit, sogar in vielen anscheinend lebendigen Gemeinden. Warum? Weil es dort keine Offenbarung gibt. Die Gemeindeglieder haben kein Vertrauen, daß ihre Leiter wirklich auf Gott hören.

Das Volk Gottes braucht Leiterschaft; denn Gott hat für sie einen Vorsatz. Die Leiter werden Gott finden, wenn sie Gott suchen, und diesen Vorsatz entdecken – Gottes Offenbarung für sein Volk.

Ich empfehle dir, sorgfältig Jeremia 23,16–29 zu lesen. Der Prophet zeigt den Unterschied zwischen den Worten von lügenden Propheten und dem Wort Gottes. Lügende Propheten bescheren falsche Hoffnungen und selbsterdachte *Visionen*, aber Gott bringt Offenbarung durch sein dynamisches, mächtiges Wort. »Ist mein Wort nicht wie ein Feuer, spricht der Herr, und wie ein Hammer, der Felsen zerschmeißt?« (Jer. 23,29).

8   Ein Mensch, der seine Botschaft lebt

In unserer westlichen Gesellschaft sind wir weitgehend von griechischer Philosophie beeinflußt. Die griechische Philosophie spaltet unser Leben in Sektoren. Im griechischen Denken wird die Seele vom Leib getrennt gesehen, das Heilige getrennt vom Diesseitigen. Solches Denken hat in der Praxis zu einigen beunruhigenden und schädlichen Konsequenzen für unsere Gesellschaft geführt. Die Leiter hat es dahingehend beeinflußt, die Funktion ihres Dienstes von ihrem übrigen Leben zu trennen. So konzentrieren wir uns auf einen Aspekt unserer Arbeit, z. B. die Predigt, und meinen, je besser wir vorbereitet seien und je mehr Nachdenken und Fleiß wir in unsere Predigten steckten, desto wirksamer seien sie dann auch. In Wirklichkeit taugt die Predigt – ganz gleich, wieviel Vorbereitung dafür aufgewendet wurde – kaum etwas und rührt die Herzen nicht an, solange unser Leben unsere Worte Lügen straft.

Vielleicht haben wir auch einen Seelsorgedienst mit viel Zulauf und widmen alle Stunden, die wir nur aufbringen können, dem Gebet und der Hilfe für andere. Wenn dadurch unsere Ehepartner und Familien vernachlässigt werden und darunter leiden, dann wird die Schwungkraft dieses Dienstes von kurzer Dauer sein.

Der Autor des Hebräerbriefes sagt: »Schaut das Resultat ihrer Lebensweise an« (Hebr. 13,7, New-International-Version). Hier ist wieder das Grundprinzip, das mir mit diesem Buch am Herzen liegt – Leiten geschieht durch Vorleben. Jesus ist unser vornehmstes Beispiel. Jesus wurde nicht nur zum Sühneopfer für unsere Sünden und hat Gott mit den Menschen versöhnt, sondern hat uns auch ein heiliges Leben vorgelebt. Jesus sprach von dem Verhalten gegenüber Freunden, Familie und Feinden, als er sagte: »Darum sollt ihr vollkommen sein, wie euer Vater im Himmel vollkommen ist« (Mt. 5,48).

Heiligkeit ist positiv, nicht negativ

Von manchen wird Heiligkeit als eine schwere, den Menschen auferlegte Last mißverstanden. Als Jesus kam, waren den ursprünglichen Geboten, die Gott dem Mose gegeben hatte, bereits Hunderte von kleinlichen Verboten durch die Pharisäer hinzugefügt worden. Es war faktisch unmöglich, all den Zusatzvorschriften zu gehorchen. Sie verursachten viel Bedrückung und entsprachen überhaupt nicht dem Charakter Gottes.

Wenn wir unsere Arbeit unter dem falschen Verständnis tun, daß unser Leben gespalten ist, wird unsere »Heiligkeit« eine falsche Frömmigkeit sein, die sich in religiösen Praktiken ohne positive Auswirkung auf unser Leben äußert. Dann werden auch die anderen Bereiche unseres Lebens Gott keine Ehre machen. Nach Gottes Vorsatz soll unser Leben ein harmonisches Ganzes sein, das ihm zur Ehre gereicht und Frucht im Leben anderer bringt.

Um heiliger zu werden, könnte ich mich auf eine Berghütte zurückziehen und dort viele Tage im Gebet und in Meditation verbringen. Wenn ich dann zu meiner Gemeinde und Familie zurückkehrte, würde die Nagelprobe meiner Heiligkeit nicht mein frommes Reden oder heiliges Betragen sein, sondern meine Reaktion, wenn mir jemand auf die Zehen tritt!

Die Feuerprobe für echte Erweckung und Heiligung ist ihre Auswirkung auf jeden Bereich meines Seins. Jesus war nicht nur für seine Predigten und Wunder bekannt, sondern auch für seine Heiligkeit. Man sagte ihm schon als Kind nach: »Und Jesus nahm zu an Weisheit, Alter und Gnade bei Gott und den Menschen« (Lk. 2,52). Petrus bezeugt die Vollkommenheit von Jesu Leben, indem er die Worte Jesajas zitiert: »Er, der keine Sünde begangen hat, und in dessen Mund sich kein Betrug fand« (1. Petr. 2,22). Petrus fügt dann als eigenen Kommentar hinzu: »Der nicht widerschmähte, als er geschmäht wurde, nicht drohte, als er litt« (V. 23).

Heiligsein heißt, wie Jesus sein. Wie Jesus sein heißt, seine Botschaft leben. Wie ist das möglich? Wenn wir Jesus täglich suchen, in seinem Wort leben und uns mit ihm im Gebet vertraulich besprechen, dann ist es möglich, so mit der heiligen Gegenwart Jesu erfüllt zu werden, daß sein Leben in uns gelebt wird.

Heiligkeit ist positiv. Wenn Gott uns mit seinem Heiligen Geist füllt, dann sind wir in der Lage, das Leben zu leben, das er für uns vorgesehen hat. In den letzten Jahren ist besonders hervorgehoben worden, daß der Heilige Geist Kraft, Glauben, Gaben und Heilung freisetzt. Dies hat die Wahrheit verdecken helfen, daß Gott uns seinen Geist auch dazu gibt, daß wir uns heiligen und Frucht des Geistes hervorbringen in den neun Eigenschaften dieser Frucht: Liebe, Freude, Friede, Geduld, Freundlichkeit, Güte, Treue, Sanftmut, Keuschheit.

Die Botschaft meines Lebens leben

Als Leiter unterliegt dein Leben, wie auch dein Wirken für Gott, einer genauen Prüfung. Die Heilige Schrift drückt sich hierzu sehr klar aus. Ob du nun als Geistlicher, als Ältester, als Diakon oder in eine andere geistliche Führungsverantwortung berufen bist: du mußt sorgfältig die Maßstäbe beachten, die für dich gesetzt worden sind. Wenn man jemanden auswählt, der ein besonderes Amt oder eine besondere Funktion ausfüllen soll, dann muß man die dafür festgelegten Prinzipien anerkennen und daran denken, daß man kein Recht hat, irgend jemand nach anderen Maßstäben oder Kriterien auszuwählen.

Aufseher (Bischöfe, Gemeindeleiter) im Timotheusbrief scheinen in ihrer Qualifikation den Ältesten im Titusbrief zu entsprechen als diejenigen, die das Hirtenamt in der Gemeinde innehaben: Menschen mit Reife und Integrität, die Vollmacht lehren und ausüben.

Die Charaktereigenschaften der Diakone sind in Pauli 1. Brief an Timotheus beschrieben, und ihre Funktion ist klarer in der Apostelgeschichte 6,1–6 definiert. Offensichtlich werden sie nicht nur wegen ihrer Frömmigkeit gewählt, sondern auch wegen ihrer Fähigkeit, die praktischen Aufgaben der Gemeinde zu bewältigen.

Hier ist die Auflistung der erforderlichen Qualifikationen:

Ein Gemeindeleiter (Bischof) muß sein:
untadelig
Mann einer einzigen Frau
nüchtern
maßvoll
würdig
gastfrei
geschickt im Lehren
kein Säufer
nicht gewalttätig, sondern gütig
nicht streitsüchtig
nicht geldgierig
ein guter Familienvorstand
einer, dessen Kinder ihm in der gehörigen Achtung gehorsam sind
keiner, der erst vor kurzem sich bekehrt hat oder konvertiert ist
von gutem Ruf bei Außenstehenden

(1. Tim. 3,1–7)

Ein Gemeindehelfer (Diakon) muß sein:
ehrbar
aufrichtig
kein Säufer
nicht schändlichen Gewinn suchend
die tiefen Wahrheiten des Glaubens bewahrend
geprüft, bevor er ernannt wird
Mann einer einzigen Frau
ein guter Familien- und Haushaltsvorstand   (1. Tim. 3,8–13)

Ein Ältester (Presbyter) muß sein:
untadelig
Mann einer einzigen Frau
ein Mann, der gläubige Kinder hat
ein Mann, dessen Kinder nicht liederlich oder ungehorsam sind
nicht eigensinnig
nicht jähzornig
kein Säufer
nicht streitsüchtig
nicht schändlichen Gewinn suchend
gastfrei
gütig
besonnen
gerecht
fromm und enthaltsam
festhaltend an der Lehre, die gewiß ist
andere mit der heilsamen Lehre ermutigend
diejenigen zurechtweisend, die der Lehre widersprechen   (Tit. 1,6–9)

Dein Lebensstil ist deine Botschaft. Er muß den Stempel Gottes tragen, so daß
dein Lebensstil in allem, was du tust oder sagst, Gott Ehre macht.

Paulus ist unbefangen genug, von sich selbst zu sagen: »Darum ermahne
ich euch: werdet meine Nachahmer! Eben deshalb habe ich euch den Timotheus gesandt, der mein liebes und getreues Kind im Herrn ist. Er wird euch
an meine Wege in Christus erinnern, wie ich sie in jeder Gemeinde allerorts
lehre« (1. Kor. 4,16–17, Jerusalemer Bibel).

Während Paulus ständig die Christen drängt, wie Jesus zu sein, ist sich
Paulus im klaren darüber, daß er als Leiter ein Vorbild sein muß, wie Jesus zu
sein, so daß er sagen kann: »Folgt meinem Beispiel, wie ich dem Beispiel

Christi!« (1. Kor. 11,1). Das ist wichtige, praktische und dennoch oft vernachlässigte Lehre. Sie wird nicht gelernt, wenn man sich strengen Regeln und Vorschriften unterwirft. Obschon diese Lehre geistliche Disziplin und geistlichen Gehorsam voraussetzt, verlangt sie darüber hinaus einen Glaubensschritt, in dem du Gott erlaubst, seinen läuternden Geist über jedes Gebiet deines Lebens zu gießen.

Die Botschaft in meiner Ehe leben

»Ihr Männer, liebt eure Frauen« (Eph. 5,25). Treue in der Ehe ist ein Prinzip für diejenigen, die berufen sind, andere zu leiten. Meine eigene Ehe ist der erste Platz für Offenheit in meinem Leben. Es ist das Gebiet Nr. 1, wo ich im Licht wandeln muß, so wie das Johannes in seinem ersten Brief lehrt. Meine Fehler derjenigen zu bekennen, die mich besser als jeder andere Mensch kennt, befreit mich zur Offenheit in meiner Buße vor meinen Kindern, meiner Großfamilie und dem übrigen Leib Christi.

Joyce ist diejenige Person, mit der mich das festeste Band der Einheit verbindet, fester sogar als das mit meinen Mitältesten. Das macht unsere Beziehung zu einer kraftvollen Gebetsstätte. Jesus sprach: »Wahrlich, ich sage euch auch, wenn zwei unter euch eins werden auf Erden, worum sie bitten wollen, so soll es ihnen widerfahren von meinem Vater im Himmel« (Mt. 18,19). Das Einssein im Gebet ist nicht nur eine Frage der Formulierung, sondern eine dynamische Kraft, die aus Herzen kommt, die von lebendiger Einheit sind.

Petrus ermahnt in seinem ersten Brief die Männer, rücksichtsvoll zu sein, wenn sie mit ihren Frauen zusammenleben; nicht nur deshalb, weil ein Mann liebevoll und umsorgend sein sollte, sondern auch, weil ein Mangel an Rücksichtnahme das gemeinsame Gebet behindert (1. Petr. 3,7).

Ich danke Gott für eine warme, liebevolle und gegenseitig erfüllende körperliche Beziehung in meiner Ehe, die auf Geben gegründet ist und nicht auf Bekommen. Das schenkt uns beiden Freude und Stärke und verwehrt dem Feind einen Zugang durch Versuchung. Es ist tragisch, daß viele zur christlichen Leiterschaft Berufene in ihrem Leben durch sexuelle Sünde Schiffbruch erlitten haben. Oft liegt das nicht einfach an ungenügendem Widerstand gegen die Versuchung, sondern daran, daß dem Aufbau einer starken und erfüllenden sexuellen Beziehung in der Ehe nicht genügend Zeit gewidmet worden war. Jemand hat das so formuliert: »Wenn im Schlafzimmer Frieden ist, dann herrscht Frieden im Haus.«

Neulich habe ich eine Kassette gehört; dabei haben mich folgende Worte getroffen: »Eine christliche Ehefrau braucht vor allem einen Ehemann, der mit ganzem Herzen Gott sucht.« Der Autor wollte auf folgendes hinaus: Du mußt Gott mehr lieben als deine Frau. Wenn du Gott mehr liebst als deine Frau, wirst du deine Frau mehr lieben, als wenn die Reihenfolge umgekehrt wäre. Deine Liebe ist unvollkommen und oft selbstbezogen, während Gottes Liebe rein ist, heilig und selbstlos. Wenn du Gott mehr liebst, wird seine Liebe durch dich zu deiner Ehefrau fließen und weiter zu deiner Familie sowie all denen, die er dir dafür gegeben hat.

Ich halte es für sehr wichtig, daß die Ehefrau den Anspruch Gottes auf ihr Leben genauso kennt wie ihr Ehemann. Ihre Berufung wird sich nicht von seiner Berufung so unterscheiden, daß Konflikte daraus erwachsen.

Das will ich gerne erläutern. Im Juni 1979 zeigte mir Gott, daß ich nach seinem Willen Cornwall verlassen und nach Sussex ziehen sollte, um in die Bethany Fellowship einzutreten. Mir war es sehr wichtig, daß Joyce dieselbe Berufung wie ich erhalten hatte. Wir waren uns total einig, da wir wußten, daß Gott zu uns beiden gesprochen hatte, und wollten deshalb gerne und bereitwillig gehen. Nun konnten wir das unseren Kindern sagen, für die der Wechsel ebenfalls nicht einfach war, weil Schulen gewechselt und Freunde zurückgelassen werden mußten. Die Einmütigkeit, die Gott Joyce und mir geschenkt hatte, bahnte der ganzen Familie den Weg zur Einmütigkeit, und wir alle zogen gerne zusammen fort.

Ich habe miterlebt, wie Männer einen von Gott gegebenen Dienst verloren haben, weil ihre Ehefrauen ihre Vision, ihren Gehorsam und ihre Entschlossenheit untergraben haben. In Dienst und Leiterschaft von Christen ist für ein Ehepaar die Methode »Du gehst deinen Weg, und ich gehe meinen Weg« nicht praktikabel; die unausweichliche Folge wäre Schwächung und Versagen. Hier sei hinzugefügt, daß ich auch Frauen erlebt habe, deren Hingabe an Gottes Berufung durch ihre Ehemänner lahmgelegt worden ist!

Die Botschaft in meiner Familie leben

»Ihr Väter, reizt eure Kinder nicht zum Zorn, sondern erzieht sie in der Zucht und Ermahnung des Herrn« (Eph. 6,4). Wenn man von anderen Seiten her unter Druck steht, wird die Familie nur allzu leicht vernachlässigt. Mein Heim ist jedoch der Platz, wo ich am häufigsten die Botschaft lebe, und ihre Frucht sollte dort sichtbar sein. Das geschieht nicht von alleine.

Gott hat mir die Verantwortung auferlegt, meine Kinder in den Wegen

Gottes zu erziehen. Gottes Wort verspricht: »Gewöhne einen Knaben an seinen Weg, so läßt er auch nicht davon, wenn er alt wird« (Spr. 22,6).

Ich habe fünf Kinder im Alter von 10–20 Jahren. Ich preise Gott dafür, daß sie normale, gesunde Kinder sind. Sie haben alle ihr Leben Jesus übergeben und sind mit dem Heiligen Geist erfüllt worden. Das soll nicht heißen, sie wären vollkommen oder würden über den Sonntagsgottesdienst immer begeistert sein! Doch sie haben einen einfachen, ehrlichen Glauben an Gott.

Als Vater ist es meine Aufgabe, darauf zu achten, daß Joyce Zeit genug hat, sich um die Kinder zu kümmern, und daß sie nicht ständig für andere Dienste abgezogen ist. Es ist meine Verantwortung, darauf zu achten, daß wir zusammen als Familie regelmäßig beten und die Bibel lesen. Es ist ebenfalls wichtig, daß ich bereit bin, auf ihre Fragen und Zweifel einzugehen, die aufkommen, so wie sie aufwachsen und sich zu Persönlichkeiten entwickeln.

Aus Gottes Berufung sind in meinem Leben Pflichten erwachsen, und die Kinder wissen: für sie wie für Joyce bedeutet das Verzicht; denn sie sehen mich nicht so oft, wie sie das gerne hätten. Es liegt in meiner Verantwortung, die Maßstäbe für Benehmen und Gehorsam zu setzen, so daß Joyce an meiner Stelle Autorität ausüben kann, wenn ich nicht da bin. Ich muß die freie Zeit, die ich übrig habe, bewahren, um sicherzustellen, daß ich wirklich zu jedem von ihnen eine echte Beziehung habe. Ich bin mir meiner eigenen Grenzen nur allzu bewußt; doch ich wünsche mir aufrichtig, meiner Verantwortung als ihr Vater treu und liebevoll nachzukommen.

In meinem Heim gibt es, neben den Kindern, noch andere Familienmitglieder. In der Bethany Fellowship leben wir in erweiterten Wohngemeinschaften. Alleinstehende werden Mitglied einer Wohngemeinschaft und damit Mitglied der Familie. Rosy, David und Lyn gehören genauso zu meiner Familie, wie mein Schwiegervater, der über achtzig ist.

Eine erweiterte Familie ist ein wunderbarer Platz voll Wärme, Liebe, Heilung und Bereicherung. Sie ist auch eine Herausforderung für alle Betroffenen, während wir lernen, einander zu lieben und uns umeinander zu kümmern. Die Nichtblutsverwandten fühlen sich sehr schnell als Untermieter. Ich weiß: Gott mußte mich da gewaltig in seine Schule nehmen. Im ersten Jahr unserer Zugehörigkeit zur Kommunität wurde unsere Familie um zwei Mitglieder erweitert, und wir waren alle, soweit ich erkennen konnte, sehr glücklich. Nach Monaten erst merkte ich, daß meine Beziehung zu den beiden neuen Mitgliedern kühl und oberflächlich war – ich hatte es versäumt, eine wirklich sinnvolle Beziehung zu jedem der beiden aufzubauen.

Als ich darüber nachdachte, stieß ich auf einen Vers im Philipperbrief, der mir den Schlüssel lieferte. Paulus spricht dort mit Wärme über die Christen in

Philippi und über seine Gebete und Hoffnungen für sie. Er fährt dann fort: »Wie es denn recht und billig ist, daß ich so von euch allen denke, weil ich euch in meinem Herzen habe« (Phil. 1,7). Ich weiß heute, daß ich es versäumt hatte, diesen anderen Mitgliedern meiner Großfamilie einen Platz in meinem Herzen einzuräumen.

Ich bat Gott, mir meine seelische Abwesenheit zu vergeben und mir eine echte Liebe für alle Mitglieder meiner Großfamilie ins Herz zu legen. Ich bin froh, daß Gott mein Herz geändert hat. Rosy war eine der beiden Personen, die das erwähnte erste Jahr in unserer Wohnung verbracht hatte. Sie zog dann in eine andere Familie, kehrte aber zweieinhalb Jahre später wieder zu uns zurück. Rosy begleitete mich zu einem Hyde-Seminar und hörte dort mein Zeugnis darüber, was Gott mir in dieser Sache enthüllt hatte. Auf der Heimfahrt sagte sie mir: »Ich kann nur bestätigen, was du heute morgen gesagt hast, denn du warst wie verwandelt, als ich in eure Familie zurückkehrte.«

David gehört ebenfalls sowohl zum Team für Leiterseminare wie auch zu meiner Großfamilie und kann die Echtheit meines Zeugnisses belegen. Ich bin mir bewußt, daß David das Recht hat, meiner Predigt zu widersprechen, wenn ich sie nicht zu Hause zu leben versuche. Das hat einen sehr reinigenden Einfluß auf mich.

Gott sei Dank, daß er immer noch an mir arbeitet! Ich bin mir darüber im klaren, daß ich nicht aufhören darf, Gott zu bitten, mir seine Liebe für alle Angehörigen meiner Großfamilie wie auch für meine Mitarbeiter zu schenken.

Die Botschaft in meinem Heim leben

Auf meinen Reisen übernachte ich oft in den Wohnungen von Leitern und Geistlichen. Wenn ich solch ein Haus betrete, merke ich sofort, ob dort Wärme, Liebe und ein Willkommen ist. Eines der Prinzipien für Leiterschaft ist »gastfreundlich sein«.

Ich muß darauf achten, daß meine Familie lernt, wie man Gastfreundschaft übt. Ich liebe die Anfangsverse des zweiten Kapitels des Markusevangeliums: »Als Jesus nach einigen Tagen wieder nach Kapernaum hineingegangen war, hörte man, daß er im Haus sei. Und es versammelten sich viele, so daß nicht einmal der Platz vor der Tür mehr reichte« (Mk. 2,1–2/Zürcher Übersetzung). Nicht nur bei Gästen, die über Nacht bleiben, muß unser Haus Willkommen ausstrahlen; nein, die ganze Atmosphäre muß so einladend sein, daß Leute einfach vorbeischauen.

Wenn der Heilige Geist durch das Leben der Bewohner fließt, werden die Liebe, die Freude und der Frieden Jesu dasein. Ordnung und Sauberkeit werden Gott Ehre machen. Die Sauberkeit wird wohl der Göttlichkeit nahestehen! Damit ist nicht gemeint, daß Aufräumen und Hausarbeit zum Götzen werden sollten – eine Wohnung muß eine Wohnung bleiben und nicht ein Ausstellungsstück für »Schöner wohnen«.

Unser Haushalt umfaßt 11 Leute aller Altersstufen; infolgedessen kann man immer mal über ein Legomodell stolpern oder ein halbfertiges Puzzle oder halbfertige Pläne für die nächsten Vorhaben auf dem Tisch vorfinden. Trotzdem kann unser Heim immer noch sauber und ordentlich sein.

Diese praktischen Einzelheiten sind wichtig; denn sie deuten oft auf unterschwellige Schwächen hin. Vor einiger Zeit wurde ich zu einem Geistlichen gerufen. Er hatte mich gebeten, verschiedene Dinge klären zu helfen, die unter seinen Schäfchen Verwirrung und Unordnung angerichtet hatten. Als ich sein Arbeitszimmer betrat, sah ich in seiner Unordentlichkeit ein Spiegelbild des geistlichen Problems, das zu lösen war.

Das Durcheinander dieses Zimmers war ein Hinweis auf das unordentliche Leben dieses Mannes, die Ursache für die Verwirrung in seiner Gemeinde. Jakobus legt uns in seinem Brief nahe, Gott um Weisheit zu bitten, die Klarheit und Ordnung in unser Leben bringen wird. Wenn ein Leiter zweifelt und ohne Zuversicht handelt, kommt er in einen inneren Zwiespalt, der »einen Mann unbeständig auf allen seinen Wegen macht« (Jak. 1,5–8).

Wenn also Gottes Erweckungskraft durch dein Leben fließt, wird sie dein Heim verändern, indem sie Ordnung, Liebe und Fröhlichkeit hineinbringt. Es wird dann der Platz sein, wo deine Kinder ihre Freunde mitbringen wollen, wo Leute auf einen Kaffee und ein Schwätzchen vorbeischauen, wo Gäste sich zu Hause fühlen, und wo die heilige Gegenwart Jesu wohnt.

Die Botschaft in meinen Finanzen leben

Wenn Gott dein Leben verändert, macht er nicht vor deiner Geldbörse halt. Wenn er sich intensiv mit dem Gebiet der Finanzen beschäftigt, kommt nach meiner Erfahrung als erstes der Wunsch auf, daß der Zehnte gegeben wird. Die Schrift ist eindeutig: »Bringt aber die Zehnten in voller Höhe in mein Vorratshaus...« (Mal. 3,10). Zum Zehntengeben gehört mehr als nur Gehorsam gegenüber der Schrift. Es ist eine völlig neue Einstellung zum Geld. Der Umstand, daß Gott seinen rechtmäßigen Anteil erhält, wird auch die Art deiner restlichen Ausgaben beeinflussen. Denke immer daran: der Zehnte ist nicht irgendein Zehntel, sondern das erste Zehntel. Wenn du dieses erste Zehntel gegeben hast, verändert Gott dein Verhalten, wie du die übrigen neun Zehntel ausgibst. Das ist oft der Grund dafür, warum Christen die Erfahrung bezeugen: sobald sie im Zehntengeben treu waren, schienen sie mit ihrem Geld länger zu reichen.

Der Zehnte bringt ein weiteres biblisches Prinzip ins Spiel: »Gebt, so wird euch gegeben« (Lk. 6,38). Für einen Leiter ist es wichtig, nach diesen Prinzipien der Bibel zu leben und sie zu lehren. Ich habe Menschen kennengelernt, die deshalb keinen Zehnten entrichtet haben, weil sie von der von ihnen geführten Gemeinde bezahlt wurden und sie keinen Sinn in einem Kreislauf des Geldes sahen. In Wirklichkeit haben sie ein elementares Prinzip vernachlässigt.

Woher auch immer dein Einkommen stammt: Gott ist die eigentliche Quelle, und er verspricht, alle deine Bedürfnisse aus seinen unerschöpflichen Mitteln zu decken. Er zählt auf dich, jederzeit großzügig zu geben. Paulus formuliert diesen Sachverhalt glänzend in seinem zweiten Brief an die Korinther: »Ein jeder gebe, wie er's sich im Herzen vorgenommen hat, nicht mit Unwillen oder aus Zwang; denn einen fröhlichen Geber hat Gott lieb. Gott aber kann machen, daß alle Gnade unter euch reichlich sei, damit ihr in allen Dingen allezeit volle Genüge habt und noch reich seid zu jedem guten Werk« (2. Kor. 9,7–8).

Gott hat dich in deinem Leben großzügig beschenkt und will dich mit seiner Großzügigkeit dazu befreien, selber ein großzügiger Geber zu sein – nicht nur auf finanziellen, sondern auf allen Gebieten deines Lebens. Gottes Gerechtigkeit und Heiligkeit schärfen dein Empfinden für Rechtschaffenheit in praktischen Gelddingen. »Seid niemand etwas schuldig, außer, daß ihr euch untereinander liebt« (Röm. 13,8). Christen sollten dafür bekannt sein, ihre Rechnungen prompt zu bezahlen. Ich bedaure, daß dies nicht immer von mir gesagt werden konnte; aber ich danke jetzt dem Herrn für die Freiheit und Freude, mit denen er mich beschenkt hat, seit ich seine Prinzipien in die Tat umsetze.

Ganz gleich, ob du ein regelmäßiges Einkommen hast oder nicht: du sollst auf Gott schauen im Vertrauen, daß er dir alles geben wird, was du brauchst. Um zuversichtlich beten und auf Gott vertrauen zu können, mußt du rechtschaffen leben und ein Geber sein. Wenn du darin nachläßt oder aufhörst, den Prinzipien zu folgen, die Gott in der Schrift gibt, dann darfst du nicht erwarten, daß er deine Bitten erfüllt – obwohl er uns oft das, was wir brauchen, aus Gnade gibt und nicht nach dem Gesetz, weil er so treu in seiner Liebe ist.

Glaube heißt, Gott zu danken, *bevor* das Gebet beantwortet wird – nicht erst hinterher. Ich erinnere mich an einen kleinen Vorfall, der noch gar nicht so lange zurückliegt. Ich hatte meine Finanzen überschlagen und festgestellt, daß ich nicht genug hatte, um die unbezahlten Rechnungen zu begleichen. Gerade wollte ich anfangen, vor dem Herrn über meine Geldnöte zu jammern, als ich mich erinnerte, was am Vortag passiert war. Ich hatte Fotografien meiner Kinder, von ihrer Geburt bis zum heutigen Tage, durchgesehen. Als ich sie so betrachtete, wurde ich von Dankbarkeit gegen Gott überwältigt. Dankbarkeit für seine Güte, daß er uns fünf gesunde Kinder geschenkt hatte, die über all die Jahre wohlbehütet aufgewachsen waren. Ich hielt mir vor Augen, daß ich in meinem ganzen Leben nie ohne Nahrung, Kleidung oder ein Dach über dem Kopf geblieben war.

»Herr, es tut mir leid«, sagte ich. »Ich kann mich über nichts beklagen; ich habe eine wunderbare Frau, gesunde Kinder, und du hast mir alles gegeben, was ich nötig habe. Herr, du warst treu und bist treu!« Ich legte die Rechnungen beiseite und widmete mich anderen Dingen. Noch am selben Tag kam eine Sekretärin mit einem Scheck zu mir, mit dem diese Rechnungen beglichen werden konnten. Nachdem ich das getan hatte, blieb – wie gewöhnlich – nichts auf meinem Bankkonto übrig; doch ich war von einer tiefen Dankbarkeit gegen Gott erfüllt, der immer treu ist.

Gott antwortet nicht immer so prompt; aber ich hatte an diesem Tag eine Lektion gelernt, wie man mit Danksagung betet. »Sorgt euch um nichts, sondern in allen Dingen laßt eure Bitten im Gebet und Flehen mit Danksagung vor Gott kund werden!« (Phil. 4,6).

Die Botschaft in meiner Arbeit leben

Als jungem Mann hatte mir mein Vater einige Arbeiten aufgetragen, über die ich nicht gerade begeistert war. Er pflegte mir die klare Anweisung zu geben, daß die Arbeit zu tun war, egal, ob sie mir nun gefiel oder nicht. Eine solche Anweisung untermauerte er dann mit dem Wort »Alles, was dir vor die Hände kommt, zu tun, das tue mit all deiner Kraft« (Pred. 9,10/Jerusalemer Bibel). Obgleich mich dieser Vers damals nicht gerade begeistert hat, so hat er mir doch gutgetan. Ich meine, er unterstreicht das Prinzip, mit welcher inneren Einstellung man an die Arbeit gehen soll.

Ganz gleich, ob man im Geschäftsleben ist, in der Industrie arbeitet oder im vollzeitlichen Gemeindedienst beschäftigt ist: ich denke, die von einem Christen geleistete Arbeit sollte von einer Qualität sein, die aus der Masse der von Nichtchristen gebotenen Leisung herausragt. Leider trifft das in vielen Situationen nicht zu. Mir kommt Unpünktlichkeit oder Mangel an Begeisterung zu Ohren, auch Vergeuden von Arbeitszeit anderer Angestellter durch Christen, indem sie dann über ihren Glauben Zeugnis ablegen. Für uns Christen spricht unsere Arbeit, unser Zeugnis ist unsere Verläßlichkeit. Wenn ein gesprochenes Zeugnis gleichzeitig dem Arbeitgeber bezahlte Zeit stiehlt, dann tut das der Glaubwürdigkeit des Christen Abbruch und wird in Wirklichkeit dem Evangelium mehr schaden als nützen.

Von euch Christen im vollzeitlichen Dienst wird vielleicht die Arbeit schlampig getan, so daß sie Gott Unehre macht. Beginnen deine Gottesdienste und Einsätze pünktlich? Wird jeder Dienst ausreichend vorbereitet? Ist deine Arbeit von gottgemäßer Sorgfalt geprägt? Bist du dafür bekannt, daß du dich mehr als verlangt einsetzt, oder hast du eine Dienst-nach-Vorschrift-Mentalität?

Kürzlich gab es eine Umfrage, um herauszufinden, welche Eigenschaften den erfolgreichsten Leitern gemeinsam sind; es stellte sich heraus, daß nur ein Faktor für alle gilt: die erfolgreichsten Leiter arbeiten alle hart. Sie leisten Überstunden, investieren sich stärker in die Fortbildung und bemühen sich intensiver als ihre Untergebenen, die eigene Leistung zu verbessern (Quelle: People, Tasks And Goals – Studies in Christian Leadership, International Correspondence Institute, 1983).

Die Feuerprobe darauf, wie tiefgreifend Gott in deinem Leben am Werk ist, bestehst du nach meiner Erfahrung auf der Ebene unterhalb von Kanzel und Gebetstreffen; du wirst an deiner täglichen Arbeit gemessen. Paulus wußte, daß dem Onesimus, dem Sklaven des Philemon, seine Bekehrung tief unter die Haut gegangen war. Er merkte das daran, wie seine Arbeitsleistung sich veränderte: »Onesimus, der dir früher unnütz war, jetzt aber dir und mir sehr nützlich ist« (Phlm. 11).

Die Botschaft in meiner Freizeit leben

Für die in den Dienst Berufenen ist Freizeit wichtig; Körper, Verstand und Geist werden in guter Verfassung gehalten, und die Arbeit kann ordentlich getan werden. Das hört sich vielleicht ein bißchen steril an, aber es ist wichtig; denn Freizeit ist kein Selbstzweck. Die heutige Gesellschaft betont die Freizeitbeschäftigungen so sehr, als ob sie ein Selbstzweck wären. Christen müssen die Freizeit richtig einordnen und sich sicher sein, daß sie diese Zeit richtig nutzen, d. h. damit nützen und nicht schaden.

Wir müssen genügend körperliche Bewegung haben, um uns fit und gesund zu halten, damit wir für die Arbeit Gottes in guter Verfassung sind. Jeder soll sich die körperliche Übung aussuchen, die zu ihm paßt, sei es nun eine Runde Golf oder Squash. Wenn dir aber dein Golf-Handicap oder das Squash-Turnier wichtiger ist als das Reich Gottes, dann stimmt etwas nicht. Ich selbst verbringe normalerweise meine Ferien mit einem strammen sportlichen Programm, treibe dann aber für den Rest des Jahres nicht mehr regelmäßig Sport. Jeder von uns muß sich bewußt sein: unser Körper ist ein Tempel des Heiligen Geistes, und der Tempel muß gepflegt werden.

Jesus sagte seinen Jüngern, als sie einmal nach ihrem Dienst müde waren: »Geht ihr allein an eine einsame Stätte und ruht ein wenig« (Mk. 6,31). Es kam aber anders: als sie dort eintrafen, wurden sie von 5000 Leuten begrüßt! Manchmal werden uns Ruhepausen verwehrt, weil Arbeit für Gott vorgeht. Trotzdem müssen wir lernen, wie wir uns entspannen können und so unseren Sinn und Geist im Herrn lebendig halten.

Sehr leicht greift man zur falschen Methode, sich zu entspannen. Wenn du spätabends nach einem anstrengenden Dienst heimkehrst, wie entspannst du dich? Am einfachsten wäre es, den Fernseher einzuschalten und zu konsumieren, was die Röhre hergibt. Das ist nicht abzuschätzen und kann gefährlich sein. Seele und Geist müssen erfrischt werden, und doch können sie so leicht mit den falschen Dingen angefüllt werden. Paß auf, was du anschaust. Es passiert auch leicht, zu später Stunde unnötig viel zu essen, mehr, als der Körper wirklich braucht.

Wenn du müde bist und in deinen geistlichen Hilfsquellen Ebbe ist, dann fordert das Fleisch sein Recht. Wenn das Fleisch die Oberhand gewinnt und du dich ins übermäßige Essen oder ein unnützes Fernsehprogramm stürzt, dann wird deine geistliche Lebendigkeit beschädigt, und du wirst in den nächsten Tag so geschwächt gehen, daß dem Feind ein Sieg geschenkt wird und du verlorenes geistliches Gelände erst wieder zurückerobern mußt.

Die Bibel hat darauf die Antwort: »Was wahrhaftig ist, was ehrbar, was gerecht, was rein, was liebenswert, was einen guten Ruf hat, sei es eine Tugend, sei es ein Lob - darauf seid bedacht!« (Phil. 4,8). Deshalb sollst du deine Gewohnheiten, dich zu entspannen, im Licht dieses Bibelwortes prüfen.

In dem Bericht des Markusevangeliums über die Speisung der Fünftausend geht Jesus unmittelbar, nachdem er das Volk weggeschickt hatte, auf einen Berg, um zu beten. Weshalb? Nachdem er sich so verausgabt hatte, mußte er seine geistlichen Batterien wieder aufladen.

Wenn man sich so fühlt, ist es gut, sich ein geistliches Stundenbuch vorzunehmen. Ich selbst bin ein großer Verehrer von A. W. Tozer, und mir gefällt seine Art, kurze Kapitel zu schreiben. Manchmal genügen schon drei Seiten Tozer, und mein erlahmender Kampfgeist ist wieder aufgerichtet. Es bringt mir auch viel Segen, den Tag gemeinsam mit Joyce mit einer Gebetszeit zu beschließen, besonders dann, wenn ich mich von den Anforderungen des Dienstes ausgelaugt fühle.

Die geistliche Gesundheit kann auch dadurch beeinträchtigt werden, daß man bis spät in die Nacht hinein Zeit vergeudet, dann nicht ausreichend Schlaf hat und schließlich am nächsten Morgen nicht früh genug aus dem Bett kommt, um zu beten. Das kann den ganzen Tag in Unordnung bringen.

Ich habe mich bemüht, auf dieses Gebiet der Freizeit ausführlicher einzugehen. Denn ich weiß, wie leicht wir uns Freizeitbeschäftigungen hingeben, die die Effektivität der Leiterschaft eher zerstören statt fördern.

Wie soll ein jeder von uns nach Gottes Willen die Botschaft leben? Dafür gibt es ein wichtiges Prinzip. Paulus fordert uns im Römerbrief Kapitel 12 auf, unsere Leiber als ein Opfer hinzugeben, das lebendig, heilig und Gott wohlgefällig ist. Mit diesem Kapitel legt er uns ans Herz, unser ganzes Leben in all seinen Bereichen Gott zu übergeben, damit seine heiligende Kraft es ganz verwandeln kann. Römer 6,13 + 16 (Zürcher Übersetzung) sagt uns:

»Gebt auch eure Glieder nicht der Sünde zu Werkzeugen der Ungerechtigkeit hin, sondern gebt euch selbst Gott hin als solche, die aus Toten nun lebendig geworden sind, und eure Glieder Gott zu Werkzeugen der Gerechtigkeit! ... Wißt ihr nicht: wem ihr euch als Knechte zum Gehorsam hingebt, dessen Knecht seid ihr und müßt ihm gehorchen, entweder als Knechte der Sünde zum Tode oder als Knechte des Gehorsams zur Gerechtigkeit?«

An einem strahlenden, warmen und sonnigen Tag trafen wir uns während eines Leiterseminars zu einer Gebets- und Anbetungszeit; Gott ließ uns etwas tun, was wir noch nie zuvor getan hatten. Am Anfang sprach ich über die beiden oben genannten Verse aus Römer 6, vor allem über die Notwendigkeit, jeden Bereich unseres Lebens erneut Gott auszuliefern. Wenn Gott gesucht wird, liegt oft eine besondere Betonung auf der Buße; dieses Mal jedoch sprach ich darüber, wie positiv es ist, wenn wir uns selbst Gott hingeben als Werkzeuge der Gerechtigkeit. Nach einer kurzen Zeit der Lehre und Erläuterung bat ich jeden einzelnen, sich allein mit einem Blatt Papier zurückzuziehen und genau das zu tun, was die Schrift lehrte. Ich empfahl, daß jeder eine gerade Linie oben auf seinem Blatt ziehen sollte, die das eigene Leben symbolisiert; dann sollte jeder diese Linie in Abschnitte aufteilen, entsprechend den Bereichen seines Lebens.

Mein eigenes Blatt Papier zeigte folgende Einteilung:

| Heim | Ehe | Kinder | Haushalt | Gebet | Dienst | Finanzen | Gefühle | Erholung |

Ich bat einen jeden, sich nach und nach jeden Abschnitt vorzunehmen und Gott zu bitten, ihm zu zeigen, wie er jeden Bereich Gott neu opfern könne, und in welcher Weise Gott durch seinen Heiligen Geist jeden Sektor ändern und umformen wolle.

Nach einer Stunde trafen wir uns alle wieder. Ich hatte vorgehabt, den Vormittag mit einer kurzen Zeit des Gebets und Lobpreises zu beschließen. Was dann passierte, überraschte mich total. Diese einfache Übung hatte die Herzen in machtvoller Weise geöffnet, und die nächsten eineinhalb Stunden verbrachten wir in Gebet und Buße, während Gott unser Leben aufs neue läuterte.

9   Ein Mensch, der lebt, um Gott zu suchen

Als ich das erste Mal davon hörte, daß Menschen »den Herrn Jesus suchen«, war mir das ein großes Rätsel. Es schien eine gute Idee zu sein und klang recht fromm, aber was hatte es zu bedeuten? Mir schien es lediglich eine fromme Redeweise zu sein. Wenn dieses Kapitel dir etwas sagen soll, dann mußt du wissen, was es heißt, »Gott zu suchen«.

Als Kind Gottes bist du vom Tode zum Leben erweckt worden. Du hast das Leben Jesu in dir. Du hast den Heiligen Geist empfangen. Du bist nun in Christus eine neue Kreatur. Dennoch hast du weder schon alles erhalten, was Gott für dich bereithält, noch bist du »schon vollkommen«, wie sich der Apostel Paulus in Phil. 3,12 ausdrückt.

Du möchtest Gott anbeten. Und dennoch bist du dir bewußt, daß du Gott nicht so anbetest, wie Gott das möchte. Du möchtest heilig sein und Gott gefallen. Und dennoch bist du dir bewußt, daß du nicht so heilig und rechtschaffen bist, wie Gott dich haben möchte. Du möchtest, daß dein Dienst machtvoll sei. Du bist dir deiner Grenzen aber nur allzusehr bewußt. Du möchtest nur Gottes Wort in das Leben anderer bringen. Doch du bist dir bewußt, daß deine eigene Weisheit da mit einfließt. Du möchtest nur Gottes Reich in deinem Dienst sehen. Aber du merkst, daß anderes dich ebenfalls beeinflußt. Du bist von Verlorenen umgeben. Und du merkst, daß allzu wenige zu einem neuen Leben in Christus finden.

Was sollst du also machen?

Du suchst Gott!

Wie suchst du Gott?

Der Prophet Jeremia hat die Antwort: »Ihr werdet mich suchen und finden; denn wenn ihr mich von ganzem Herzen suchen werdet, so will ich mich von euch finden lassen, spricht der Herr« (Jer. 29,13–14). Das Gott-Suchen beinhaltet eine dynamische Bewegung vom Unheiligen zum Heiligen. Das ist keine passive Übung. Es verlangt, daß du dich total dem Willen Gottes auslieferst.

A. W. Tozer schreibt: »Die Erfahrung unzähliger Gottsuchender lehrt, daß in dem Augenblick, in dem ihr Verlangen schmerzhaft wurde, sie plötzlich und wunderbar erfüllt wurden!«

Durchbruch

Wenn wir uns so sehen, wie Gott uns sieht, erkennen wir, daß wir einen Durchbruch benötigen. Was ist ein Durchbruch? Tennisliebhaber kennen diesen Begriff, wenn es ihnen gelingt, nach qualvoll langem, gleichmäßig verteiltem Spiel den Aufschlag des gegnerischen Spielers endlich zu durchbrechen. Das Blatt hat sich gewendet, und in den folgenden Spielen kann der Satzgewinn gesichert werden.

Als Christen können wir immer im alten Gleise bleiben; dieselben Dinge passieren tagein, tagaus. Wann endlich kommt mehr Kraft herein? Unsere Herzen schreien nach einem Durchbruch! Zu einem geistlichen Durchbruch kommt es nicht aus Zufall; er wird immer bewußt erbetet und tief herbeigesehnt. Auf vertraute Wege und Angewohnheiten, die bequem sind, muß verzichtet werden. Statt dessen muß man im Glauben den Schritt ins Ungewisse wagen.

Einige Fragen heischen Antwort. Wünschst du dir einen Durchbruch in deinem Leben und Dienst? Wenn du das tust, wird es dich etwas kosten. Bist du bereit, den Pfad deiner bisherigen Erfahrungen zu verlassen und neue Wege des Glaubens zu betreten? Wenn du das tust, wirst du damit vertraut werden, »auf dem Wasser zu gehen«.

Ein Durchbruch beginnt mit einer Offenbarung Gottes, dem Bewußtwerden, daß etwas geändert werden muß. Du hast wohl mit deinem Verstand erfaßt, daß Gott tiefgehender in deinem Leben wirken muß, und vielleicht strengst du dich sogar sehr intensiv an, damit sich etwas tut. Aber allein der Herr kann das besondere Wort in dir lebendig werden lassen, das den Prozeß in Gang setzt, der zu einem echten Durchbruch führt.

Sobald Gott zeigt, was in deinem Leben geschehen muß, ist echte Buße der nächste Schritt. Nur Offenbarung führt zur Buße. Es ist immer Sünde, was einem Unvermögen, im Glauben vorwärtszuschreiten, zugrunde liegt. Vielleicht handelt es sich um Ungehorsam, Unreinheit oder Furcht; vielleicht ist es Lauheit oder Unglauben. Was auch immer: es ist notwendig, daß du die Sünde Gott bekennst und seine Reinigung erlangst.

»Die Betrübnis, wie sie Gott will, wirkt eine Buße zum Heil, die man nicht bereuen muß« (2. Kor. 7,10/Zürcher Übersetzung), lautet das erste Prinzip eines Durchbruchs mit Gott. Die Bedeutung echter Buße habe ich bereits im Kapitel 5 erläutert. Neben Buße sind Glaube und Gehorsam vonnöten. Diese beiden Faktoren lösen den Durchbruch aus. Glaube verschafft dir die Gewißheit, daß es Gott möglich ist, in dir und durch dich etwas zu tun, das nie zuvor geschehen ist. Diese Gewißheit allein genügt aber nicht. Erst dein Gehorsam macht es Gott möglich, das zu tun. Wir haben also vier einfache Schritte: Offenbarung, Buße, Glaube, Gehorsam.

Vor längerer Zeit war ich zu einem geistlichen Wochenendeinsatz in Wales unterwegs. Einige weitere Mitglieder unserer Kommunität waren mit im Wagen. Auf der Autobahnstrecke beteten wir gemeinsam. Ein Gebet lautete ungefähr so: »Vater, wir haben den Glauben, daß heute abend Menschen ihr Leben Jesus übergeben, daß viele mit deinem Heiligen Geist erfüllt werden, und daß deine Kraft da ist, um Heilung in das Leben vieler Menschen zu bringen. Amen.«

Unser Gebet ging weiter; doch ich war in Unsicherheit befangen. Es war für mich so leicht gewesen, Gott diese Worte zu sagen; aber ich erkannte, daß ich nicht den Glauben hatte, daß Gott wirklich so handeln würde.

Ich brauchte einen Durchbruch! Ich wußte: Gott heilt. Damit hatte ich keine Schwierigkeiten. Ich hatte erlebt, wie Gott durch meinen Dienst heilte; und dennoch war mein Glauben am Boden. Ich wußte: ich hatte Angst, Menschen am Ende des Treffens nach vorne zu bitten. Ich fürchtete, niemand würde dieser Aufforderung nachkommen, und wenn sie es dennoch täten, so zweifelte ich daran, daß Gott mich als einen Kanal für seine heilende Gnade gebrauchen könnte.

»Vielleicht ist das gar nicht mein Dienst«, dachte ich, aber erinnerte mich schnell daran, daß die Bibel verheißt, daß Zeichen und Wunder der Verkündigung des Evangeliums folgen werden, um seine Wahrheit zu bestätigen. Sowohl theologisch wie auch faktisch war ich in der Ecke.

Wir kamen schließlich in der Kirche an und trafen uns zum Vorbereitungsgebet. Ich bekannte dort vor meinem Team meine Furcht und meinen Unglauben. Ich wußte: Gott hatte sehr deutlich zu mir während der Autofahrt gesprochen. Ich mußte ihn suchen, um einen neuen Durchbruch für den Dienst zu erlangen. Es war Gottes Wort der Erkenntnis in meinem Herzen, das mich zur Buße führte. Ich brauchte jede einzelne Minute dieser Gebetszeit, um Gott zu suchen und Glauben für das Treffen zu erlangen.

Kurz vor Beginn des Treffens kämpfte ich immer noch mit meiner Angst, daß niemand auf die Einladung, nach vorne zu kommen, eingehen würde. Da kamen zwei Männer auf mich zu und fragten mich, ob ich wohl am Ende des Gottesdienstes mit Teilnehmern beten würde, denn dafür seien sie extra hierher gekommen. Halleluja! Der Herr gab mir die so dringend benötigte Ermutigung. Mindestens zwei Personen würden am Ende zum Gebet dasein – ich traute mich nicht zu fragen, ob sie Heilung brauchten!

Die Kirche war voll – eine weitere Ermutigung. Da mußte jemand dabeisein, der Heilung brauchte. Mein Glaube wuchs.

Wir hatten ein gutes Treffen. Lob und Anbetung waren warm und schwungvoll, und ich predigte aus vollem Herzen. Als ich den Segnungsteil einleitete, standen zwei auf, um Jesus als Erlöser und Herrn anzunehmen. »Gepriesen sei der Herr«, dachte ich, »der erste Teil des Gebetssatzes im Auto ist erhört.«

Viele standen auf, um mit dem Heiligen Geist erfüllt zu werden. »Wir sind auf dem richtigen Kurs, Herr. Jetzt kommt der kritische Moment!« Darauf lud ich dazu ein, mit Gebetsanliegen nach vorne zu kommen, wenn Teilnehmer den Glauben hätten, daß Gott sie damit beschenken wolle – sei es mit Kraft, Weisung, Befreiung oder Heilung. Ich wartete gespannt – ich wußte, zwei würden kommen!

Gottes Kraft war am Wirken, und ich sah mich an der Altarbrüstung vielen Menschen gegenüber, mit denen ich betete und ihnen die Hände auflegte. Viele bezeugten, sofort befreit worden zu sein. Einige empfingen das Geschenk des Sprachengebets, andere wurden auf verschiedenen Gebieten freigesetzt, und mit vielen wurde um physische Heilung gebetet. Zum Durchbruch war es gekommen, Preis dem Herrn!

Das Ausgelaugtsein, das man oft am Ende eines machtvollen Gottesdienstes empfindet, machte sich in mir breit. Ich hatte für so viele gebetet – hatte aber Gott wirklich einen von ihnen geheilt? Ich war zu ängstlich gewesen, nachzufragen.

Am folgenden Abend betete ich am Ende des Treffens wieder mit Teilnehmern. Da erkannte ich unter den Wartenden einen wieder, der schon am Vorabend dagewesen war. Meine Gedanken liefen in eine negative Richtung: »Vielleicht hatte es nicht gewirkt, und er war wiedergekommen, um nach erneutem Gebet herauszufinden, ob es diesmal *klappen* würde!« Als ich zu ihm kam, fragte ich ihn, wofür gebetet werden solle.

Er antwortete: »Nichts! Als ich gestern abend zum Gebet nach vorne kam, hatte ich eine Infektion der Harnwege, die Blutungen auslöste und bisher auf Medikamente nicht angesprochen hatte. Nachdem Sie gestern abend für mich gebetet hatten, ging ich nach Hause und stellte fest, daß die Blutung aufgehört hatte. Ich bin zurückgekommen, um meinen Dank abzustatten und Gott die Ehre zu geben. Für morgen ist meine nächste Untersuchung im Krankenhaus angesetzt; nun aber kann ich den Ärzten sagen, daß Gott geheilt hat.«

Ist Gott nicht liebevoll und gnädig? Er hatte gewußt, daß ich dieses Zeugnis brauchte, und er hatte diesen Mann wieder zu mir geschickt, um es mir zu geben.

Eine kurze Analyse dieser Begebenheit deckt die Prinzipien des Durchbruchs auf. Nachdem ich im Auto gebetet hatte, überführte Gott wirklich mein

Herz, was meinen Unglauben betraf. Das war eine Offenbarung Gottes, und die verlangte meine Buße. Damit hatte es nicht sein Bewenden, denn der nächste Schritt war, Gott zu bitten, erneut Glauben in mir freizusetzen. Das tat ich. Glaube muß immer von Gehorsam begleitet sein. Ich hätte mich voll Glaubens fühlen und zu Gott sagen können: »Herr, ich will dein Wort verkünden und dann zurücktreten, und du kannst dann wirken!« Gottes Antwort darauf lautet aber: »Tritt du hervor im Gehorsam, und ich will in meiner Kraft und Gnade handeln.«

Ich sehe Glaube und Gehorsam als zwei untrennbare Elemente. Gehorsam ist mein Beitrag; den Glauben gibt Gott dazu, und er setzt seine Kraft frei. Das ist wie bei der Servolenkung in einem Auto oder Lastwagen. Solange das Lenkrad nicht bewegt wird, ist die Kraftübertragung des Servomechanismus unwirksam. Sobald man aber das Lenkrad herumdreht, wird die Kraftübertragung aktiviert, und menschliche Kraftanstrengung ist nicht mehr nötig. Wenn du im Gehorsam hervortrittst, kommt Gott hinein und tut die Arbeit.

Natürlich müssen wir nicht nur deshalb Gott suchen, um einen Durchbruch seiner Kraft zu erlangen.

Gott um seiner selbst willen suchen

Für wen verbringst du Zeit in der Gegenwart Gottes? Die meisten von uns müßten zugeben, daß sie dies aus egoistischen Motiven tun. Gott aber schuf uns, damit wir ihn um *seinetwillen* anbeten und um *seinetwillen* Gemeinschaft mit ihm haben. Jesus sagte: »Aber es kommt die Zeit und ist schon jetzt, in der die wahren Anbeter den Vater anbeten werden im Geist und in der Wahrheit; denn auch der Vater will solche Anbeter haben. Gott ist Geist, und die ihn anbeten, die müssen ihn im Geist und in der Wahrheit anbeten« (Joh. 4,23–24).

Was hält wohl Gott von deiner Anbetung? Gefällt sie ihm? Die Psalmen sind Gottes Lob und geben einen Einblick in das Herz des Königs David, dessen Anbetung und Liebe zu Gott so beredten Ausdruck fanden. »Ich will den Herrn loben allezeit; sein Lob soll immerdar in meinem Munde sein. Meine Seele soll sich rühmen des Herrn, daß es die Elenden hören und sich freuen. Preiset mit mir den Herrn und laßt uns miteinander seinen Namen erhöhen!« (Ps. 34,2–4).

Es passiert etwas Wichtiges, wenn Zeit aufgebracht wird, um Gott die Ehre zu geben, die ihm gebührt. Gott wird für dich größer, und seine Herrschaft wird in deinem Leben befestigt. Je mehr du deiner Liebe zu Gott Ausdruck verleihst, um so mehr Liebe hast du für ihn. Je mehr du ihn anbetest, um so mehr möchtest du anbeten. Je mehr du Gott für all seine Treue und Fürsorge dankst, desto dankbarer wirst du für die Art und Weise, in der er in jedem Detail deines Lebens am Werk ist.

Wenn das geschieht, beginnst du mit dem Psalmisten übereinzustimmen: »Wie lieb sind mir deine Wohnungen, Herr Zebaoth! Meine Seele verlangt und sehnt sich nach den Vorhöfen des Herrn... Ein Tag in deinen Vorhöfen ist besser als sonst tausend« (Ps. 84,2–3; 11).

Nimm einmal an, ich würde dir sagen: »Morgen darfst du den ganzen Tag mit dem Herrn verbringen. Nicht als einen Tag des Gebets und des Fastens, an dem du Gott um etwas bittest, sondern als einen Tag, an dem du nichts anderes tust, als seine Gegenwart zu genießen.« Wie würdest du reagieren? Es könnte recht bedrohlich sein, so als ob man Zeit mit jemandem verbringen müßte, den man fürchtet oder zu dem das Verhältnis kaputtgegangen ist.

Lerne die Freude, ganz einfach in der Gegenwart Gottes zu stehen. »Vor dir ist Freude die Fülle« (Ps. 16,11), sagt David. Mache es dir zur Gewohnheit, vor Jesus zu stehen. Wenn du deine tägliche stille Zeit mit dem Herrn hast, dann gib dem Lobpreis und der Anbetung Raum, dann gib der Stille Raum und erlaube der freudvollen Gegenwart des Herrn, über dich wie ein Strom des Friedens zu fließen.

Warum eigentlich nicht jetzt innehalten mit Lesen, das Buch hinlegen und einige Minuten in der Gegenwart Gottes verbringen? Sag ihm, daß du ihn liebst und anbetest. Gib ihm Dank und Lobpreis. Sag ihm, daß du dich über seine Gegenwart freust, und er wird dir sagen, daß er sich über deine Gegenwart freut.

Eines habe von ihm ich erwünscht,
das ist's, was ich suche:
Sitz zu haben in *seinem* Haus,
all meine Lebenstage
seine Schönheit schauen zu dürfen,
und *ihn* zu suchen in seinem Tempel.
(Ps. 27,4/Martin Buber sowie New-Internat.-Version)

Wenn du lernst, Gott um seiner Ehre willen für einige kurze Momente zu suchen, wird dein Appetit darauf wachsen, und du wirst allmählich begreifen, daß ein ganzer Tag, nur mit ihm allein verbracht, die reine Freude sein würde.

Gott suchen um meines Lebens willen

In der heiligen Gegenwart Gottes verharren wird immer Sünde aufdecken und zur Buße führen (vgl. Kapitel 5). Dieses Geschehen hat zwei Aspekte – einen negativen und einen positiven. Beide sind wirklich gültig, aber einer ist bei weitem kreativer als der andere.

»Suchet den Herrn, solange er zu finden ist; rufet ihn an, solange er nahe ist. Der Gottlose lasse von seinem Wege und der Übeltäter von seinen Gedanken...« (Jes. 55,6). Wenn wir Gott suchen, wird die Verfinsterung unserer Herzen bloßgestellt, und wir rufen mit David aus: »An dir allein habe ich gesündigt« (Ps. 51,6). Gott ist barmherzig und wird immer vergeben und reinigen, und unser Verhältnis zu ihm wird wiederhergestellt werden.

Während eines Kirchengemeindewochenendes in Scunthorpe zeigte mir Gott die positive Seite des Ihn-Suchens: ich sprach gerade über den 51. Psalm und darüber, wie notwendig es ist, Sünde zu bekennen und zu bereuen, in den Bereichen des eigenen Lebens wahrhaftig zu sein und zu Gott eine echte Beziehung zu haben. Plötzlich schien mich Vers 12 geradezu anzuspringen: »Schaffe in mir, Gott, ein reines Herz.« Nie zuvor hatte ich diesen Vers wirklich begriffen. Das war nicht nur eine vage Hoffnung, daß Gott das Leben Davids zurechtbringen würde, sondern ein leidenschaftliches Flehen, daß Gott radikal eingreifen möge. Mit dem Psalmisten schrie ich zu Gott: »Ich möchte ein reines Herz, Herr!« Die Änderung kam nicht sofort, aber sie war deutlich und dauert noch an. In den Wochen danach bekam mein Suchen nach Gott allmählich einen neuen Charakter. Vorher hatte es Sünde und Finsternis im Blickfeld. Jetzt hatte es Licht und Heiligkeit im Visier. Es machte keinen Bogen um die Buße, sondern gab ihr eine neue und positive Dynamik.

Jesaja sagt: »Suche den Herrn, und dir wird klarwerden, daß du die Sünde hassen mußt« (meine Auslegung von Jes. 55,6). Der Prophet Amos rät: »Suchet den Herrn, so werdet ihr leben« (Am. 5,6). Es geht nicht nur darum, der Niederlage zu entkommen, sondern den Sieg zu ergreifen!

Uns ist der Vers 7 aus Jakobus 4 geläufig: »Widersteht dem Teufel, so flieht er von euch.« Viele wollen das tun und versagen dabei, weil sie den ersten Teil des Satzes nicht befolgt haben. »So seid nun Gott untertan.« Die echte Unterwerfung unseres Lebens unter Gott setzt die Kraft und den Glauben frei, die nötig sind, um dem Teufel zu widerstehen und all seine feurigen Pfeile auszulöschen. Als ich Gott in positiver Weise für mein Leben suchte, habe ich den achten Vers aus Philipper 4 neu erfahren: »Weiter, liebe Brüder: was wahrhaftig ist, was ehrbar, was gerecht, was rein, was liebenswert, was einen guten Ruf hat, sei es eine Tugend, sei es ein Lob – darauf seid bedacht!«

Gott suchen, um kraftvoll dienen zu können

Der Durchbruch, im Glauben heilen zu dürfen, den Gott mir in Wales geschenkt hatte, erhellt, wie Gott unseren Glauben mit der Freisetzung seiner Kraft beantwortet. Ein Wochenende des Glaubenstriumphes macht aber noch keinen Glaubenssommer. Gott suchen, um kraftvoll dienen zu können, ist eine tägliche Übungsaufgabe. Auch wenn mein Vertrauen in Gott gestärkt ist – ich muß immer wieder im Glauben heraustreten. Das ist die gleichbleibende Wirkung des »Auf-dem-Wasser-Gehens«.

Die Schrift sagt klar: »Ohne Glauben aber ist es unmöglich, Gott wohlzugefallen; denn wer sich Gott nahen will, muß glauben, daß er ist und denen, die ihn mit Ernst suchen, ein Belohner wird« (Hebr. 11,6/Zürcher Übersetzung). Ich finde diesen Vers sehr unbequem. Meine menschliche Natur würde gerne in der Lage sein, so viel Erfahrung im Dienst zu sammeln, daß ich sicher wäre, daß alles klappt, was ich tue. Doch der Heilige Geist bringt mir bei, daß ich jederzeit aus dem Glauben heraus handeln muß. Ich weiß, ich habe, menschlich gesehen, keine eigene Kraft, um irgend jemanden zum Glauben an Jesus zu bringen oder irgend jemandem Lebenskraft mitzugeben oder irgendeine Heilung auszuüben. Es ist allein Gott, der diese Dinge tut, und er gebraucht zerbrechliche menschliche Instrumente, die er mit seiner Kraft erfüllt, um seine Werke zu tun. Ich bin mir voll darüber im klaren, daß ich aus mir heraus keine Wunder wirken kann; doch ich bin mir auch der ehrfurchtgebietenden Verantwortung bewußt, die Gott mir auferlegt hat. Er will durch mich Wunder wirken! (Hebr. 2,3–4).

Gott suchen, um kraftvoll dienen zu können, heißt erst einmal: vor Gott in Demut meinen eigenen Mangel an Kraft einzugestehen; und dann: Gott bitten, durch mich seine Majestät und Stärke fließen zu lassen. Wenn das geschehen ist, wird Gottes Wirken nicht durch meinen Mangel an Glauben behindert werden.

In Markus 9 wird der Zwischenfall mit dem besessenen Knaben berichtet: Den Jüngern war es nicht gelungen, den bösen Geist auszutreiben. Darauf gebot ihm Jesus und trieb ihn aus. Der Fehlschlag der Jünger löste unter ihnen ein gründliches Fragen aus: »Warum konnten wir ihn nicht austreiben?« Jesus antwortete: »Diese Art kann durch nichts ausfahren als durch Beten« (Mk. 9,28–29). Gottes Kraft stand nicht in Frage. An Gottes Allmacht hatte nichts gefehlt, um den Knaben zu befreien. Der Schluß liegt also nahe, daß sich unter den Jüngern Gebetsarmut breitgemacht hatte. Gott mußte mit Unglaube, vielleicht Stolz oder Selbstgenügsamkeit fertig werden, damit die Jünger für seine delikatesten Aufgaben eingesetzt werden konnten.

Beten und Gott suchen ändern dich derart, daß Gott durch dich freier wirken kann. Die Apg. Kap. 3 ist eine herrliche Fortsetzung nach dem Fehlschlag in Markus 9: Petrus und Johannes wurden von Gott dazu gebraucht, im Leben des Lahmen ein Wunder zu vollbringen. Gott hatte sich nicht geändert, die Umstände auch nicht. Aber etwas hatte sich entschieden im Leben von Petrus und Johannes geändert.

Ich lebe selbst mit dieser dynamischen Spannung. Ich weiß, daß für Gott nichts unmöglich ist, und ich möchte seine Kraft in denjenigen, denen ich diene, am Wirken sehen. Ich sehe, wie Gott viele machtvolle und gnädige Taten vollbringt; dennoch bin ich mir stets bewußt, daß noch mehr geschehen könnte. Das hält mich dazu an, Gott zu suchen.

Wenn ich mich mit dem Team während einer Leiterwoche in The Hyde zum Gebet treffe, kommen wir immer einmal wieder zu dem Punkt, wo wir uns ansehen und feststellen: »Wir brauchen einen Durchbruch!« An dem Punkt hört das Reden auf, und das Beten fängt an. Wir flehen Gott an: »Herr, komm doch in deiner machtvollen Kraft unter uns und begegne uns!« Während wir beten, handelt Gott an uns und tut das immer noch, wenn wir ins Plenum gehen. Wir sind von Dankbarkeit überwältigt, wenn wir sehen, wie Gott unser Leben verwandelt, wie auch das Leben derer, die mit uns sind, indem Gott es reinigt, heiligt und mit Kraft erfüllt.

Selbstzufriedenheit ist der größte Feind geistlicher Stärke. Zugegeben: während wir in Glauben und Autorität wachsen, lernen wir, ein größeres Vertrauen in Gott zu setzen. Trotzdem gibt es da immer noch mehr. Deshalb sollen wir mit Paulus ausrufen: »Ich vergesse, was dahinten ist, und strecke mich aus nach dem, was da vorne ist, und jage nach dem vorgesteckten Ziel, dem Siegespreis der himmlischen Berufung Gottes in Christus Jesus« (Phil. 3,13–14).

Gott suchen, um die richtige Botschaft für die Menschen zu bekommen

Die zum Predigen und zur Lehre Berufenen wissen, daß alle Teile der Heiligen Schrift von Gott inspiriert sind, daß sie Gewinn bringen und daß die Zuhörer Nutzen aus ihr ziehen. Obwohl das so zutrifft, ist es Gottes Inspiration, die aufdeckt, welcher Teil (oder Teile) der Heiligen Schrift zu einem bestimmten Zeitpunkt den Menschen offenbart werden soll und welche Botschaft damit verbunden ist.

Als Prediger bist du Gott verantwortlich, daß rechte Wort für jede Situation von ihm zu bekommen – und dies erfordert auch, daß du Gott suchst.

Im Kapitel 7 habe ich dargelegt, wie du die Stimme Gottes für dich hören kannst; nun aber mußt du das in die Praxis umsetzen mit dem Ziel, eine Botschaft von Gott zu bekommen, die andere hören sollen.

Vielleicht predigen manche von euch, indem sie ein Buch der Bibel Kapitel für Kapitel vornehmen. Das ist gut, aber es ist kein Ersatz für Gottes Wort, das anspricht, was *heute* notwendig ist.

Es gibt ein Lied von André Crouch, dessen Inhalt besagt:

Wir müssen von dir hören,
wir brauchen ein Wort von dir!
Wenn wir dich nicht vernehmen –
was sollen wir dann tun?

Das rechte Wort für das Volk Gottes wird offensichtlich festgefahrene Situationen wieder in Bewegung bringen; es wird das Volk Gottes anleiten, im Glauben zu wachsen und zu reifen; es wird zur Hingabe herausfordern und zu mehr Gehorsam und Jüngerschaft führen.

Wir müssen aufpassen, daß unsere Botschaft nicht das Resultat von Notlagen und Ohnmacht ist. Unsere Botschaft muß ein schöpferisches Wort sein, das vom Herzen Gottes kommt. Dann wird sie die Herzen der Menschen direkt anrühren.

Wie suchst du Gott, damit du das richtige Wort bekommst? Das läßt sich nicht rasch beantworten: du mußt so im Wort Gottes leben, wie das Paulus den Kolossern rät: »Laßt das Wort Christi reichlich unter euch wohnen; lehrt und ermahnt einander in aller Wahrheit« (Kol. 3,16). In Jeremia finden wir ein ähnliches Versprechen: »Denn wenn sie in meinem Rat gestanden hätten, so hätten sie meine Worte meinem Volke gepredigt« (Jer. 23,22).

Man muß sich Zeit nehmen, ruhig vor Gott im Gebet zu warten. Meiner Erfahrung nach ist in solchen Zeiten Gottes Gebetssprache – das Zungenreden – sehr viel wert. Während ich zu ihm in dem Sprachengebet rede, das er mir geschenkt hat, habe ich den Eindruck, daß er mir die Worte ins Herz gibt, die er sein Volk hören lassen möchte.

Du mußt auch dafür aufgeschlossen sein, daß Gott dir noch im letzten Moment etwas Neues schenkt. Eine Predigt, die in der Vorbereitung schon zu genau fixiert ist, läßt meistens dem Herrn zu wenig Raum, um mit etwas Unerwartetem einen Durchbruch zu erzielen. Wenn du Gott Raum läßt, dann wirst du die Erfahrung machen, daß er durch dich Dinge sagen wird, die für dich genauso überraschend sind wie für deine Zuhörer. Gott nimmt sich damit auch jeder Spur von Stolz an, der in deiner Predigt stecken mag. Denn du weißt dann ganz sicher, daß es nicht deine Idee war, sondern die des Herrn!

Wer ein Wort vom Herrn bekommen hat, wird es individuell weitergeben. Dieses Buch ist keine Predigtlehre. Deshalb sage ich nur eines: nimm dir Zeit, Gott zu suchen, um sein prophetisches Wort für seine Gemeinde zu bekommen; es wird bestimmt dein und ihr Leben verändern!

Gott um anderer Menschen willen suchen

Als Leiter oder Pfarrer wirst du von einzelnen oft um Hilfe angegangen; ständig kommen Leute zu dir, die auf die eine oder andere Weise geistlichen Beistand brauchen. Weil du in solchen Situationen Gottes Kraft am Werk sehen mußt, wird dich das erneut dazu treiben, Gott zu suchen.

Menschliche Weisheit und seelsorgerliche Techniken sind bis zu einem gewissen Maße ganz brauchbar, aber nur in Grenzen. Guter Rat hat noch nie ein Leben umgewandelt, das unter der Herrschaft des Reiches der Finsternis steht. Allein Gott vermag das. Man muß begreifen, daß jedes Problem im Grunde ein geistliches Problem ist.

Wenn man Gott daher um anderer Menschen willen sucht, so hat das Auswirkungen in beide Richtungen. Wenn mich jemand mit seinem Hilfesuchen konfrontiert, dann suche ich zunächst Gott, damit ich Glauben für diese spezielle Not von ihm bekomme. Dabei spielt es überhaupt keine Rolle, ob ich das Problem umfassend kenne, oder ob ich überhaupt nichts davon verstehe. Ich möchte mit Gott eine Gebetszeit verbringen und ihm erlauben, Worte des Glaubens in mein Herz zu senken, damit ich voller Glauben in das Gespräch mit dem Hilfesuchenden gehe.

Hierzu ein einfaches Beispiel: Es kommt jemand zu mir, um die Taufe im Heiligen Geist zu empfangen. Ich bereite mein Herz vor, damit es der Zusage Gottes vertraut, daß Gott tun wird, worum ich in seinem Namen bitte (Mk. 11,24). Die Bibel sagt: »Denn Johannes hat mit Wasser getauft, ihr aber sollt mit dem Heiligen Geist getauft werden« (Apg. 1,5). Jesus sagte ferner: »Denn wer da bittet, der empfängt« (Lk. 11,10) und: »Aber ihr werdet die Kraft des Heiligen Geistes empfangen, der auf euch kommen wird« (Apg. 1,8). Bevor ich mit meinem Dienst beginne, muß ich diesen Worten Gelegenheit geben, Glauben in meinem eigenen Herzen freizusetzen. Dann werden diese Worte auch Glauben im Herzen desjenigen freisetzen können, mit dem ich bete.

Diese Bibelstellen sind für mich zu lebendigen Kraftquellen geworden. Und weil ich weiß, daß sie das lebendige Wort Gottes sind, bin ich mir ebenso gewiß, daß derjenige, für den ich bete und der dieses Wort aufnimmt, genauso mit dem Heiligen Geist erfüllt werden wird.

Früher stand mein Vertrauen, daß Gott jeden anderen durch mich erreichen könnte, auf wackligen Füßen. Aber ich lerne Gott zu suchen, um mit
seiner Autorität für den Dienst ausgestattet zu werden. Ich lerne seiner Treue
zu trauen, obwohl ich mich immer noch äußerst ungeeignet fühle.

»Also kommt der Glaube aus der Botschaft, die Botschaft aber durch das
Wort des Christus« (Röm. 10,17/Wuppertaler Studienbibel). Während mein
Mitbeter einfach Gott bittet, ihn mit der Kraft des Heiligen Geistes zu
erfüllen, weiß ich, daß Gott es tun wird, wie er es in der Bibel versprochen hat.

Mit dem Heiligen Geist erfüllt zu werden, wird weder durch besondere
Gefühle bestätigt noch durch die Manifestation einer geistlichen Gabe. Beides
kann geschenkt werden; aber sie sind nicht unbedingt ein Beweis, daß das
Gebet erhört worden ist.

Nach dem Wort Gottes hat dieser Mensch gebeten und entsprechend
empfangen. Er ist nun mit dem Heiligen Geist getauft und hat Kraft empfangen. Ich ermutige ihn, Gott dafür zu danken. Ich weiß: Während er weiter
Gott dafür dankt, wird er alle Bestätigung bekommen, die er braucht. Ich sage
ihm, daß er jetzt damit rechnen darf, geistliche Gaben geschenkt zu bekommen – vor allem Zungenreden –, und daß er eine neue Freude und Kraft in
seinem Leben erfahren wird. Wieso? Weil er ein besonders schönes Gefühl
erlebt? Nein. Sondern Gott hat es versprochen!

Daher sollte man, wenn man Gott sucht, ihn als erstes um seinen Glauben
bitten und so seine Zuversicht empfangen. »Eine derartige Zuversicht aber
haben wir durch Christus zu Gott. Nicht, daß wir von uns selber aus tauglich
wären, etwas zu erdenken als von uns aus; nein, unsere Tauglichkeit stammt
von Gott« (2. Kor. 3,4–5).

Als zweites sollte man dann Gott um Offenbarung bitten, wie er die
bevorstehende Situation sieht.

Das gerade beschriebene Beispiel ist eine unkomplizierte Situation, die dir
möglicherweise vertraut ist. In diesem Fall ist bekannt, was zu tun ist. Die
biblischen Zusagen sind eindeutig.

Oft ist aber nicht so offensichtlich, was wie zu tun ist. In solchen Fällen
flehe ich Gott an, sich zu offenbaren, nachdem ich von ihm dafür Glauben und
Zuversicht bekommen habe. Manchmal gibt Gott mir dann eine Bibelstelle
oder einen Hinweis, wie ich vorgehen soll. Manchmal bekomme ich einfach
die Gewißheit, daß Gott sich der Sache angenommen hat und die nächsten
Schritte aufdecken wird, sobald er dies für notwendig hält. In einer solchen
Situation muß ich das Hören mit geistlichen Ohren entwickeln und das Hören
mit natürlichen Ohren lassen. »Der natürliche Mensch aber vernimmt nichts
vom Geist Gottes« (1. Kor. 2,14).

In einer solchen Situation kommt es auf die Gaben des Heiligen Geistes an. Ich erwarte von Gott, daß er das Notwendige durch ein Wort der Erkenntnis offenbart; daß er seine Kraft durch eine Gabe des Glaubens, durch eine Heilung oder durch ein Wunder freisetzt; daß er den Dienst durch ein prophetisches Wort oder ein Bild und durch die Heilige Schrift bestätigt.

Ich habe inzwischen die Erwartung, daß Gott mir jedesmal ein prophetisches Wort gibt, wenn ich an jemandem den Dienst tue; und Gott läßt mich dabei nie im Stich. Glaube hängt nicht von machtvollem Gebet ab oder vom Auflegen der Hände, sondern vom Wort Gottes.

Gott suchen um der Verlorenen willen

Niemals wurde jemand Christ, weil er das für eine gute Idee hielt. Die verlorene Menschheit fragt nicht nach Gott. Es war Gottes Idee, nicht deine, die dich zu ihm brachte. Vielleicht fällt es dir schwer, das zu akzeptieren, wenn du an all die früheren Jahre des Suchens denkst. In Wirklichkeit entstand das Suchen, weil Gott nach dir Ausschau hielt und sein Geist eine Unruhe in dir hervorrief, die nur Gott stillen konnte. Jesus sagte: »Es kann niemand zu mir kommen, es sei denn, ihn ziehe der Vater, der mich gesandt hat« (Joh. 6,44).

Infolgedessen suchen die Verlorenen Gott nicht. Gott fordert sein Volk auf, ihn um der Verlorenen willen zu suchen. Der große Sendungsauftrag lautet: »Gehet hin und machet zu Jüngern alle Völker...« (Mt. 28,19). Dieser Ruf ist heute immer noch so eindringlich wie an dem Tage, an dem er zum ersten Mal erscholl. Sein Auftrag bedeutet nicht nur, das Evangelium zu verkünden, sondern Zeit zu opfern, in der Gott in aufopfernder Fürbitte gesucht wird.

Echte Fürbitte kostet Mühe; denn sie bedeutet, vor Gott für einen anderen zu stehen. Eine der bekanntesten Bibelstellen lautet: »Denn so hat Gott die Welt geliebt, daß er seinen eingeborenen Sohn gab...« (Joh. 3,16). Gottes Liebe rief nach der Tat: er gab Jesus in den Tod am Kreuz für unsere Sünden. Im Jesaja heißt es prophetisch über Jesus: »...daß er die Sünde der vielen getragen hat und für die Übeltäter gebeten« (Jes. 53,12).

Gott um der Verlorenen willen zu suchen, schließt ein, ihn um seine Liebe für sie zu bitten. Das ist nicht eine vage, allgemeine Bitte; sondern sie richtet sich auf bestimmte Einzelpersonen. Ich muß Gott fragen, wie ich für den einzelnen beten soll; dann muß ich mich dem Gebet hingeben wie auch im Gehorsam handeln, bis entweder mir die Gebetslast abgenommen wird oder der Umbetete zum Glauben kommt. Gottes Wort verheißt: »Des Gerechten Gebet vermag viel, wenn es ernstlich ist« (Jak. 5,16).

Ein guter Freund von mir, Bob Hamblin, wurde mit vierzig Jahren Christ. Er war ein Gotteslästerer gewesen und hatte ein durch und durch gottloses Leben geführt. Als er nahezu dreißig war, hatte er täglich den Zug nach London genommen und sich dabei einen Jux daraus gemacht, einen Mitreisenden wegen seines christlichen Glaubens zu hänseln. Als Bob später sein Leben Jesus übergeben hatte, erinnerte er sich an diesen Mann und wie er ihn mit Spott übergossen hatte; er spürte: »Ich muß ihn finden und ihm die Gute Nachricht bringen und mich für die Art und Weise entschuldigen, wie ich ihn um seines Glaubens willen verfolgt habe!« Bob fand heraus, wo der Mann lebte und suchte ihn auf. Die Freude war auf beiden Seiten groß. Vergebung wurde erbeten und zugesprochen. Da stellte der Freund zur Überraschung von Bob fest: »Jetzt weiß ich, daß elf Jahre anhaltenden Gebets nicht vergeblich waren.« Gepriesen sei der Herr für diejenigen, die für die Verlorenen im Gebet einstehen.

Gott suchen ist ein Prozeß: ich erkenne, wie sehr ich das nötig habe. Ich bekenne Schuld und Versagen. Ich strecke mich aus zu dem lebendigen Gott. Der Herr wird dann meine Not stillen, mir Sünde und Versagen vergeben und sein Leben und seine Kraft über mich ausgießen. Wenn du Gott suchst, wird dein Um-dich-selbst-Drehen verwandelt in ein Alles-um-Jesus-Drehen. Unheiligkeit und Unreinheit werden zugegeben, und du rufst aus: »Schaffe in mir, Gott, ein reines Herz!«

Schwachheit und Unfähigkeit werden bekannt. Das Bekennen öffnet dir den Weg, die Kraft des lebendigen Gottes zu empfangen. Unglauben wird in Glauben verwandelt. Menschliche Weisheit wird gegen Gottes Offenbarung ausgewechselt. Das Reich der Finsternis wird vom Reich des Lichts besiegt. Gleichgültigkeit gegenüber der verlorenen Menschheit wird in Mitleid für die Seelen verwandelt.

»Wenn du aber dort den Herrn, deinen Gott, suchen wirst, so wirst du ihn finden, wenn du ihn von ganzem Herzen und von ganzer Seele suchen wirst« (5. Mose 4,29).

TEIL II

Nach welchen Prinzipien ein Leiter arbeitet

10   **Ein Mann des Evangeliums**

»Wie lange sind Sie schon Christ?« fragte ich.

»Nun ja, ich wurde dazu erzogen, in die Kirche zu gehen, gehörte ihr aber nicht richtig an, bis ich als Teenager in die Jugendgruppe eintrat. Später wurde ich ein aktives Mitglied des Kirchenvorstandes und habe seitdem Verantwortung in den verschiedensten Bereichen des Kirchenlebens übernommen«, war die Antwort.

»Wann wurde Jesus Christus zum ersten Mal Wirklichkeit für Sie?« fragte ich daraufhin.

»Meine Eltern erzogen mich dazu, zur Kirche zu gehen, und unsere Familie war religiös, solange ich zurückdenken kann«, sagte er.

»Sie haben meine Frage nicht beantwortet«, prüfte ich weiter. »Ich meinte, ob Sie wirklich eine persönliche Beziehung zu Jesus Christus als Herrn gefunden haben?«

»Ich bin Mitglied der Kirche«, kam die etwas verwirrte Antwort.

»Waren Sie jemals am Kreuz?«

»Nein.«

»Das genau muß jetzt geschehen«, sagte ich. Dies war der Kernpunkt der Unterhaltung mit Geoff, der auf eigenen Wunsch gekommen war, um mich wegen seines fortwährend depressiven Zustandes zu sehen. Die Bethany Fellowship war ihm von seinem Pfarrer empfohlen worden.

Ich entdeckte, daß, obwohl viele Menschen mit ihm wegen seiner Depression gebetet hatten, ihn keiner gefragt hatte, ob er eine echte Beziehung zu Jesus Christus hätte. Diese Frage über das Kreuz deckte die Tatsache auf, daß Geoff nicht »wiedergeboren« war im Heiligen Geist. Wie Paulus zu den Römern sagte: »Wer aber Christi Geist nicht hat, der ist nicht sein« (Röm. 8,9).

Ich führte Geoff einfach in das Gebet der Buße, als wir zusammen zum Kreuz Jesu gingen. Alle Sünde, Versagen, zerstörte Hoffnung, Furcht und Enttäuschung wurden zu dem liebenden Retter gebracht. Ich sprach über Geoff die Zusage der Vergebung aus, welche auf ein wahres Bekennen folgt (1.Joh. 1,9): »Wenn wir aber unsere Sünden bekennen, so ist er treu und gerecht, daß er uns die Sünden vergibt und reinigt uns von aller Ungerechtigkeit.«

Geoff gab dann Gott sein Leben und bat um seine Rettung. Während wir so zusammen beteten, wurde Geoff eine neue Kreatur in Christus, das Alte verging, und das Neue kam herbei! (2. Kor. 5,17). Ich betete weiter mit ihm, und Gott erfüllte ihn in seiner Gnade mit dem Heiligen Geist.

Als die Gebetszeit zu Ende ging, schaute ich Geoff an. Die Umwandlung, die stattgefunden hatte, war verblüffend, so sehr, daß ich völlig vergaß, gegen seine Depression zu beten. Die freisetzende Wirkung des Kreuzes hatte völlig die Schwermut und Depression vertrieben. Geoff war frei und freute sich unbändig in seinem neuen Leben in Jesus.

Paulus sagte in Römer 1,16: »Ich schäme mich des Evangeliums nicht; denn es ist eine Kraft Gottes, die selig macht alle, die daran glauben.« Das Evangelium ist die Grundlage jedes geistlichen Amtes. Jeder Mensch muß das lebensverändernde Evangelium hören und annehmen. Was ist denn überhaupt das Evangelium? Es bedeutet einfach *Gute Nachricht*, die freudige Botschaft, daß »Jesus Christus in die Welt gekommen ist, die Sünder selig zu machen« (1. Tim. 1,15). Wie auch in Mk. 1,14–15 steht: »Jesus kam nach Galiläa und predigte das Evangelium Gottes und sprach: Die Zeit ist erfüllt, und das Reich Gottes ist herbeigekommen. Tut Buße und glaubt an das Evangelium!«

Das Evangelium ist viel mehr als nur die einfache Botschaft der Erlösung für die Sünder; aber wenn es nicht diese grundlegende Botschaft einschließt, ist es nicht das Evangelium. Heutzutage ist die Gefahr groß, daß man bei all den verschiedenen Schwerpunkten ein »Lehrer des Evangeliums« an der lebendigen Botschaft, die die Menschen zu persönlicher Erlösung führt, vorbeipredigt.

Es hat überhaupt keinen Wert, über die Fülle des Heiligen Geistes, körperliche oder geistliche Heilung, die Nöte der Dritten Welt, das christliche Leben oder Seelsorge zu lehren, wenn der Angesprochene nicht vom Tod zum Leben gekommen ist, von der Dunkelheit zum Licht.

Vielleicht wunderst du dich, warum ich dies so stark betone. In der Bethany Fellowship treffen eine enorme Anzahl von Gebets- oder Seelsorgeanliegen ein – sowohl von Kirchen als auch von Einzelpersonen. Es ist ein anhaltender Strom von Leuten, die mit körperlichen und geistlichen Nöten kommen, und die dann von einem Team von Hirten Seelsorge erhalten. Die Anzahl der Fälle ist erstaunlich, in denen Heilung über mehrere Jahre hinweg blockiert wurde, weil die betreffende Person niemals ihr Leben Jesus gegeben hatte und auch nicht Vergebung und Rettung empfangen hatte.

Dennoch wird man auch auf Leute stoßen, die Heilung empfangen haben, ohne Christen geworden zu sein; Heilung aber, die nicht zum Jüngersein führt, bringt keine Ganzheit. Deshalb ist die erste Priorität im Dienst, das Evangelium zu lehren und die Menschen zum rettenden Glauben an Christus zu bringen. Um dies mit Sicherheit und Vertrauen tun zu können, müssen die dazu nötigen Prinzipien klar begriffen werden.

Die Wahrheit über den Zustand der Menschheit

Bevor du über die Gute Nachricht des Evangeliums sprechen kannst, mußt du den Menschen die schlechte Nachricht über die Folgen der Sünde und eines Lebens ohne Christus klarmachen. Ich glaube nicht, daß »Höllenfeuerpredigten« heutzutage populär sind; aber es ist allzu einfach, die Konsequenzen der Sünde kleinzumachen und somit die Dynamik des Evangeliums zu schmälern.

Fest steht, daß Gott heilig und die Menschheit von Natur aus unheilig ist. Wenn du durch deine Heimatstadt läufst, wie siehst du die Menschen um dich herum? Ist es nur eine gesichtslose Masse? Oder sind das die Menschen, für die Jesus starb? Ich finde, daß die Vertrautheit mit denjenigen, die ich ständig treffe, meine Sensibilität gegenüber ihrer Notlage ohne Christus abstumpfen läßt.

Als ich vor einigen Monaten ein Kirchenwochenende in Nordengland abhielt, fand ich es eine herausfordernde Übung, einen Samstagnachmittag durch Newcastle zu gehen. Die Traurigkeit und der verlorene Ausdruck auf den Gesichtern der Einkaufenden machten mich sehr niedergeschlagen. Zwar mußte ich zugeben, daß die Gesichter der Leute in unserer Stadt Crawley nicht anders waren, jedoch war mir ihre Not nicht so bewußt. Paulus beschrieb solche Leute als: »Ohne Hoffnung und ohne Gott in der Welt« (Eph. 2,12).

Die Worte »alle haben gesündigt und die Herrlichkeit verloren, die Gott ihnen zugedacht hatte« (Röm. 3,23) sind uns geläufig. Aber leben wir in dem Bewußtsein, daß diejenigen, die in der Sünde bleiben, in der Gefahr ewigen Todes und des Getrenntseins von Gott stehen?

Jesus wurde wegen der Leute, die ihn umgaben, kritisiert. Er mied die anständigen und religiösen Leute und verschenkte seine Zeit an die Verrufenen. Die letzte Aussage, die er gegenüber Zachäus machte, läßt die Absicht seines Dienstes deutlich werden: »Denn der Menschensohn ist gekommen, zu suchen und selig zu machen, was verloren ist« (Lk. 19,10).

Die Menschheit muß um ihr Verlorensein ohne Jesus wissen, und dein Predigen über die *schlechte Nachricht* muß genauso stark sein wie das über die *Gute Nachricht*.

Die allumfassende Liebe Gottes

Gottes Liebe ist im Herzen des Evangeliums. Die vielleicht bekanntesten Worte der ganzen Bibel sind: »Denn also hat Gott die Welt geliebt, daß er seinen eingeborenen Sohn gab, damit alle, die an ihn glauben, nicht verloren gehen, sondern das ewige Leben haben« (Joh. 3,16.)

Weil Gott heilig und gerecht ist, kann er nicht die gefallene Menschheit in seiner heiligen Gegenwart akzeptieren. Er sehnt sich jedoch danach, eine Vater-Kind-Beziehung mit seiner eigenen Schöpfung zu haben. Er will nicht, daß seine eigenen Kinder sterben, was aber die Folge ihrer Sünde und Rebellion ist. Deshalb hat Gott die Initiative ergriffen, indem er seinen Sohn Jesus Christus gesandt hat, damit er das letzte Opfer seines eigenen Lebens bringe, um so die Menschheit zurück zu einer Beziehung mit Gott zu führen. Warum? Weil Gott das gerechte Urteil über Sünde kennt, aber »will, daß allen Menschen geholfen werde und sie zur Erkenntnis der Wahrheit kommen« (1. Tim. 2,4).

Gott hat die Wahl getroffen, sein eigenes Volk zu gebrauchen, um seine lebendige Botschaft der verlorenen Menschheit zu bringen. Jesus sandte seine Jünger aus, indem er sagte: »Gehet hin in alle Welt und predigt das Evangelium aller Kreatur« (Mk. 16,15). Gott hat durch den Heiligen Geist seine Liebe in dein Herz ausgegossen (Röm. 5,5), damit du seine Liebe über die verlorene Menschheit ausgießen kannst, indem du den Verlorenen die Gute Nachricht der Sündenvergebung und des neuen Lebens in Christus bringst.

Die Erlösungstat Gottes ist einzigartig

Das Evangelium kennt für den Menschen nur einen einzigen Weg, mit Gott versöhnt zu werden: »Und in keinem anderen ist das Heil, und ist kein anderer Name unter dem Himmel den Menschen gegeben, durch den wir sollen selig werden« (Apg. 4,12).

Der Mensch kann aus eigener Kraft nichts tun; das Befolgen religiöser Gesetze und gute Taten, ebenso wie rechtschaffenes Leben und Freundlichkeit zu anderen können ihm kein Heil bringen. Gottes einziger Weg zum Heil heißt allein *Gnade*.

Der Brief des Paulus an die Epheser sagt uns: »Denn aus Gnade seid ihr selig geworden durch Glauben, und das nicht aus euch. Gottes Gabe ist es, nicht aus Werken, damit sich nicht jemand rühme« (Eph. 2,8–9).

Der Mensch antwortet einfach

In seiner berühmten Predigt des Pfingsttages, als der Heilige Geist auf die ersten Jünger kam, verkündete Petrus: »Wer den Namen des Herrn anrufen wird, der soll gerettet werden« (Apg. 2,21). Da die Gute Nachricht einfach und mit Vollmacht gesagt wird, fordert sie eine Antwort heraus. Diejenigen, die des Petrus Predigt hörten, fragten: »Liebe Brüder, was sollen wir tun?« Petrus antwortete: »Tut Buße, und jeder von euch lasse sich taufen auf den Namen Jesu Christi zur Vergebung eurer Sünden, so werdet ihr empfangen die Gabe des Heiligen Geistes« (Apg. 2,37–38).

Allein Umkehr und Glaube führen zum Heil. Es genügt nicht, das Evangelium zu hören, auch nicht, es zu hören und ihm zuzustimmen, »denn es ist auch uns verkündigt wie jenen. Aber das Wort der Predigt half jenen nicht, weil sie nicht glaubten, als sie es hörten« (Hebr. 4,2).

Das Evangelium ist dermaßen einfach, daß es auf viele, die eine intellektuelle Ideologie vorziehen würden, geradezu beleidigend wirkt. In Wahrheit hat Gott das Heil zur einfachsten Sache der Welt gemacht. Und dennoch wird die Erkenntnis Gottes unser gesamtes Denken und unsere Kraft für eine ganze Lebensspanne in Anspruch nehmen, ohne daß wir jemals einem vollen Verstehen nahekämen. »Die Juden fordern Zeichen, und die Griechen fragen nach Weisheit, wir aber predigen den gekreuzigten Christus, den Juden ein Ärgernis und den Griechen eine Torheit; denen aber, die berufen sind, Juden und Griechen, predigen wir Christus als Gottes Kraft und Gottes Weisheit« (1. Kor. 1,22–24).

Die Gute Nachricht Gottes hat verwandelnde Kraft

Trotz ihrer Einfachheit bewirkt die Gute Nachricht ein Wunder im Leben des Glaubenden. Es ist in der Tat das größte übernatürliche Geschehen, was überhaupt in jemandem passieren kann. Paulus sagte zu den Korinthern: »Ist jemand in Christus, so ist er eine neue Kreatur; das Alte ist vergangen, siehe, Neues ist geworden« (2. Kor. 5,17).

Es ist unmöglich, daß jemand neues Leben in Christus empfangen hat, es aber nicht weiß. Für manche geschieht das so dramatisch wie bei Saulus von Tarsus auf der Straße nach Damaskus, für andere wiederum ruhig, vielleicht allein im Gebet zu Gott. Die Tatsache jedoch, daß es geschehen ist, wird unverkennbar und meßbar sein.

Es wird die Gewißheit gegeben, vergeben und gereinigt worden zu sein. »In

ihm haben wir die Erlösung durch sein Blut, die Vergebung der Sünden«
(Eph. 1,7). Die Unruhe des Lebens und das durch Sünde entstandene
Schuldbewußtsein werden Gottes Frieden gewichen sein. »Da wir nun gerecht
geworden sind durch den Glauben, haben wir Frieden mit Gott durch unseren
Herrn Jesus Christus« (Röm. 5,1).

Die Macht der Sünde wird gebrochen sein und der Siegesgewißheit den
Platz geräumt haben. Das wird schon in manchem Lebensbereich geschehen
sein, und man wird begreifen, daß das in jedem Lebensbereich so sein kann.
»Denn die Sünde wird nicht herrschen können über euch, weil ihr ja nicht
unter dem Gesetz seid, sondern unter der Gnade« (Röm. 6,14).

Die Realität der Gegenwart Gottes

Wir haben die Grundbestandteile des Evangeliums betrachtet. Woran erkennen wir nun, daß jemand ein Kind Gottes ist? Nicht etwa, weil er auf ein
bestimmtes evangelistisches Treffen anspricht. Nicht, weil er irgendwann
getauft oder konfirmiert wurde. Nicht, weil er ein Kirchenmitglied oder
glaubensvoller Unterstützer aller kirchlichen Aktivitäten ist. Sondern er ist
Kind Gottes, weil Christus heute durch die Kraft seines Heiligen Geistes in
ihm lebt.

Es gibt die Geschichte eines Mannes, der eine bemerkenswerte Erfahrung
bei seiner Lebensübergabe gemacht hatte, und der häufig um sein Zeugnis
gebeten wurde. Da er kein besonders guter Redner war, hatte er alle Details
auf ein Stück Papier geschrieben. Dieses wertvolle Dokument wurde in einer
Schublade aufgehoben. Jedesmal, wenn wieder eine Einladung zum Vortragen
kam, wurde das Papier vorsichtig hervorgezogen und das Zeugnis abgelegt. So
lief das einige Jahre lang. Eines Tages jedoch, als wieder eine Einladung an
ihn gerichtet wurde, ging er wie gewöhnlich zu der Schublade und entdeckte,
daß das »Zeugnis« von Mäusen aufgefressen worden war. Der Mann war
entsetzt, informierte den Organisator: »Entschuldigen Sie, aber ich kann nicht
zu Ihrer Versammlung sprechen. Es tut mir leid, aber Mäuse haben mein
Zeugnis gefressen!«

Die Wirklichkeit des Heils Gottes kann nicht von Mäusen gefressen werden. Da ist dieser vertrauensvolle Klang in den Zeugnissen aller, die die
Realität der Gegenwart Gottes kennen. Der Apostel Paulus schrieb an Timotheus: »Ich weiß, an wen ich glaube« (2. Tim. 1,12). Und Johannes sagt in
seinem ersten Brief: »Daran erkennen wir, daß wir in ihm bleiben und er in
uns, daß er uns von seinem Geist gegeben hat« (1. Joh. 4,13).

Die Priorität des Evangeliums in der Predigt

Ich spreche diejenigen an, die im Pfarrdienst stehen: Welche Priorität hat die Evangeliumsnachricht in deinen Predigten? Weißt du, wer in deiner Gemeinde oder Gruppe das Leben Jesu empfangen hat? Wenn nicht, mußt du es aber wissen.

Gott hat einen Plan für alle seine Kinder, nämlich: wie sein Sohn Jesus zu werden und hin zu gelangen zur veränderten Reife und zum vollen Maß der Fülle Christi (Eph. 4,13). Menschen, die kein geistliches Leben empfangen haben, können geistlich nicht wachsen.

Obwohl uns Paulus eine enorme Tiefe geistlicher Lehre gegeben hat, wich er niemals von dem einfachen Evangelium ab, auf das er festgelegt war. »Wehe mir, wenn ich das Evangelium nicht predigte!« sagte er zu den Korinthern (1. Kor. 9,16). »Ich bin allen alles geworden, damit ich auf alle Weise einige rette« (V. 22). Paulus bat die Epheser, für ihn zu beten, damit Gott ihm größere Kühnheit schenkte: »Bittet für mich, daß mir das Wort gegeben wird, wenn ich meinen Mund auftue, freimütig das Geheimnis des Evangeliums zu verkündigen« (Eph. 6,19).

Die Verkündigung des Evangeliums wird immer Widerstand hervorrufen bei denen, die an ihrem alten Leben festhalten wollen. Das hat Paulus trotzdem nicht abgeschreckt; denn er kannte die Konsequenzen der Sünde, und er war sich bewußt, wie er fast selbst das ewige Leben verpaßt hätte. Er hielt es für ein Privileg, um des Evangeliums willen zu leiden, und ließ sich durch nichts davon abhalten, die Verlorenen zu retten. »Denn obgleich wir in Philippi gelitten hatten und mißhandelt worden waren, wie ihr wißt, fanden wir dennoch in unserem Gott den Mut, bei euch das Evangelium Gottes zu sagen unter viel Kampf« (1. Thess. 2,2).

Ein Mann des Evangeliums wird diese lebensverändernde Botschaft furchtloser verkündigen. Dennoch hat niemals jemand seine Gemeinde lediglich von der Kanzel herunter verwandelt. Nachdem er die Wahrheit mit Klarheit und Kühnheit ausgesprochen hat, muß er bei jedem Gemeindeglied herausfinden, welche Beziehung jeder einzelne zu Gott hat und muß die einzelnen dahin bringen, daß sie den Durchbruch zu einer personellen Beziehung zu Jesus finden. Damit will ich nicht sagen, daß der Pastor oder geistliche Leiter sie alle selbst dazu führen muß, daß sie ihr Leben Jesus übergeben; doch er muß wissen, daß jeder mit der Guten Nachricht vertraut gemacht worden ist, und daß jeder, der von der Guten Nachricht angesprochen wurde, zur Umkehr gebracht wurde und die Gewißheit bekommen hat, daß ihm seine Sünden vergeben worden sind.

Oft werde ich von Geistlichen, die eine neue Gemeinde übernommen haben, gefragt, was sie als erstes anpacken sollen. Meine Antwort lautet immer: »Vergewissern Sie sich als erstes, daß jedes Glied Ihrer Gemeinde eine lebendige Beziehung zu Jesus Christus hat!« Ohne die Grundlage einer lebendigen persönlichen Glaubensbeziehung kannst du nicht echte Jüngerschaft entwickeln; ohne sie kannst du deine Schäfchen nicht dahin bringen, die lebendige Kraft des Heiligen Geistes zu kennen und zu erfahren.

Mein in Kalifornien lebender Onkel hat einmal die meisten Leute, die seine Kirchengemeinde besuchen, als »lebende Tote« bezeichnet. Wenn du Menschen konfirmierst, die Jesus nicht bekehrt hat, oder wenn du in deine Gemeinde neue Mitglieder aufnimmst, die noch nicht das Reich Gottes betreten haben, so wirst du dir Probleme aufhalsen.

Menschen zu Jesus führen

Es ist erstaunlich, wie vielen Leitern und Geistlichen es an Zutrauen mangelt, einzelne zu einer persönlichen Beziehung zu Jesus zu führen. So ist es mir selbst gegangen. Obgleich ich schon mehrere Kurse mitgemacht hatte, wie man als Christ lebt und Zeugnis gibt – und das seit den ersten Besuchen von Billy Graham in England – traute ich mir absolut nichts zu, wenn ich jemand helfen sollte, zu Jesus zu finden. Jahrelang organisierte ich »Jugend-für-Jesus-Treffen« in unserer Stadt, und Monat für Monat kamen Evangelisten und predigten die Gute Nachricht und luden die noch nicht Bekehrten dazu ein, ihr Leben Jesus zu übergeben. An diesem Punkt – der Einladung – befand ich mich gewöhnlich in einem großen inneren Konflikt: ich wünschte mir von Herzen, daß Menschen ihr Leben Jesus auslieferten, und war doch voller Furcht, daß Menschen, mit denen ich beten würde, nicht zum lebendigen Glauben an Jesus kommen würden. Deshalb wußte ich nicht so recht, wie ich beten sollte. Würde ich Gott bitten, daß viele dem Aufruf folgen sollten, dann würde das heimlich befürchtete »Mit-jemand-beten-Müssen« eintreten; käme aber andererseits niemand nach vorne, dann wäre wohl der ganze Gottesdienst ein enttäuschender Reinfall. Ich bin dankbar, daß über die Jahre viele dem Aufruf gefolgt sind, und daß viele zum lebendigen Glauben an Jesus Christus gefunden haben. Dennoch schleppte ich meinen eigenen Konflikt immer noch mit mir herum.

Es ist noch gar nicht so lange her, seit ich dieses Zutrauen in Gott gefunden habe; wenn mich jetzt jemand bittet, mit ihm für seine Rettung zu beten, reagiere ich darauf mit Freude und nicht mehr mit Furcht. Dabei hat auch –

wie mir bewußt ist – zur Stärkung meines Zutrauens die Erfahrung beigetragen, Menschen bei den in dem Folgenden beschriebenen Schritten zu ihrer Rettung begleitet zu haben.

Schritte, die zum Glauben an Jesus führen

1. Rettung findet zu Füßen des Kreuzes Jesu statt

Das Rettungswerk Gottes wird zu Füßen des Kreuzes vollbracht. Das ist der Platz, wo Jesus starb, sein Blut vergoß und damit die Erlösung für die Menschheit erwarb. Hilf dem Menschen, der sich mit dir trifft, sich vorzustellen, wie er zum Kreuz kommt, wo er seine Sünde los wird, wo er seine Vergangenheit hinter sich lassen kann, wo Furcht und Zweifel verschwinden können und wo alle Dinge neu werden.

2. Rettung beginnt mit Buße

Sofern dazu Zeit ist – und vor allem dann, wenn der Ratsuchende seelsorgerlich begleitet werden kann –, bitte ihn, seine Buße vorzubereiten und in Einzelheiten zu notieren. In unserer Kommunität nennen wir das meistens »Jesus einen Brief schreiben«. Dabei ist es wichtig, nicht nur Sünden, Versagen, Befürchtungen und Zweifel aufzuschreiben, sondern auch die positiven Seiten, d. h. sich selbst Gott anzubieten und Gott die eigenen Beziehungen, Ehe, Familie, Heim, Arbeit, Zeit und Besitz, auszuliefern.

Bitte ihn (oder sie), das Aufgeschriebene in deiner Gegenwart zu Gott laut auszusprechen; »denn wenn man von Herzen glaubt, so wird man gerecht; und wenn man mit dem Munde bekennt, so wird man gerettet« (Röm. 10,10).

3. Rettung führt zur Vergebung, Reinigung und Freiheit

Wenn das Gebet der Buße und Umkehr gesprochen ist, dann bestätige im Auftrag und in der Vollmacht Jesu, daß alle bekannten und bereuten Sünden vergeben sind. Darauf danke Gott, daß er die Sünden vergeben hat, und lies bestätigende Bibelverse vor:

»Wenn wir... unsere Sünden bekennen, so ist er treu und gerecht, daß er uns die Sünden vergibt und reinigt uns von aller Ungerechtigkeit« (1. Joh. 1,9).

»So gibt es nun keine Verdammnis für die, die in Christus Jesus sind« (Röm. 8,1).

»Die Traurigkeit nach Gottes Willen wirkt zur Seligkeit eine Reue, die niemanden reut« (2. Kor. 7,10).

»Zur Freiheit hat uns Christus befreit! So steht nun fest und laßt euch nicht wieder das Joch der Knechtschaft auflegen!« (Gal. 5,1)

4. Jesu Leben kommt hinein

Wenn ihr an diesem Punkt angelangt seid, dann bitte den Beichtenden, in einem einfachen Gebet sein ganzes Leben Gott zu übergeben, indem er die Selbstbestimmung aufgibt und sich ganz dem Willen Gottes überläßt. Tatsächlich ist das neue Leben in Jesus Christus ein Herrschaftswechsel; echte Jüngerschaft bedeutet, den eigenen Weg aufzugeben und Gottes Weg zu gehen. Lege dem Beichtenden die Hände auf und verkündige Gottes Zusagen: »Du hast Gott dein altes Leben gegeben, ein Leben voll von Sünde, Versagen und Niederlagen. Nun aber hat Gott dir sein Leben gegeben. Du bist reingewaschen durch das Blut Jesu. Du kannst jetzt das Auferstehungsleben Jesu leben; denn er hat, als er auferstand, Sünde und Tod besiegt und hat den Sieg für das neue Leben, das dir eben geschenkt worden ist, gebahnt.«

5. Für das neue Leben brauchen wir Kraft

Gott hat dem Beichtenden sein neues Leben geschenkt; dieses Leben kann jedoch nur in des Herrn göttlicher Kraft und nicht durch menschliche Anstrengung gelebt werden. Bringe den Beichtenden dazu, Gott zu bitten, ihn mit seinem Heiligen Geist zu erfüllen, damit sein frisches Leben in Christus kraftvoll ist.

Lege ihm nach seinem Gebet erneut die Hand auf und danke Gott, daß nach seinem Wort »jeder, der bittet, empfängt« (Lk. 11,10/Zürcher Übersetzung). Gott erfüllt ihn nun mit seiner ganzen Kraft: »Ihr werdet Kraft empfangen, wenn der Heilige Geist über euch kommt« (Apg. 1,8/Zürcher Übersetzung).

Ermutige ihn, von Gott zu erwarten, daß der Herr die Gaben des Heiligen Geistes in seinem Leben freisetzt, besonders das Sprachengebet (Zungenrede). Manchmal geschieht das spontan während des Gebets, doch oft auch später während Zeiten des Dankens, die darauf folgen.

6. Proklamiere, daß wahr ist, was Gott getan hat

Es ist wichtig, daß die Wahrheit dessen proklamiert wird, was Gott im Leben des Beichtenden getan hat. Sprich das ihm gegenüber aus, oder lade ihn ein, glaubensstärkende Aussagen dir nachzusprechen: »Gott ist mein Vater, Jesus ist mein Retter, ich bin ein Sohn/eine Tochter Gottes, mir ist vergeben, ich bin reingewaschen, ich bin eine neue Schöpfung. Das alte Leben ist vergangen, ich bin erfüllt von der Kraft des Heiligen Geistes, ich folge Jesus jetzt nach, und ich liebe ihn.«

Jesus sprach zu den Juden, die an ihn glaubten: »Wenn ihr bleiben werdet an meinem Wort, so seid ihr wahrhaftig meine Jünger und werdet die Wahrheit erkennen, und die Wahrheit wird euch freimachen« (Joh. 8,31–32).

7. Ende mit Danksagung und Lobpreis

Manchmal wird der Beichtende nichts fühlen. Das ist nicht wichtig. Das neue Leben in Jesus ist kein Gefühl, es ist eine Tatsache. Ermutige den Beichtenden nun dazu, Gott zu danken und ihn zu preisen für das, was er getan hat. Ermutige ihn noch mehr, in Dank und Lobpreis Gottes fortzufahren, vor allem in den nächsten Stunden und Tagen. Im Lobpreis liegt wirklich der Sieg!

Wenn jeder ernsthaft diese einfache Glaubensbitte getan hat, wird er gewiß das neue Leben in Jesu gefunden haben – und er wird es auch wissen!

Letztlich dürfen wir niemals aus dem Blick verlieren, wie einfach das Evangelium ist; denn wenn jemand im einfachen Glauben nach Gott ruft, dann ist Gott nur zu gerne bereit, darauf zu antworten.

Mitten in der Krise, als das Erdbeben in Philippi Gefängnistore gesprengt hatte, rief der Aufseher, noch ganz erschüttert von dem Geschehen: »Was muß ich tun, daß ich gerettet werde?« Durch diesen Aufschrei aus tiefstem Herzen streckte sich der Aufseher nach Gott aus. Der Heilige Geist beantwortete seine Frage durch Paulus und Silas: »Glaube an den Herrn Jesus, so wirst du und dein Haus selig!«

Er und sein Haus schauten auf Jesus, empfingen sein Leben und wurden von Freude darüber erfüllt, daß sie zum Glauben an Gott gekommen waren. (Apg. 16, 25–34).

11 Ein Mann des Geistes

Was mich betrifft, ist dieses Kapitel mit einer Bibel verknüpft, die von knallrotem Klebeband zusammengehalten war. Die Bibel gehörte meiner Schwester Carolyn, die gerade von der Lehrerausbildungsstätte in Cheltenham mit der Neuigkeit zurückgekehrt war, sie sei mit dem Heiligen Geist erfüllt worden. Ohne Zweifel war etwas mit ihr passiert – sie strahlte auf eine neue Weise Freude und Frieden aus, und ihre frische Liebe für Gottes Wort wirkte auf mich ansteckend. Sie sagte mir auch, daß sie nun in Zungen bete – was mich aber nicht im geringsten beeindruckte.

Meine Theologie war allerdings dadurch herausgefordert. Man hatte mir beigebracht, daß ich bei meiner Bekehrung alles empfangen hätte. Infolgedessen reagierte ich auf Carolyns Neuigkeit warmherzig, aber defensiv. »Ich bin echt froh darüber, daß du diese neue Erfahrung mit Gott gemacht hast«, sagte ich, »aber ich glaube nicht, daß ich solch eine Erfahrung brauche, um Gott näherzukommen oder mehr von seiner Kraft zu erfahren.« Carolyn reagierte mit Güte und Liebe. Sie versuchte nicht, meine Meinung zu ändern, aber ihr überragender Enthusiasmus hielt weiter an.

Die Jugendarbeit, die in einem Teil unseres Hauses getan wurde, entwickelte sich wirklich gut. In den letzten fünf Jahren hatten wir sie von anfänglich 25 Jugendlichen auf gut über 150 wachsen sehen. Fast jede Woche bekehrten sich Jugendliche, und wir hatten aus den Oberstufen der Gymnasien großen Zulauf. Man hätte sagen können, daß ich auf einer Woge des Erfolgs schwamm; doch in mir nagte etwas, und ich wußte, daß in meinem christlichen Leben wirklich noch etwas fehlte.

Jedes Mal, wenn Carolyn wieder einmal von ihrer Ausbildungsstätte nach Hause kam, lag ihre zerfledderte Bibel herum, stets noch ein bißchen mehr mit rotem Klebeband umwickelt. Meine eigene Bibel dagegen litt eher unter zu geringer Benutzung. Carolyn und Joyce steckten die Köpfe zusammen, und Joyce schien hell begeistert darüber, selbst diese neue Kraft des Heiligen Geistes erfahren zu haben. Ich verschanzte mich und war entschlossen, auf meine Art durchzudringen.

Ungefähr zur gleichen Zeit stieß ich immer wieder auf Menschen, die, wie ich erkannte, wirklich engen Umgang mit Gott pflegten. Als ich mit ihnen mehr ins Gespräch kam, fand ich heraus, daß jeder von ihnen auf einen Zeitpunkt in seiner Vergangenheit verweisen konnte, wo er mit dem Heiligen Geist erfüllt oder getauft worden war.

Die Jugendarbeit lief weiterhin erfolgreich. Doch ich wußte in meinem Herzen, daß ich die Jugendlichen nur so weit gebracht hatte, wie ich vermochte. Ich erinnere mich, daß ich eines Nachts neben meinem Bett niederkniete und mich dabei durch die Leere meines eigenen Wandels mit Gott zutiefst entmutigt fühlte. Ich betete laut: »Herr, ich habe diesen Kindern nichts mehr zu geben, es sei denn, du tust etwas Neues in mir!«

Gott schien mich einzukreisen. Joyce und ich hatten uns mit dem neuen Hilfsgeistlichen von Camborne, Barry Kissell, und seiner Frau Mary angefreundet – wiederum Leute, die diese besondere Ausstrahlung hatten. Ich machte mir nicht die Mühe nachzuforschen, worauf sie beruhte – ich wußte, wie die Antwort ausfallen würde!

Barry und einige seiner Freunde hatten ein Ferienlager für junge Leute in Nordirland organisiert. Sie hatten Joyce, mich sowie einige unserer Jugendlichen überredet, mitzukommen. Carolyn gelang es ebenfalls, sich anzuschließen, und so kam es, daß wir in meinem Wagen gemeinsam losfuhren, mit dem sechs Monate alten Daniel im Tragbettchen auf dem Rücksitz. Freunde waren so lieb, sich unserer beiden älteren Kinder, Craig und Joanna, anzunehmen.

Während der ganzen Fahrt diskutierten Carolyn und Joyce heiß über dieses Mit-dem-Heiligen-Geist-Erfülltwerden. Wie geschieht das? Was ist die Wirkung? Zu diesem Zeitpunkt langweilte mich dieses Thema total. Nahezu zwei Jahre waren vergangen, seit Carolyn mich zum ersten Mal darauf aufmerksam gemacht hatte. Im Herzen schrie ich: »Herr, bitte, laß es geschehen oder laß es vorbeigehen und nie wieder erwähnt werden!«

Die ersten Ferientage beruhigten mich wieder. Keiner versuchte, mich auf dieses Thema festzunageln, und eine Zeitlang glaubte ich, es hätte sich alles gelegt und sei vergessen. Dennoch war ich darüber keineswegs erleichtert, sondern insgeheim enttäuscht; denn ich wußte, daß meine Beziehung zu Gott leer und kraftlos war.

Eines Tages passierte es dann doch. Wir saßen gerade im Andachtsraum des Konferenzzentrums, als Joyce sich mit unschuldiger Miene an Barry wandte und fragte: »Würdest du uns bitte erzählen, wie du mit dem Heiligen Geist erfüllt worden bist?« Daraufhin breitete Barry ganz nüchtern seine Geschichte aus, wie er Gott begegnet war. Als er geendet hatte, sagte Joyce wieder ganz ruhig: »Würdest du *mit uns* um die Ausgießung des Heiligen Geistes beten?« Mich hatte sie gar nicht gefragt, ob ich in das *uns* einbezogen sein wollte.

Barry las mir die Überraschung von meinem Gesicht ab und fragte deshalb: »Charles, möchtest du, daß ich mit dir bete?« Meine Verblüffung verwandelte sich zusehends in Erleichterung, als ich antwortete: »Ja, gerne!«

Barry erklärte: »Das vom Heiligen Geist Sich-füllen-Lassen ist genauso einfach wie Jesus Christus als Erlöser anzunehmen. Du mußt einfach um den Heiligen Geist bitten, ihn im Glauben annehmen und Gott dafür danken, daß er seine Zusage einhält.«

Zuerst wurde für Joyce gebetet, und Barry bat mich, ihr mit ihm zusammen die Hände aufzulegen. Es passierte nichts Spektakuläres, nur ein starkes Empfinden des Friedens und der Gegenwart Jesu. Joyce legte dann – zusammen mit Barry – mir die Hände auf, und beide beteten für mich. In diesem Augenblick empfand ich nichts. Ich nahm es einfach im Glauben an und sprach frohgemut zu Gott mein Dankgebet. Ich war erleichtert, daß in meinem Gemüt kein Feuerwerk abgebrannt war, und froh darüber, daß es passiert war. Was aber war eigentlich passiert?

Als wir uns ins Schlafzimmer zurückzogen, wußten wir alle beide, daß etwas Wichtiges geschehen war. Eine tiefe Empfindung der Gegenwart Gottes und eine nie gekannte Freude erfüllten uns. Nach anregenden Treffen hatte ich mich früher schon inspiriert gefühlt und war entschlossen gewesen, Gott enger zu folgen; am nächsten Morgen waren diese Gefühle jedoch nicht mehr dagewesen, und mein Entschluß hatte sich verflüchtigt. Wie würde es mir nun am nächsten Morgen gehen?

Als ich aufwachte, wußte ich, daß Gottes Heiliger Geist etwas in mir bewirkt hatte, was weder Schlaf noch Zeit entfernen konnten. Ich hatte eine Schwelle zu einem tieferen Verstehen Gottes überschritten.

Während mein Hunger nach Gottes Wort wuchs – so wie es Carolyn ergangen war – sah ich, wie klar Gottes Wort die Notwendigkeit lehrte, sich vom Heiligen Geist erfüllen zu lassen. Wie blind ich doch gewesen war! Ich begriff, daß es nicht ausreichte, ein Mann nur des Evangeliums zu sein: ich mußte auch ein Mann des Geistes sein.

Laß dich vom Geist erfüllen

Ich konnte nun sehen, wie meine traditionellen Glaubensvorstellungen die Rechtfertigung durch den Glauben unterstrichen hatten. Dabei hatte ich jedoch in der Vorstellung gelebt, die Vervollkommnung des christlichen Lebens müsse durch menschliche Anstrengung erreicht werden. Wie sehr hatte ich mich angestrengt, ein kraftvoller Christ zu sein! Ich erkannte nun, wie sehr ich die Kraft Gottes behindert hatte, und was für ein sorgloses Leben ich gelebt hatte. Nun wollte ich gerne andere dazu bringen, dieselbe Freude und Kraft zu erfahren, womit ich selber gerade beschenkt worden war.

Wenn ein geistlicher Leiter mich um Rat fragt, wohin er die ihm Anvertrauten als nächstes führen soll, dann pflege ich zuerst zu fragen:»Haben denn alle eine persönliche Glaubensbeziehung zu Jesus?« Wird diese Frage bejaht, dann lautet meine nächste Frage:»Sind denn alle vom Heiligen Geist erfüllt?«

Vom Heiligen Geist erfüllt zu sein, ist nämlich nicht irgend so eine christliche 5-Sterne-Erfahrung, die nur einigen wenigen vorbehalten ist. Es ist ein lebenswichtiges Urerfordernis für alle Glaubenden. Es ist kein Barometer für geistliche Reife. Aber es ist ein Muß für alle, die in Jesus heranreifen wollen. Es setzt nicht jahrelanges Suchen voraus, sondern kann und sollte gleichzeitig mit dem Von-neuem-Geborenwerden empfangen werden.

Jesus verbot seinen Jüngern sogar, überhaupt erst mit der Arbeit zu beginnen, in die er sie berufen hatte, bevor sie nicht die Kraft des Heiligen Geistes empfangen hatten.»Und siehe, ich will auf euch herabsenden, was mein Vater verheißen hat. Ihr aber sollt in der Stadt bleiben, bis ihr ausgerüstet seid mit Kraft aus der Höhe« (Lk. 24,49). Trotz ihres sorgfältigen Dreijahrestrainings durch Jesus persönlich waren die Jünger noch nicht für die Aufgabe gerüstet, die lebensverändernde Gute Nachricht zu verbreiten.

Es ist für alle Christen, besonders aber ihre Leiter, wichtig, die Tatsache zu begreifen, daß – menschlich gesprochen – man absolut nichts tun kann, um Gott zu gefallen oder jemand zu ändern. Jesus sagte:»Ohne mich könnt ihr nichts tun« (Joh. 15,5). Vielleicht schmeichelt das nicht gerade deinem Selbstwertgefühl; wenn du das aber nicht ganz klar siehst, wirst du versuchen, deine Leiterschaft mit menschlicher Kraft und nicht mit Gottes Kraft auszuüben.

Paulus sagte:»Sauft euch nicht voll Wein, woraus ein unordentliches Wesen folgt, sondern laßt euch vom Geist erfüllen« (Eph. 5,18). Hier stellt Paulus zweierlei Kräfte gegenüber: die des Alkohols und die des Geistes. Die eine führt zur Sünde und die andere bringt Gott Ehre.

Wiederum vergleicht Paulus menschliche Weisheit mit der Kraft Gottes: »Mein Wort und meine Predigt geschahen nicht mit überredenden Worten menschlicher Weisheit, sondern in Erweisung des Geistes und der Kraft, damit euer Glaube nicht stehe auf Menschenweisheit, sondern auf Gottes Kraft« (1. Kor. 2,4–5).

Vom Heiligen Geist erfüllt zu werden, ist kein einmaliges Erlebnis. Wenn Paulus die Aufforderung formuliert:»Laßt euch vom Geist erfüllen«, steht das im Epheserbrief in der Verlaufsform des griechischen Präsens, was im Deut-

schen wiederzugeben wäre mit: »Laßt euch *andauernd* vom Geist erfüllen.«
D. L. Moody sagte einmal: »Ich bin vom Heiligen Geist erfüllt, aber ich bin löchrig.«

Die in der Apostelgeschichte 2 erwähnten Jünger wurden alle am Pfingsttag mit dem Heiligen Geist erfüllt. Auf diese Geisttaufe bezieht sich Jesus in der Apostelgeschichte 1 Vers 5: »Denn Johannes hat mit Wasser getauft, ihr aber sollt mit dem Heiligen Geist getauft werden nicht lange nach diesen Tagen.« Aber in der Apostelgeschichte 4,31 entdecken wir, daß die Jünger, als sie um allen Freimut gebetet hatten, »alle vom Heiligen Geist erfüllt wurden«.

Als Leiter mußt du deshalb die dir Anvertrauten zunächst dazu bringen, die Geisttaufe und die Kraft des Heiligen Geistes selbst zu erfahren. Doch du mußt deine Geschwister auch dazu anhalten, in täglicher Abhängigkeit von der Kraft des Heiligen Geistes zu leben. »Wenn wir im Geist leben, so laßt uns auch im Geist wandeln« (Gal. 5,25).

Der Heilige Geist zeitigt Früchte zur Ehre Gottes

Das Leben des Menschen ist von Gott niemals darauf angelegt gewesen, daß es aus der Kraft des Menschen gelebt würde. Gott wußte, daß unsere Menschlichkeit unter dem Druck der Versuchung bald zerbröckeln würde. Er versah uns deshalb mit seiner Kraft, damit wir ein Leben führen, das ihm Ehre macht.

Paulus schrieb entsprechend: »Lebt im Geist, so werdet ihr die Begierden des Fleisches nicht vollbringen« (Gal. 5,16). Der Heilige Geist will jeden Sektor deines Lebens berühren, Dienst und Predigt mit Kraft versehen und deinen Lebensstil und deine Gewohnheiten umwandeln. »Die Frucht aber des Geistes ist Liebe, Freude, Friede, Geduld, Freundlichkeit, Güte, Treue, Sanftmut, Keuschheit; gegen all dies ist das Gesetz nicht« (Gal. 5,22–23). (Mit diesem Thema hatten wir uns bereits in allen Einzelheiten in Kapitel 8 befaßt.)

Der Heilige Geist setzt Gaben für Leben und Dienst frei

Obgleich ich noch nicht in Zungen redete, als ich mit dem Heiligen Geist getauft wurde, streckte ich mich – nun in der Sphäre des Heiligen Geistes – doch bald danach aus, alles das zu bekommen, was Gott für mich bereithielt. Die Schrift sagt: »Wer in Zungen redet, der erbaut sich selbst« (1. Kor. 14,4);

und ich wußte, daß ich im Leben des Heiligen Geistes aufgebaut werden mußte. Es dauerte nicht lange, und ich klopfte wieder bei Barry an, diesmal mit dem Wunsch, er möge dafür beten, daß ich die Gabe des Zungenredens empfinge. Ich fing sehr stockend an. Bald jedoch machte ich die Erfahrung, wie wahr dieses Wort Gottes ist, und wurde durch das Gottesgeschenk des Zungenredens in meinem Gebetsleben gestärkt.

Paulus sagte: »Strebt nach der Liebe! Bemüht euch um die Gaben des Geistes, am meisten aber um die Gabe der prophetischen Rede« (1. Kor. 14,1). Die Gaben des Geistes sind in der heutigen Kirche so notwendig! Sie sollten im Zentrum des Kirchenlebens und des Gottesdienstes stehen, nicht in der Mittwochabend-Gebetsgruppe versteckt werden!

Gottes Stimme muß gehört werden: »So weiß auch niemand, was in Gott ist, als allein der Geist Gottes« (1. Kor. 2,11). Deshalb muß man die Gabe der Prophetie und Worte der Weisheit und der Erkenntnis von Gott empfangen und den Geschwistern weitergeben. Einigen wird die Gabe geschenkt werden, in Zungen zu reden, und anderen, sie auszulegen. Wenn die Mächte der Finsternis sich bemerkbar machen, wird einigen Geschwistern die Fähigkeit der Geisterunterscheidung verliehen werden. Es wird immer wieder Situationen geben, die nur durch Gaben des Glaubens, durch Heilung und durch Wunder gelöst werden.

Wie geschieht das alles? Zuallererst mußt du als Leiter ganz und gar dem Leben im Geist hingegeben sein. Das bedeutet ein Gelände zu betreten, das auf keiner Landkarte verzeichnet ist. Man kann nicht jeden Gottesdienst in allen Einzelheiten planen, wenn man Gott Raum für sein Wirken geben will. Gott wirft oft die bis ins letzte ausgearbeiteten Pläne des Menschen über den Haufen!

Ich denke, es ist wichtig, daß geisterfüllte Menschen die Freiheit haben, in Zungen zu reden. Du mußt nicht in Zungen reden; doch die Gabe der Zungenrede steht für alle geisterfüllten Gläubigen bereit. Für dich als Leiter ist es wichtig, daß du in Zungen redest. Wenn du diese Gabe noch nicht bekommen hast, so kannst du dich jetzt danach ausstrecken, und Gott wird dir gnädig entgegenkommen.

Mein Schwager Philip (der mit der vorher erwähnten Carolyn verheiratet ist) war so versessen darauf, diese Gabe zu bekommen, daß er in einen Park in der Nähe seines Hauses ging und zum Herrn rief: »Herr, ich gehe von hier so lange nicht weg, bis du mir die Gabe des Zungenredens gibst.« Glücklicherweise war er zum Abendessen wieder zu Hause, voller Freude, daß Gott zu seinem Wort gestanden hatte.

Paulus sagte: »Ich wollte, daß ihr alle in Zungen reden könntet« (1. Kor.

14,5) und später im selben Kapitel: »Ich will beten mit dem Geist, ich will beten aber auch mit dem Verstand; ich will lobsingen mit dem Geist, ich will lobsingen aber auch mit dem Verstand« (1. Kor. 14,15/Wuppertaler Studienbibel). Wenn du Menschen zu prophetischen Gaben und zu einem geisterfüllten Gottesdienst führst, ist die Voraussetzung unerläßlich, daß du selbst befreit bist in den Dingen, die den Geist betreffen.

Um jedem Mißverständnis vorzubeugen: Gaben des Geistes sind nicht dem einzelnen zum Besitz gegeben, sondern sie werden dir geschenkt, damit sie durch dich auf jemand anderen übergehen können. Die Gabe des Zungenredens gibt Gott die Möglichkeit, dich ins Gebet zu führen und dich als Kanal für solch ein Gebet zu benutzen. Wenn diese Gabe für eine Äußerung in der Öffentlichkeit benutzt wird, dann spricht Gott durch dich seine Botschaft an sein Volk. Wenn die Glossolalie in gesungenem Lobpreis und Anbetung benutzt wird, dann befreit Gott deine Stimme, um ihn zu ehren, und schenkt dir Worte und Musik, mit denen du das tun kannst. Wenn eine Prophetie oder eine andere Sprachengabe vorkommt, dann gebraucht dich Gott als sein Sprachrohr für deine Geschwister. Wenn Glaube, Heilung oder Wunder geschenkt werden, dann benutzt Gott hier ein menschliches Instrument, um seinen Kindern zu zeigen, wie gütig er ist.

Oft kommen mir die Gaben des Heiligen Geistes vor wie der Inhalt eines Werkzeugkastens. Als Kind war ich jedes Mal fasziniert, wenn ein Tischler zu uns ins Haus kam – ich konnte es kaum erwarten, bis der alte Werkzeugsack geöffnet wurde. Für jeden Arbeitsgang fand sich in diesem Sack das richtige Werkzeug. Gott hat jedem seiner Kinder einen Werkzeugsack gegeben, so daß Gott für jede Situation die übernatürliche Antwort geschärft bereithält. Die Bibel sagt: »Ihr könnt alle prophetisch reden, doch einer nach dem anderen, damit alle lernen und alle ermahnt werden« (1. Kor. 14,31).

Ich möchte dich dazu ermutigen, im Glauben herauszutreten und von Gott zu erwarten, seine Gaben in dir freizusetzen. Gottes Gaben sind zum Geben da. Er ist stets weitaus gebefreudiger, als wir bereit sind, zu empfangen.

Welche Freude macht es, Menschen zum Gebrauch der Gaben des Heiligen Geistes befreit zu sehen! Manchmal bitte ich auf einer Leiterwoche um ein Handzeichen von denjenigen, die noch nie die Sprachengabe des Heiligen Geistes empfangen oder ausgesprochen haben. Diejenigen, die sich melden, ermutige ich, voller Erwartung auf Gott zu schauen, während wir ihn preisen, und ich versichere ihnen, daß Gott durch sie sprechen will. Und das tut er.

Bevor ich diesen kurzen Abschnitt über die Gaben des Heiligen Geistes beende, möchte ich noch den prophetischen Gebrauch der Heiligen Schrift erwähnen. Ein prophetisches Wort wird immer im Einklang mit der Bibel sein

– oft ist es ein direktes Bibelzitat. Gott bringt zum Beispiel jemand dazu, einen Abschnitt aus der Bibel zu lesen – wobei manchmal die Bibelstelle dem Leser total unbekannt ist –, oder ein geläufiger Text wird ins Gedächtnis gerufen. Höre sorgfältig auf die Schrift, denn Gott spricht durch sie sein besonderes Wort für diesen Augenblick!

Der Heilige Geist macht uns empfänglich für die Stimme Gottes

Die dir innewohnende Gegenwart des Heiligen Geistes macht dich fähig, Gottes Stimme zu hören. Paulus erklärt in seinem Brief an die Korinther sorgfältig den Unterschied zwischen dem natürlichen Menschen und dem geistlichen Menschen (lies 1. Kor. 2,9–16). Der natürliche Mensch ist nicht ein Unbekehrter, sondern ein Glaubender, der von menschlicher Weisheit lebt, statt empfänglich für die Stimme Gottes zu leben.

Die Verse 9 und 10 lauten: »Was kein Auge gesehen hat und kein Ohr gehört hat und in keines Menschen Herz gekommen ist, was Gott bereitet hat denen, die ihn lieben.« Sehr oft halten Menschen an diesem Punkt inne und sagen, Gottes Wege seien für bloße Sterbliche nicht erkennbar. Aber der Satz ist noch nicht zu Ende. Er fährt fort: »Uns aber hat es Gott offenbart durch seinen Geist.«

Paulus argumentiert so: Der Mensch, der dem Heiligen Geist angehört, hört die Stimme Gottes, wird in den Wegen Gottes geschult und urteilt nicht nach menschlichem Ermessen, sondern nach der Weisheit, die von Gott kommt; aber der Mensch, der das Wirken des Heiligen Geistes nicht annimmt, lebt in den Begrenzungen seiner eigenen Urteilsfähigkeit und hält die Dinge des Heiligen Geistes für überflüssig.

In täglicher Abhängigkeit vom Heiligen Geist zu leben, ist ein lebensnotwendiges Prinzip, wenn wir Gott so hören wollen, wie in Kapitel 7 beschrieben.

Der Heilige Geist salbt uns

Der biblische Begriff »Salbung« hat seine Wurzeln im Alten Bund; dort wurden die Priester und Könige mit Öl gesalbt, bevor sie ihr Amt antraten.

Auch heute noch drückt Gott mit seiner Salbung dem Leben und dem Dienst seinen Stempel auf. Die Salbung hat drei Eigenschaften:

1. Salbung bezeichnet *Gottes Bestätigung* auf Leben und Dienst. Ein gesalb-

tes Leben ist der Autorität Gottes völlig unterworfen. Ein gesalbter Dienst ist ein Ausfluß einer solchen Beziehung zu Gott und seiner besonderen Berufung. Du sollst dich gemäß deiner von Gott erteilten Berufung einsetzen. Wenn Gott dich zum Beispiel zum Evangelisten berufen hat, du aber versuchst, ein Lehrer zu werden, dann wirst du dich nicht Gottes Salbung in deiner Lehre erfreuen. Denn Gott salbt nicht das, was er selbst gar nicht in Gang gesetzt hat. Damit ist nicht gesagt, daß Aufgaben und Dienste unveränderlich festgelegt wären; sie ändern sich, aber nur nach Gottes Weisung.

2. Salbung ist der Ausdruck von *Gottes Autorität*. Während du deiner göttlichen Berufung folgst, solltest du um Gottes Salbung für jeden Aspekt deiner Aufgabe bitten. Wenn die Salbung auf dir ruht, dann wirst du eine Fülle von Autorität genießen, die nur von Gott kommen kann. Sowohl du selbst als auch andere werden erkennen, daß solche Autorität nicht Ausfluß menschlichen Könnens ist.

3. Salbung enthüllt *Gottes Charakter*. Während du, deinem Ruf gehorsam, in völliger Abhängigkeit von Gott lebst, wird er verherrlicht und sein Charakter wird offenbar. Von menschlicher Hektik, Aufregung und Streben wird keine Spur sein. Die Erfahrung von Gottes Frieden und Gottes Segen wird offenbar sein. Das ist wesentlich für alle, die predigen und den Gottesdienst halten, aber genauso notwendig für diejenigen, die sogenannte Nebendienste leisten.

In The Hyde ermutige ich diejenigen, die Tee und Kaffee servieren, Gottes Salbung für diese Aufgabe zu erbitten. Wenn sie das tun, dann erfahren wir Gottes Gegenwart über der Kaffeepause in einer Weise, die nicht von Menschen stammt. Echte Salbung gibt immer Gott die Ehre, nicht dem Menschen.

Der Heilige Geist gibt Kraft für den Dienst

»Aber ihr werdet die Kraft des Heiligen Geistes empfangen, der auf euch kommen wird« (Apg. 1,8). Wir haben gelernt, daß Jesus nicht zuließ, daß seine Jünger an die Arbeit gingen, ohne daß sie die Kraft des Heiligen Geistes in sich hatten.

Selbst Jesus hatte seinen Dienst nicht kraft seiner Gottessohnschaft begonnen, sondern in der Kraft des Heiligen Geistes, der bei seiner Taufe auf ihn kam. »... und als Jesus betete, da tat sich der Himmel auf und der Heilige Geist fuhr hernieder auf ihn in leiblicher Gestalt wie eine Taube« (Lk. 3,21–22). Nach seiner Taufe wurde Jesus in die Wüste geführt, wo er alle Anschläge Satans in der Kraft des Geistes besiegte. Der Evangelist berichtet weiter: »Und Jesus kam in der Kraft des Geistes wieder nach Galiläa« (Lk. 4,14).

Wenn Jesus sich völlig auf die Kraft des Heiligen Geistes verließ, und wenn die Apostel gewarnt wurden, ihre Arbeit nicht zu beginnen, ohne dafür den Heiligen Geist empfangen zu haben, dann werden wohl auch wir kaum in der Lage sein, in irgendeiner Hinsicht anders zu arbeiten.

Es besteht jedoch die echte Gefahr, in die Falle zu geraten, die die Galater fing: »Seid ihr so unverständig? Im Geist habt ihr angefangen, wollt ihr's denn nun im Fleisch vollenden?« (Gal. 3,3).

Jedem von Gott berufenen Leiter ist eine von Gott bezeichnete Aufgabe zugeteilt. Du mußt Gewißheit haben, daß deine Arbeit dir von Gott gegeben ist und nicht deiner menschlichen Erwartung entspricht. Jesus selbst tat nur das, was ihn sein Vater tun hieß (Joh. 5,19–20).

Jeder Sektor deines Lebens soll unter der Salbung des Heiligen Geistes gelebt werden. Andernfalls wird er aus menschlicher Anstrengung leben. Falls du für einen Teil deiner Arbeit nicht die Salbung Gottes erflehen kannst, dann solltest du diesen Teil wahrscheinlich nicht tun. Wenn du, trotz deiner Gebete, keine Salbung auf gewissen Teilen deiner Arbeit finden kannst, dann mußt du Gott fragen, ob sie überhaupt zu seinem Plan für dich gehört haben, oder ob sie deinen eigenen Ideen entsprungen sind, oder ob sie dir durch die Erwartungen anderer aufgedrängt worden waren.

Leiter berauben sich oft selbst der Kraft, weil sie nicht dem Pfad ihrer Salbung folgen, sondern statt dessen alle möglichen Aufgaben erledigen, die sich im Zusammenhang mit ihrem Dienst nebenbei ergeben. Ich werde Gott stets für den Tag danken, an dem mein Mitältester Bob Gordon zu mir sagte: »Charles, ich werde nicht zulassen, daß du dir Verantwortung für Dinge auflädst, die dich daran hindern, dich derjenigen Aufgabe zu widmen, die Gott in deinem Leben wirklich salbt. Wenn du Arbeiten annimmst, die du nicht tun solltest, wirst du die Salbung für die Arbeiten verlieren, die du jetzt tust.«

Es ist so wichtig, daß du die Dinge nicht länger tust, die du nicht tun solltest, damit du dich völlig dem hingeben kannst, was du tun sollst!

Der Heilige Geist führt zu echtem Lobpreis und zu echter Anbetung

Jesus sagte: »Aber es kommt die Zeit und ist schon jetzt, in der die wahren Anbeter den Vater anbeten werden im Geist und in der Wahrheit; denn auch der Vater will solche Anbeter haben. Gott ist Geist, und die ihn anbeten, die müssen ihn im Geist und in der Wahrheit anbeten« (Joh. 4,23–24).

Anbetung ist nicht die Bezeichnung eines Gottesdienstes oder der Titel für eine gewisse Art zu singen; Anbetung ist unsere Lebenseinstellung zu Gott. Im

Römerbrief 12,1 lesen wir: »Ich ermahne euch nun, liebe Brüder, durch die Barmherzigkeit Gottes, daß ihr eure Leiber hingebt als ein Opfer, das lebendig, heilig und Gott wohlgefällig ist. Das sei euer vernünftiger (logischer) Gottesdienst.« Wenn wir Gott in seiner Größe und in der Fülle seiner Barmherzigkeit und seiner Gnade anerkennen, dann ist die Konsequenz, daß wir unser Leben so leben, daß wir ihn damit anbeten.

Ein solches vom Gottesdienst bestimmtes Leben wird uns Gelegenheit geben, aus tiefstem Herzen heraus Gott zu lieben und zu preisen. Während immer mehr Menschen mit der Fülle des Heiligen Geistes gesalbt wurden, sind neue Lobpreislieder geschenkt worden. Durch die Jahrhunderte ist jede neue Bewegung des Heiligen Geistes von neuen Ausdrucksformen des Lobpreises begleitet gewesen. Wir müssen verstehen lernen, warum Lobpreis und Anbetung einen so hohen Stellenwert haben.

Gott will und braucht unseren Lobpreis und unsere Anbetung. Wenn wir vom Heiligen Geist erfüllt sind, dann sind wir von der Gegenwart Gottes erfüllt. Das erste Anzeichen für Gottes Gegenwart ist das Verlangen, ihn zu preisen. Gottes Wirken in uns macht immer – vor allem anderen – ihm Ehre. David drückt das mit den Worten aus: »Ich will den Herrn loben allezeit; sein Lob soll immerdar in meinem Munde sein« (Ps. 34,1). Im Psalm 96 lesen wir Vers 8: »Bringet dar dem Herrn die Ehre seines Namens, bringet Geschenke und kommt in seine Vorhöfe!« Wo Gott ist, da ist Lobpreis. Der Himmel ist voll der Anbetung Gottes. In der Offenbarung 4,8 erhaschen wir einen Eindruck davon: »...Tag und Nacht sprachen sie unaufhörlich: Heilig, heilig, heilig ist Gott der Herr, der Allmächtige, der da war und der da ist und der da kommt.«

Lobpreis ist nicht nur eine Freude, sondern ein Akt des Gehorsams. Manchmal fühlen wir uns zum Lobpreis aufgelegt und manchmal nicht. Deshalb mahnt uns der Verfasser des Hebräerbriefs: »So laßt uns nun durch Jesus Gott allezeit das Lobopfer darbringen, das ist die Frucht der Lippen, die seinen Namen bekennen« (Hebr. 13,15). Ein Opfer kostet etwas. Bei vielen Gelegenheiten fühle ich mich nicht zum Lobpreis aufgelegt; doch ich habe gelernt: wenn ich mich Gott im Lobpreis hingebe, wird meine Einstellung rasch verändert.

Ich denke, Psalm 103 deutet an, daß David sich möglicherweise nicht nach Lobpreisung Gottes gefühlt hat, als er sich jenen Morgen vom Lager erhob. Deshalb beginnt er zu sich selbst zu sprechen – kein Zeichen geistiger Verwirrung, sondern der erste Schritt in die Gegenwart Gottes! »Lobe den Herrn, meine Seele«, spricht er. David beginnt mit einem Gehorsamsschritt, der so oft am Anfang unseres Lobpreises steht. Er fährt fort: »Seele, vergiß nicht, was er dir Gutes getan hat, der dir alle deine Sünde vergibt und heilet alle deine Gebrechen, der dein Leben vom Verderben erlöst, der dich krönet mit Gnade und Barmherzigkeit.« Indem David damit fortfährt, Gottes Treue und Größe zu preisen, erhebt sich sein Geist so sehr, daß er am Ende des Psalms den Engeln zuruft und sie auffordert, in den Lobpreis mit einzustimmen: »Lobet den Herrn, ihr seine Engel... lobet den Herrn, alle seine Heerscharen!« Der Teufel versucht immer wieder, das Volk Gottes von der Anbetung abzuhalten; denn echter Lobpreis ist machtvoll.

Lobpreis und Anbetung ersetzen Selbstbewußtsein durch Gottesbewußtsein. Gemeinsame Anbetung bedarf der Anleitung. Wenn man zur Anbetung zusammentrifft, begibt man sich gleichsam auf eine Flugreise. Es beginnt im Flughafen: voller Lärm und Unruhe. Ähnlich geht es uns in allem, was vor unserem Start in den Lobpreis liegt. Manchmal fühle ich mich in unserer Küche am Sonntagmorgen wie in Halle B im Rhein-Main-Flughafen! Von der Schalterhalle begeben wir uns zum Warteraum; dort ist schon weniger Betrieb, und wir wissen, wir sind auf dem richtigen Weg. Wir kommen zur Ruhe, bereit zum Gottesdienst.

Nicht lange, und wir sitzen im Flugzeug und gelangen schon zum Anfang der Startbahn, bereit zum Start. Zielstrebigkeit und Gespanntsein ergreifen uns, wie wenn wir uns darauf vorbereiten, in die Gegenwart Gottes zu treten. Der Start verläuft glatt, und wir gewinnen zunehmend an Höhe. In ähnlicher Weise muß unser Lobpreis zielstrebig himmelwärts gerichtet sein. Wir beginnen mit Liedern der Freude, mit Liedern, die die Größe und Majestät Gottes proklamieren.

Diejenigen, die den Lobpreis leiten, müssen wissen, wo sie hin wollen; und die Anbeter müssen dazu ermutigt werden, ihre Augen auf Gott zu richten. Es gibt nichts Schlimmeres als den »seekranken Lobpreis« – mit jedem Lied erheben sich die Herzen; doch sobald ein Lied zu Ende ist, setzt jeder unsanft auf dem Boden auf, weil unnötiges Reden oder andere Ablenkungen die Zeit zwischen den Liedern füllen. Hymnen oder Loblieder müssen nach vorn und nach oben führen. Zwischenzeiten werden in stiller Anbetung oder Gebet verbracht, so daß der Strom nicht unterbrochen wird. Die Leiter der Anbetung müssen darauf vorbereitet sein, Schriftlesungen einzubringen, und müssen erspüren, wohin die Reise geht.

Mittlerweile hat das Flugzeug die Startbahn hinter sich gelassen. Die Triebwerke sind voll aufgedreht, und wir steigen auf durch die Wolken. In ähnlicher Weise gelangen wir durch die Vorhöfe des Lobpreises zur Höhe der Anbetung. Die Lieder der Freude werden abgewechselt von Liedern, die sich direkt an Gott wenden. Nun singen wir nicht mehr *über* Gott, wir singen *zu* Gott. Die Majestät Gottes kommt über uns, und wir sind uns seiner heiligen Gegenwart bewußt, so wie wir im Flugzeug durch die Wolken stoßen in die Schicht darüber, wo die Sonne scheint. Die Sonne hat die ganze Zeit geschienen – wir haben sie nur so lange nicht gesehen, bis wir zu ihr durchgestoßen sind.

Die Maschine geht auf ihren Höhenkurs; die Gurtpflichtanzeigen erlöschen. Ein ungeheures Gefühl des Friedens breitet sich aus, genau wie in unserer Anbetung. Das Singen von Liedern in unserer Sprache ist vielleicht abgelöst vom Singen in Gottes himmlischer Sprache. Wir wissen: Gott ist wirklich unter uns, und wir warten in großer Vorfreude auf sein Reden. Wir sind aufgelöst in Staunen, Liebe und Lobpreis.

Echte Anbetung steigert unsere Empfindsamkeit für Gottes Stimme und setzt seine Gaben frei. Während wir den Höhepunkt der Anbetung erreichen, wissen wir: Gott ist gegenwärtig: wenn also unser Lobpreis der Wortverkündigung unmittelbar vorausgeht, wird die Aufnahmefähigkeit für das Wort Gottes größer sein.

Die Gaben des Heiligen Geistes werden ungehindert fließen, wenn der ehrfurchtgebietende heilige Gott unter uns gegenwärtig ist. Wahrscheinlich werden prophetische Worte oder Bilder, Gaben des Sprachengebets oder seiner Auslegung, prophetisches Zitieren der Heiligen Schrift und Worte der Erkenntnis und Weisheit geschenkt. Wenn Gott Raum gelassen wird, uns zu bewegen, wenn wir mit erwartungsvollem Herzen kommen – gewillt, von ihm gebraucht zu werden –, dann wird er sprechen.

Die Heilungskraft Gottes ist vor allem dann am Werk, wenn sein Volk ihn von Herzen anbetet. Ich habe erlebt, wie Menschen geheilt worden sind, ohne daß jemand für sie besonders gebetet hätte – nur darum, weil sie von der Größe Gottes so angerührt waren, daß der Herr ihre Ichbezogenheit überwinden konnte, die so oft die Heilung verhindert, und sein Werk tun konnte, während sie sich allein mit ihm beschäftigten!

Unter den Anbetern aus Gottes Volk werden die Verlorenen für Jesus gewonnen. »Wenn sie aber alle prophetisch redeten, und es käme ein Ungläubiger oder Unkundiger hinein, der würde von allen geprüft und von allen überführt; was in seinem Herzen verborgen ist, wird offenbar, und so würde er niederfallen auf sein Angesicht, Gott anbeten und bekennen, daß Gott wahrhaftig unter euch ist« (1. Kor. 14,24–25).

Wie oft evangelisieren wir auf der Ebene des Verstandes! Das Wort ist an den Verstand gerichtet und wird auf Verstandesebene empfangen. Das soll nicht heißen, Menschen würden nicht über ihren Intellekt zum lebendigen Glauben kommen! Manchmal aber ist die majestätische Gegenwart des Heiligen Gottes der einzige Weg, den Durchbruch im Leben eines Ungläubigen zu erzielen.

Wie man Menschen in das Königreich des Heiligen Geistes führt

1. Die Taufe mit dem Heiligen Geist

Dies ist der erste Schritt zum Leben im Heiligen Geist: du mußt dir gewiß sein, daß du mit dem Heiligen Geist gefüllt bist. Ich habe schon die klare Anweisung im Epheserbrief erläutert: »Laßt euch vom Geist erfüllen!« Wir brauchen dem Befehl nur noch zu gehorchen. Du wirst mit dem Heiligen Geist nicht erfüllt werden, solange du noch mit anderen Dingen angefüllt bist. Folglich ist es der Weg der Buße, der zu Gottes Kraft führt: Buße darüber, daß du dein Vertrauen auf deine eigene Kraft, deine eigene Intelligenz, deine Ausbildung oder deine Erziehung gesetzt hast; ein Abwenden von Eigenwilligkeit, Selbstvertrauen, Selbstbemühen; ein Hinwenden zu Jesus in Demut und Glaube. Paulus sagte: »Ja, ich erachte es noch alles für Schaden gegenüber der überschwenglichen Erkenntnis Christi Jesu, meines Herrn« (Phil. 3,8). Gerade denjenigen, die seit vielen Jahren gläubig sind, fällt es meistens am schwersten, die Fülle des Heiligen Geistes zu empfangen. Stolz auf geistlichen Stand und religiöse Traditionen sind mächtige Hindernisse gegen das Erfülltwerden mit dem Heiligen Geist.

Uns ist die mächtige Zusage gegeben: »Wer da bittet, der empfängt« (Lk. 11,10). Wenn du für jemand um die Fülle des Heiligen Geistes betest, müssen die folgenden Schritte getan werden:

Mache bewußt, daß das Wort Gottes wahrhaftig ist. Zitiere die Bibelstellen, die von dem Wunsch Gottes reden, daß jedes seiner Kinder mit dem Heiligen Geist gefüllt werde. A. W. Tozer sagt:

»Vor der Füllung mit dem Heiligen Geist mußt du Gewißheit haben, daß du gefüllt werden kannst. Unglücklicherweise hat die Kirche diese große, befreiende Wahrheit vernachlässigt – nämlich: jetzt gibt es für das Kind Gottes eine volle und wundervolle und völlig genügende Salbung mit dem Heiligen Geist. Das geistgefüllte Leben ist keine Sonderluxusklasse des Christseins. Es ist wesentlicher Bestandteil des Gesamtplans Gottes für sein Volk« (The Best of Tozer, Kingsway Publications, 1983, S. 207).

Buße: Ein Mensch, der schon seit einiger Zeit Christ ist, ohne mit dem Heiligen Geist erfüllt zu sein, hat auf seine menschliche Kraft vertraut und nicht auf Gottes Kraft; das muß er in Buße vor Gott bringen.

Führe den Beichtenden in ein Bußgebet, das die Gebiete des Handelns aus eigener Kraft und des Stolzes abdeckt. Oft ist dabei falsche Lehre auszuräumen. Wenn er diese Sünden vor dem Kreuz Jesu ablädt, wird Gott ihn mit all seiner Liebe und Kraft füllen.

Laß dich jetzt füllen. Fordere den Beichtenden auf, mit einfachen Worten den Heiligen Geist zu bitten, völlig in sein Leben zu kommen. Sobald er das gebetet hat, lege ihm die Hände auf und danke Gott, daß er sein Gebet erhört und – der Zusage seines Wortes entsprechend – ihn jetzt füllt!

Schiele nicht nach Gefühlsaufwallungen beim Beichtenden, für den du betest. Er wird erfüllt – ganz gleich, ob er etwas dabei fühlt oder nicht; denn Gott steht immer treu zu seinem Wort.

Danksagung und Geistesgaben: Ermutige ihn nun, Gott dafür zu danken, daß er ihn mit seinem Geist erfüllt hat, und zu erwarten, geistliche Gaben zu empfangen, besonders das Sprachengebet. Manchmal wird das Beichtkind sofort Gott im Sprachengebet danken; manchmal kommt das Zungenreden später. Wie in meinem Falle bedarf es vielleicht weiteren Gebets und der Ermutigung bei einer anderen Gelegenheit.

Der Gebrauch anderer Geistesgaben wird sich eher bei Lobpreis und Dienst einstellen.

2. Lobpreis und Anbetung

Wir haben gesehen, wie der Heilige Geist sein Volk dazu befreit, ihn anzubeten. Wie leitest du nun Menschen in eine solche Freiheit?

Zunächst einmal muß ein Leiter selbst ein Anbetender sein. Ein anbetendes Herz wird andere dazu bringen, Gott anzubeten. Das gilt auch für alle Musiker, die daran beteiligt sind, in die Anbetung zu führen. Es ist zwar wichtig, daß ein Musiker sein Instrument beherrscht. Musikalische Fertigkeiten allein genügen jedoch nicht, um Menschen für die Anbetung zu öffnen. Du wirst Menschen nicht tiefer in die Anbetung führen können, als du selbst gekommen bist.

Deshalb müssen all diejenigen, die an der Leitung der Anbetungszeit beteiligt sind, zum einen ihre Musik zu einer guten Leistung entwickeln, zum anderen aber auch ihre Herzen durch Gebet und Lobpreis vorbereiten, bevor sie sich zutrauen, andere anzuleiten.

Ich will mich hier nicht in weitere Einzelheiten verlieren. Die Feststellung mag genügen, daß die trockene Dürftigkeit von Lobpreis oder gar Anbetung, die wir in vielen Kirchen und Gruppen antreffen, weitgehend auf den geistlichen Stand derjenigen zurückgeführt werden kann, denen Leitungsverantwortung anvertraut worden ist.

3. Die Gaben des Heiligen Geistes

Gott will, daß seine Gaben in seinem Volk gebraucht werden. Wie aber anfangen?

Leiter leiten durch ihr Beispiel. Tue, was Paulus dir aufträgt: »Bemüht euch um die Gaben des Geistes, am meisten aber strebt nach der Gabe der prophetischen Rede!« (1.Kor. 14,1). Wenn der Herr durch dich spricht, werden die Menschen folgen. Wenn eine Gruppe von Menschen zum ersten Mal die Segensfülle des Heiligen Geistes erlebt, passiert manchmal folgendes: ein anderer als der Leiter zeigt eine Geistesgabe, die die ganze Gruppe zu beherrschen beginnt. Es gibt da Situationen, in denen Unordnung aufzukommen scheint und der Ruf erschallt, daß Geistesgaben gestoppt werden müssen. Nichtgebrauch ist keine Antwort auf Mißbrauch, sondern korrekter Gebrauch. Die Leiter sind dafür verantwortlich, den ihnen Anvertrauten beizubringen, wie sie die Gaben des Heiligen Geistes empfangen und in einer ordentlichen Weise gebrauchen. »Denn Gott ist nicht ein Gott der Unordnung, sondern des Friedens« (1.Kor. 14,33).

Prophetie darf nicht ungeprüft verbreitet werden. Wenn immer nur ein und dieselbe Person Prophezeiungen verkündet, kommt jedes Mal eine ungesunde Ehrfurcht auf. Ich nenne diesen Vorgang das »Unter Blinden ist der Einäugige König«-Syndrom. Die Schrift lehrt: »Auch von den Propheten laßt zwei oder drei reden, und die anderen laßt darüber urteilen« (1. Kor. 14,29). Die Leiterschaft trägt die Verantwortung, das, was der Gemeinschaft gegeben wird, abzuwägen. Bei Weissagungen ist immer ein Teil ganz von Gott, doch oft auch gleichzeitig eine menschliche Zugabe. Deshalb muß nicht alles verworfen werden, aber eben geprüft. »Denn unser Wissen ist Stückwerk, und unser prophetisches Reden ist Stückwerk« (1. Kor. 13,9).

Ich möchte nicht die negative Seite, das Kontrollieren der Gaben, betonen, sondern eher die positive Seite, nämlich die Beter zu ihrem Gebrauch zu ermutigen. Sind unter euch nur wenige, die Gaben gebraucht haben, dann ermutige andere dazu, daß sie sich nach Gott ausstrecken, um selbst als Werkzeuge gebraucht zu werden. Manchmal bitte ich alle diejenigen, die schon eine der Gaben gebraucht haben, still zu bleiben, und alle anderen, von Gott zu erwarten, daß er sie gebraucht. Wenn wir Gott im Lobpreis genügend Zeit schenken, dann erhört er stets dieses Gebet.

12 Ein Mann des Wortes

David war erschöpft. Zu viele hatten ihn in den letzten Monaten beansprucht. Seine körperliche Verfassung war nahe dem Nullpunkt. Das Ergebnis: eine Bronchitis, die chronisch zu werden drohte. David gehört zu meiner Großfamilie. Er ist ein guter Klavierspieler und Lobpreisleiter; in der Kommunität war er total überbeansprucht. Wenn er nicht sonntags den Lobpreis leitete, war er wohl mit mir auf einer Schulungswoche in The Hyde und anschließend – ohne Pause – mit Colin oder Bob auf Reisen. Dazwischen kam mit Sicherheit jemand, der ihn einspannen wollte.

Kein Zweifel: David benötigte eine totale Ruhepause. Glücklicherweise lebt eine meiner Schwestern in der Karibik. Alles wurde arrangiert, damit David zwei Wochen in Santa Lucia verbringen konnte. Als wir ihn verabschiedeten, war ich froh, daß David sich ausruhen und die tropische Sonne genießen konnte. Trotzdem wollte ich herausbekommen, warum ihn die Erschöpfung so mitgenommen hatte.

Ich selbst war schuldig geworden, indem ich zugelassen hatte, daß er sich zuviel aufgeladen hatte; ich hätte dafür sorgen müssen, daß sein Programm nicht so hektisch verlief. Ich hatte David darum um Vergebung gebeten und die Vergebung erhalten. Trotzdem spürte ich: es mußte noch einen anderen Grund geben.

Während ich darüber betete, war mir, als ob der Herr zu mir sagte: »Das Problem liegt darin, daß David reagiert, statt kreativ den Tag zu planen.«

Ich begann zu verstehen: David war stets bereit, anderen gefällig zu sein, so daß er auf alle Situationen, die auf ihn zukamen, zustimmend antwortete. Gott dagegen wollte, daß David in der kreativen Leitung seines Heiligen Geistes lebte, statt menschlich zu reagieren.

Als David wieder zurückgekehrt war, konnten wir die ganze Angelegenheit gemeinsam besprechen. Ich entdeckte, daß der Herr ihm während seiner Ferien dasselbe Wort geschenkt hatte. Daraufhin ordneten wir sein Arbeitsprogramm neu. Mittlerweile lebt er viel gesünder.

Gott möchte, daß wir wie Jesus leben: nicht den Umständen des Alltags ausgeliefert, sondern im Bewußtsein der Kraft seines schöpferischen Wortes, das die Verhältnisse ändert.

Das ist der große Vorteil, als erstes jeden Morgen Gottes Stimme zu hören (vgl. Kapitel 7): die erste Stimme, die wir hören, ist Gottes Stimme!

Gottes Wort ist schöpferisch:»Am Anfang schuf Gott« lauten die ersten vier Worte der Bibel.»Und Gott sprach: Es werde Licht! Und es ward Licht« (1. Mose 1,3). Als Gott sprach, geschah es.

Ein Mann des Wortes macht die Heilige Schrift zur Grundlage seines Lebens.»Gedenkt an eure Lehrer, die euch das Wort Gottes gesagt haben« (Hebr. 13,7). Erlaube dem Wort, einen tiefen Eindruck in deinem Leben zu hinterlassen. Lasse es in dir arbeiten, damit du kreativ in Wort und Tat wirst. Jesus sagte:»Die Worte, die ich zu euch geredet habe, die sind Geist und sind Leben« (Joh. 6,63).

Das Wort Gottes in deinem Leben

Die Bibel ist Wort Gottes, das seinem Volk geoffenbart ist. Es muß im Glauben und Gehorsam empfangen werden. Es ist nicht meine Absicht, die Echtheit des Wortes zu verteidigen. Ich sage nur»Amen« zu der Antwort, die einmal auf Zweifel an der Echtheit gegeben wurde:»Das Wort Gottes verteidigen? Ich würde eher einen Löwen verteidigen. Alles, was ich dir rate, ist – öffne den Käfig und laß das Wort für sich selbst handeln!« Was mich betrifft, bezeugt sich die Schrift in ihrer Auswirkung, die sie auf mein Leben gehabt hat.

Gottes Wort überführt.»Denn das Wort Gottes ist lebendig und kräftig und schärfer als jedes zweischneidige Schwert, und dringt durch, bis es scheidet Seele und Geist, auch Mark und Bein, und ist ein Richter der Gedanken und Sinne des Herzens« (Hebr. 4,12). Das Wort deckt die Sünde in deinem Leben auf, während du lernst, Gottes Maßstäbe für seine Gerechtigkeit zu verstehen. Es deckt auch falsche Verhaltensweisen auf, wenn du dich dem Wort mit dem guten Willen näherst, daß Gott dich durch sein Wort verändern möge.

Im Jakobusbrief 1,23–24 heißt es:»Wenn jemand ein Hörer des Worts ist und nicht ein Täter, der gleicht einem Mann, der sein leibliches Angesicht im Spiegel beschaut; dann, nachdem er sich beschaut hat, geht er davon und vergißt von Stund an, wie er aussah.« Das tägliche Leben der Heiligen Schrift kann zu einer schmerzlichen Übung werden, wenn Gott damit korrigierend in dein Leben eingreift. Gott spricht aber nicht, um dich zu zermalmen oder zu verdammen, sondern damit du noch mehr als bisher seiner Freiheit und seiner Freude teilhaftig wirst.»Zur Freiheit hat uns Christus befreit!« (Gal. 5,1). Das Wort Gottes überführt. Das Überführtsein ist die Voraussetzung für Beichte und Reinigung.

Gottes Wort reinigt. Die Heilige Schrift hat auch einen reinigenden Effekt, der nicht an eine spezielle Sünde gebunden ist. Jesus sagte:»Ihr seid schon rein um des Wortes willen, das ich zu euch gesagt habe« (Joh. 15,3) und Paulus spricht vom Reinigen »durch das Wasserbad im Wort« (Eph. 5,26).

Aus diesem Grund habe ich in einem der vorhergehenden Kapitel empfohlen, daß du größere Abschnitte der Bibel liest und das Wort wie ein Schwamm aufsaugst. Wenn ich das mache, dann erfahre ich immer wieder eine Reinigung und eine Erfrischung. Auch ohne daß ich dabei eine spezielle Sünde erkennen kann, weiß ich, daß ich durch die Reinheit des heiligen Gottes angerührt worden bin.

Gottes Wort hilft, der Versuchung zu widerstehen. »Ich behalte dein Wort in meinem Herzen, damit ich nicht wider dich sündige« (Ps. 119,11). Solange du in der Wahrheit des Wortes lebst, steht dein Leben im Einklang mit Gottes Maßstäben für Heiligkeit.

Die Tage meiner Kindheit standen unter dem Motto:»Kein Geschöpf ist vor ihm verborgen, sondern es ist alles bloß und aufgedeckt vor den Augen Gottes, dem wir Rechenschaft geben müssen« (Hebr. 4,13). Mein Vater pflegte mich zu warnen:»Es spielt gar keine Rolle, ob ich sehen kann, was du tust oder nicht tust; denn vor Gott kannst du es nicht verbergen.«

Salomon lehrt in den Sprüchen:»Mein Sohn, wenn du meine Rede annimmst und meine Gebote behältst ... dann wirst du ... verstehen Gerechtigkeit und Recht und Frömmigkeit und jeden guten Weg ... daß du nicht geratest auf den Weg der Bösen ... daß du nicht geratest an die Frau eines anderen, an eine Fremde, die glatte Worte gibt ...« (Spr. 2,1; 9; 12; 16). Ich empfehle, das ganze zweite Kapitel der Sprüche sorgfältig zu studieren.

Leiter sind von ihrer Umgebung ständigem Druck ausgesetzt. Eingeschlossen in deinem Herzen, wird Gottes Wort deine Widerstandskraft gegen die Sünde aufbauen.

Die Worte von Ron Davies, einem Freund aus Zimbabwe, sind mir ständig in Erinnerung:»Im Auswendiglernen der Bibel bin ich noch nie gut gewesen; wenn ich aber etwas vom Wort Gottes in meinem Herzen bewahrt habe, dann kann ich es nicht vergessen.«

Gottes Wort baut auf. Einer der Teilnehmer an einer Leiterschaftswoche charakterisierte das so:»Bibeln, die allmählich kaputtgehen, gehören Leuten, die heil werden!« Beschränke nicht den Gebrauch deiner Bibel auf die Predigtvorbereitung; sonst kommst du in Gefahr, geistlich schwach zu werden. Bei solchem Bibelgebrauch empfängst du ein Wort für andere. Das Wort muß um seiner selbst willen gelesen werden, um Kraft in dir zu entwickeln.

Der Psalmist faßt das beredt im Psalm 19,8–9 zusammen:

Das Gesetz des Herrn ist vollkommen
und erquickt die Seele
Das Zeugnis des Herrn ist gewiß
und macht die Unverständigen weise.
Die Befehle des Herrn sind richtig
und erfreuen das Herz.
Die Gebote des Herrn sind lauter
und erleuchten die Augen.

Gottes Wort gibt Frieden. »Großen Frieden haben, die dein Gesetz lieben; sie werden nicht straucheln« (Ps. 119,165).

Menschen, die vom Wort Gottes getränkt sind, strahlen Frieden aus. Mit Worten ist das nicht richtig zu beschreiben; aber wenn man einer solchen Persönlichkeit begegnet, weiß man, daß ein Hauch von Gottes übernatürlichem Frieden auf ihr liegt.

In einer Zeit großer Unruhe in meinem Leben brachte ein Lied Gottes Frieden in mein Herz, dem die Worte von Jesaja 26,3 zugrunde liegen: »Wer festen Herzens ist, dem bewahrst du Frieden; denn er verläßt sich auf dich.«

Das Wort Gottes in deinem Denken

Jemand sagte mir einmal: »95% meiner Sünden begehe ich in meinen Gedanken.«

Die Sündhaftigkeit menschlichen Denkens wurde von Jesus aufgedeckt, als er hinter die religiöse Fassade der Gesetzeslehrer schaute. »Als aber Jesus ihre Gedanken sah, sprach er: Warum denkt ihr so Böses in euren Herzen?« (Mt. 9,4). In der Bergpredigt lesen wir: »Ich aber sage euch: Wer eine Frau ansieht, sie zu begehren, der hat schon mit ihr die Ehe gebrochen in seinem Herzen« (Mt. 5,28). Paulus führt uns in seinen Briefen wiederholt vor Augen, wie die Umwelt unsere Sinne beeinflußt. Im Römerbrief 12,2 lesen wir: »Paßt euch nicht dieser Weltzeit an, sondern wandelt euch durch die Erneuerung eures Sinnes« (Wuppertaler Studienbibel).

Wir brauchen die schöpferische Kraft Gottes, damit sie unsere Sinne verändert, so daß wir nicht mehr weltlich denken, sondern statt dessen göttlich.

Wenn wir täglich das Wort Gottes leben, und seine Wahrheit und sein Licht uns erfüllen, wird das geschehen! Der Psalmist sagt: »Wie wird ein junger Mann seinen Weg unsträflich gehen? Wenn er sich hält an deine Worte« (Ps. 119,9). Das Wort erschließt uns den schöpferischen Weg, auf dem unsere Sinne richtig angeregt werden.

Was passiert, wenn wir schon mitten im inneren Kampf mit negativen oder unreinen Gedanken sind? Paulus beantwortet diese Frage im 2. Korinther 10,4–5: »Wir zerstören mit den Waffen unseres Kampfes Gedanken und alles Hohe, das sich erhebt gegen die Erkenntnis Gottes, und nehmen gefangen alles Denken in den Gehorsam gegen Christus«. Gott gibt uns die Autorität über unser Gedankenleben.

Eine weitere wichtige Methode, um geistlich denken zu lernen, ist die Gabe des Zungenredens. Im 1. Korinther 14,4 lesen wir: »Wer in Zungen redet, der erbaut sich selbst.«

Wenn wir in Zungen reden, merken wir, wie Gott unsere Sinne aufbaut und uns befähigt, geistlich zu denken. Ein Mann – wie ich kürzlich erfuhr – hatte täglich im Auto 90 Minuten zur Arbeitsstelle und zurück zu fahren. Dieser Mann entschloß sich, die Fahrzeit auszunutzen, um in Zungen zu beten. Seine Konzentration galt dem Autofahren; deshalb stellte er seinen Geist Gott zur Verfügung, damit Gott ihn nutze. Das Ergebnis: das Denken und Trachten dieses Mannes wurde empfindsamer für Gott und weniger anfällig gegen die Aushöhlung durch die Welt.

Das Wort Gottes in deinem Reden

»Auch die Zunge ist ein Feuer, eine Welt voll Ungerechtigkeit. So ist die Zunge unter unseren Gliedern; sie befleckt den ganzen Leib und zündet die ganze Welt an und ist selbst von der Hölle entzündet« (Jak. 3,6). Unser Reden hat eine mächtige Auswirkung auf uns selbst wie auf andere.

Das Reden der Menschen ist heutzutage geprägt von negativem Denken. »Was für ein schrecklicher Tag!« »Das macht mich krank.« »Ich kann ihr nicht vergeben, was sie mir angetan hat!« Vielleicht werden wir zu Gefangenen der Worte, die unserem Munde entschlüpft sind! Ihre Auswirkung in anderen legt uns eine schwere Last auf.

Gottes Wort ist schöpferisch: »Jesus sagte: wenn ihr bleiben werdet an meinem Wort, so seid ihr wahrhaftig meine Jünger und werdet die Wahrheit erkennen und die Wahrheit wird euch freimachen« (Joh. 8,31–32). Was in Wahrheit setzt dich frei? Nicht Tatsachen oder Umstände, sondern das Wort Gottes!

Sind deine Worte aus der Wahrheit geboren, wozu Gott dich in Jesus geschaffen hat? Gründen deine Worte auf den Verheißungen der Schrift? Dann werden deine Worte kreativ und siegreich über den Geist der Verneinung sein.

Im Jakobus 3,2 lesen wir: »Wenn jemand im Wort nicht fehlt, der ist ein vollkommener Mann, fähig, auch den ganzen Leib im Zaum zu halten« (Wuppertaler Studienbibel). In der Bethany Fellowship haben wir diese Haltung mit »*Das Wort bekennen*« bezeichnet. Collin Urquharts Buch *Christus in dir* (Projektion J Verlag GmbH 1985) behandelt diese Lehre sehr ausführlich; ich lege dir seine Lektüre ans Herz.

Das Prinzip ist ganz einfach: jede Aussage Gottes in der Bibel über diejenigen, die zu ihm gehören, ist wahr. Wenn wir es glauben und danach leben, dann werden wir seine Früchte genießen. Es ist äußerst wichtig, daß unsere Worte im Einklang mit Gottes Wort sind. Jedesmal, wenn du in der Bibel die Formulierung »in Christus Jesus«, »durch Christus«, »in Christus« oder ähnlich findest, dann ist das wie im Testament, das die reiche Erbschaft auflistet, die für die Erben hinterlassen worden ist. Jedes Kind Gottes ist ein Nutznießer des letzten Willens, den Jesus mit seinem Tod und seiner Auferstehung besiegelte. Paulus schrieb das den Korinthern wie folgt: »Denn auf alle Gottesverheißungen ist in ihm das Ja; darum sprechen wir auch durch ihn das Amen, Gott zum Lobe« (2. Kor. 1,20).

Fühlst du dich von einer Niederlage überwältigt? Dann proklamiere: »Gott aber sei gedankt, der uns allezeit Sieg gibt in Christus und offenbart den Wohlgeruch seiner Erkenntnis durch uns an allen Orten!« (2. Kor. 2,14).

Fühlst du dich von einer Aufgabe völlig überfordert? Dann stelle fest: »Ich vermag alles durch den, der mich mächtig macht« (Phil. 4,13).

Bist du versucht, dich zu sorgen und zu ängstigen? Gott sagt dazu: »Alle eure Sorgen werft auf ihn; denn er sorgt für euch« (1. Petr. 5,7).

Gehen deine Reserven (an Finanzen und Kräften) zu Ende, und du weißt nicht, wie du zu Rande kommen sollst? Dann stelle kühn fest: »Mein Gott wird aber *all* eurem Mangel abhelfen nach seinem Reichtum in Herrlichkeit in Christus Jesus« (Phil. 4,19).

Da werden nicht Meinungen über Sachverhalte verbreitet, sondern Gottes schöpferisches Wort, das negative Äußerungen und Gedanken, die dich herunterziehen, umwandeln. Als Moses den Israeliten Gottes Worte bekanntgab, sagte er: »Denn es ist nicht ein leeres Wort an euch, sondern es ist euer Leben« (5. Mose 32,47).

Gott will dein Reden ändern; dazu ist Sorgfalt und Übung vonnöten. Suche mit Hilfe deiner Konkordanz jede Bibelstelle heraus, die dir sagt, wer du »in Christus« bist; erlaube diesen Bibelstellen, Teil deines eigenen Wesens zu werden; bitte dann Gott, das Grundmuster deines Redens zu ändern. »Denn wenn man von Herzen glaubt, so wird man gerecht; und wenn man mit dem Munde bekennt, so wird man gerettet« (Röm. 10,10).

Das Wort Gottes in deiner Verkündigung und in deinem Zeugnis

Paulus ermutigt Timotheus:»Predige das Wort!« (2. Tim. 4,2). Ist Gottes Wort das Herzstück deiner Predigt? Was bleibt deinen Zuhörern nach deiner Predigt im Gedächtnis haften? Haben sie das Wort Gottes bekommen, oder haben deine eigenen Ideen die Predigt beherrscht?

Sollte ein menschlicher Gedanke der herausragende Faktor deiner Predigt sein, wird seine Wirkung nur so lange anhalten, bis ein noch überzeugenderes Argument deinen Zuhörern präsentiert wird. Wenn dagegen Gottes Wort in die Lebenssituation trifft, wird seine Kraft das Leben der Menschen unwiderruflich verändern. Paulus ist vielleicht der intelligenteste Prediger aller Zeiten; dennoch hat er festgestellt:»mein Wort und meine Predigt geschahen nicht mit den überredenden Worten menschlicher Weisheit, sondern in Erweisung des Geistes und der Kraft, damit euer Glaube nicht stehe auf Menschenweisheit, sondern auf Gottes Kraft« (1. Kor. 2,4–5).

Paulus hat auch gesagt:»Laßt das Wort Christi reichlich unter euch wohnen: lehrt und ermahnt einander in aller Weisheit« (Kol. 3,16). Wenn dein Leben vom Wort durchtränkt ist, wird dein Predigen an Autorität und Kraft gewinnen.

Im 2. Timotheus 2,15 lesen wir:»Seid bestrebt, vor Gott bewährt dazustehen als Arbeiter, der sich nicht zu schämen braucht, der bei der Predigt der Wahrheit auf geradem Weg bleibt« (Jerusalemer Bibel). Im nachhinein bin ich für die vielen Jahre ziemlich langweiliger Bibelschule unserer Kirchengemeinde, in der ich aufwuchs, dankbar. Damals hatte ich mich gefragt, welchen Nährwert das mühsame Durcharbeiten der Bibel, Vers um Vers, wohl hatte. Heute ist mir klar: Ich war geschult worden, ein Arbeiter zu sein, »der sich nicht zu schämen braucht«. Leider gibt es keine Abkürzung der Lehrzeit, wenn man ein Handwerker des Wortes werden will!

Folgende Begebenheit ist mir lebhaft im Gedächtnis geblieben: Meine Mutter hatte den Kaufladen betreten; dort entspann sich eine lebhafte Diskussion über ein religiöses Thema. Wie üblich, gab jeder seine eigene Ansicht zum besten. Da griff meine Mutter ein und zitierte einen Bibelvers. Sie leitete ihn einfach mit dem Hinweis ein:»Nun, Jesus sagte folgendes...« und zitierte dann die passende Bibelstelle.

Das schlug voll ein. Das Geschwätz hörte auf, jedermann hörte ihr zu. Als meine Mutter fertig war, blieb nichts mehr dazu zu sagen. Später sprachen wir beim Abendbrot darüber. Sozusagen als PS fügte meine Mutter der Erzählung hinzu:»Es spielt keine Rolle, ob die an das Wort geglaubt haben oder nicht. Es ist immer noch lebendig und mächtig.«

Manchmal kommen wir in Versuchung, *über* die Aussagen der Bibel zu reden, statt das Wort Gottes für sich sprechen zu lassen. Du mußt nicht erst an ein Schwert glauben, bevor du von ihm geschnitten wirst.

Das Wort Gottes im seelsorgerlichen Dienst

»Also kommt der Glaube aus dem Hören, das Hören aber durch das Wort Christi« (Röm. 10,17/Jerusalemer Bibel). Andere Bibelübersetzungen haben für »Wort« »Predigt« oder »Botschaft« gesetzt; das ist nicht ganz genau. Im griechischen Originaltext steht »rhema«, also das Wort, das eine besondere Situation durch sein Licht erhellt.

Wenn im seelsorgerlichen Dienst ein Durchbruch vonnöten ist, habe ich es oft erlebt, daß ein Bibelvers in den Sinn kommt und, sobald er ausgesprochen wird, die Lage total ändert.

Im seelsorgerlichen Dienst achtet man nicht nur auf die Einzelheiten, die der Ratsuchende mitteilt – man hört auch auf Gottes Reden. Das mag dir am Anfang schwer erscheinen; das muß entwickelt werden. Das Rhema-Wort, das du hörst, ist vielleicht nicht immer ein Bibelzitat; da es aber von Gott kommt, wird es eine schöpferische und dynamische Wirkung haben. Es kann als Wort der Erkenntnis oder der Weisheit (1. Kor. 12,8) oder in der Form einer Frage kommen.

Der Psalmist sagt: »Wenn dein Wort offenbar wird, so erfreut es und macht klug die Unverständigen« (Ps. 119,130). Nur dann, wenn uns das Wort Gottes geläufig wird, kann der Heilige Geist uns diejenigen Verse ins Gedächtnis rufen, die in der jeweiligen Situation benötigt werden.

Manchmal geht es uns so: Wir beten über einem Kranken; da gibt Gott eine Bibelstelle, die über das physische Anliegen hinaus ein geistliches Problem aufdeckt, das der gewünschten Heilung wahrscheinlich im Wege stand. »Mein Sohn, merke auf meine Rede und neige dein Ohr zu meinen Worten. Lasse sie dir nicht aus den Augen kommen; behalte sie in deinem Herzen, denn sie sind das Leben denen, die sie finden, und heilsam ihrem ganzen Leibe« (Spr. 4,20–22).

Am Ende eines seelsorgerlichen Treffens erwarte ich stets, daß der Heilige Geist mir die richtigen Bibelstellen für den Beichtenden zeigt, zur Bestätigung dessen, was Gott getan hat oder als Zuspruch und Stärkung für die künftige Zeit. Gott ist treu: er schenkt stets das rechte Wort, das seinem Wirken im Leben des Beichtkindes das Siegel aufdrückt. Solche Bibelstellen können gut ein prophetisches Wort oder Bild, das schon geschenkt wurde, ergänzen.

Gottes Wort als Wegweisung und Führung

»Dein Wort ist meines Fußes Leuchte und ein Licht auf meinem Wege« (Ps. 119,105). Jeden Tag benötigen wir Gottes Wegweisung für unser Leben. Deshalb müssen wir es uns zur täglichen Gewohnheit machen, auf Gottes Stimme zu hören. Führung wird nicht nur von der Stimme Gottes in unserem Inneren, sondern auch von seinem Wort bestätigt werden.

Es ist unwahrscheinlich, daß du Gottes Weisung nach der Methode findest: »Schließ die Augen und stich mit einer Nadel in die Bibel!« Vielleicht hast du von dem Menschen gehört, der nach dieser Methode vorgehen wollte und beim ersten Versuch auf den Vers stieß: »Judas ging fort und erhängte sich.« Er versuchte es erneut und las: »Gehe hin und tue desgleichen!«

Ich habe die Erfahrung gemacht, daß Gott für gewöhnlich die Teile der Schrift, die zu meiner täglichen Bibellese gehören, dazu benutzt, sein besonderes Wort der Führung deutlich zu machen. Gelegentlich fallen mir besondere Bibelstellen ein; dann muß ich evtl. eine Konkordanz benutzen, um herauszufinden, wo sie stehen.

Es muß eine besondere Empfindsamkeit entwickelt werden, um Gottes Stimme durch sein Wort und durch seinen Geist zu hören, so sehr, daß es zur täglichen Gewohnheit wird. Sich in panischer Eile auf die Schrift zu stürzen, weil man eine bestimmte Wegweisung oder Führung sucht, ist nicht die richtige Methode, den Willen Gottes zu entdecken. Du brauchst die Erfahrung, daß Gott dir Tag für Tag bestätigt, daß du auf seinen Wegen gehst. Du brauchst die Erfahrung, Gottes korrigierendes Wort zu hören, wenn du von seinem Weg abkommst. »Deine Ohren werden hinter dir das Wort hören: dies ist der Weg; den geh! Sonst weder zur Rechten noch zur Linken!« (Jes. 30,21).

Wie lebt man täglich im Wort Gottes? Zunächst einmal leg dich darauf fest, daß du davon eine tägliche Portion bekommst. In Kapitel 7 habe ich schon auf die folgenden drei Wege der Bibellese hingewiesen:

1. Lies ein oder mehrere Kapitel ohne Unterbrechung und erlaube der Botschaft, dich wie ein Regenschauer zu netzen.
2. Lies dann langsamer und versieh vielleicht den Text derart mit Markierungen, daß du dich besser konzentrieren und die wichtigen Stellen leichter betonen kannst.
3. Lerne über einem einzigen Satz oder Vers zu meditieren.

Du könntest dir auch ein Thema vornehmen und unter seinem Stichwort mit Hilfe einer Konkordanz alle zugehörigen Bibelstellen herausfinden. Bibellesehilfen haben ihren Wert, können aber auch nachteilig wirken. Wenn nämlich ständig die vorgegebenen Kommentare gelesen werden, wird man stärker von dem Verfasser der Kommentare beeinflußt als von den Originalschriftstellen. Bei der Predigtvorbereitung kannst du verschiedene Kommentare zu Rate ziehen; nimm dir aber fest vor, daß ein Großteil deiner Bibellese einfach Gott ermöglicht, dir seine Auffassung und sein Verständnis direkt ins Herz einzugeben. Zu diesem Thema ist das Buch »The Practice of Biblical Meditation« (Campbell McAlpine, im Verlag Marshall, Morgan & Scott, 1981) eine Hilfe.

Manchmal, Herr, bekomm' ich Hunger
und dann lese ich dein Wort, des Lebens Brot.
Du ermunterst: »Iß dich rundum satt!«
Wenn ich mit dir speise, werd' ich immer satt.
Oh Herr, ich lieb dein Wort,
oh Herr, ich lieb dein Wort,
mir zum Heil, mir zum Leben, mir zur Nahrung
für die Seele –
oh Herr, ich lieb dein Wort.

(Bryn Haworth in der LP »Wings of the Morning«)

13   Ein Mann des Gebets

Die Cornwall-Mission 1978 hatte ihren Höhepunkt während der letzten 10 Tage in der Kathedrale von Truro. Ein Team der St.-Michael-Le-Belfrey-Gemeinde aus York hatte den Lobpreis geleitet. David Watson hatte jeden Abend die christliche Botschaft klar und deutlich verkündet.

Nachdem ich aus dem Geschäft meines Vaters ausgestiegen war, wurde ich Verbindungsmann für die Cornwall-Mission; das hatte meine Zeit in den letzten acht Monaten ausgefüllt.

Einige Wochen nach Truro hielt ich nach der nächsten Aufgabe Ausschau. Ich wünschte mir eine neue Herausforderung. Seit Jahren hatte ich den Gedanken gehegt, Gott würde vielleicht einem Zentrum in Cornwall den Weg bahnen, das der Ermutigung und Auferbauung der Christen dienen würde. Verschiedene Möglichkeiten standen zur Wahl. Ich brauchte jemand, mit dem ich darüber reden und beten konnte.

Ich entschloß mich, meinen Freund John Harper, den Pfarrer einer anglikanischen Gemeinde in St. Ives, anzurufen. Mit ihm würde ich offen reden und klären können, ob ich Gottes Willen richtig erkannt hätte. Wir verabredeten uns, und Joyce und ich fuhren erwartungsvoll hin.

Wir unterhielten uns etwas, aßen zusammen, und dann erzählte ich ihm von meiner Sicht. John hörte bis zum Ende meines Berichtes aufmerksam zu und unterbrach mich nur gelegentlich mit einer Frage, um den einen oder anderen Punkt genauer zu klären. John äußerte sich jedoch nicht eindeutig zu meinem Problem, so daß ich ihn schließlich festnagelte: »John, was hörst du von Gott?« John antwortete mit einer Gegenfrage: »Verbringst du täglich Zeit mit dem Herrn in Stille und Gebet?« Ich antwortete: »Nein.«

»Nun«, sagte John, »das ist alles, was ich vom Herrn gehört habe. Ich schlage vor, daß du dein Gebetsleben so ordnest, daß du täglich stille Zeit mit dem Herrn hast; dann wirst du auch seinen Willen für die Zukunft vernehmen können!« Ich kehrte ziemlich ernüchtert nach Hause zurück, wußte aber, daß John recht hatte. Als ich in den vollzeitlichen Dienst ging, hatte ich mir vorgestellt, reichlich Zeit zum Gebet und Bibelstudium zu haben; in der Realität des Alltags bestimmten jedoch mein Terminkalender und das Telefon den Tagesablauf, sobald ich mit dem Frühstück fertig war.

Nach St. Ives war ich mit hochfliegenden Plänen gefahren, deren Realisierung einen Glauben erfordete, Gott zuzutrauen, daß er uns mit Tausenden Pfund versorgen würde. Nun kehrte ich zurück und brauchte Glauben für den Gegenwert eines Weckers! Jahrelang hatte ich Gott zu überzeugen versucht, daß ich ein zufriedenstellendes Gebetsleben führen könnte, ohne dabei zu früh aufstehen zu müssen. Diese Illusion zerbrach. Die Psalmen erwähnen oft das frühe Aufstehen: »Ich komme in der Frühe und rufe um Hilfe; auf dein Wort hoffe ich« (Ps. 119,147).

Das war der Anfang meines neuen Gebetslebens. Er fiel in die ersten Monate des Jahres. Wenn der Wecker klingelte, stand ich auf, ging hinunter in mein Arbeitszimmer, stellte den Gasofen auf eine schwache Stufe, die »Geizhals« signalisierte, und suchte Gott. Ich kann nicht behaupten, daß diese Zeiten stets voller Freude und Offenbarung waren; sie waren es nicht. Oft stand ich nur aus Gehorsam gegen das Wort auf, das ich vom Herrn empfangen hatte. Während ich so dranblieb, wurde meine stille Zeit in Wort und Gebet aussagekräftiger, und ich begann, mich auf den frühen Morgen zu freuen. John hatte recht mit dem, was er über die Wegweisungen meines Lebens gesagt hatte. Im Verlauf desselben Jahres zeigte uns Gott, daß wir nach Sussex umziehen und in die Bethany Fellowship eintreten sollen.

Das Morgengebet hat jeden Tag Vorrang

Die frühe stille Zeit hat in meinem Leben Priorität gewonnen. Im Laufe der Jahre ist mir klargeworden, wie nötig es ist, den Ablauf dieser ersten Stunde des Tages zu entwickeln und zu ordnen. Bevor der Dienst mit seinen Anforderungen beginnt, muß ich erst mit meiner Frau, den anderen Erwachsenen meiner Großfamilie und den Kindern gebetet haben, und das nach einer persönlichen Stille. Das hört sich nach einem größeren Programm an und ist es auch. Doch ich habe keine andere Lösung gefunden, um es anders zu schaffen als mit Frühaufstehen.

Joyce und ich legten eine gemeinsame morgendliche Gebetszeit fest, denn ich hatte entdeckt, daß mein Familienleben nicht wirklich durch Gebet abgedeckt war, obwohl ich viele Stunden des Tages im Gebet verbrachte. Unsere Versuche, das im Nachtgebet unterzubringen, waren der Müdigkeit zum Opfer gefallen. Deshalb stehe ich früh auf, mache Tee, und wir setzen uns im Bett hin und halten eine Zeit der Anbetung und des Gebets. Auf diese Weise können wir alle Probleme unserer Kinder durchbeten und erfahren, daß unsere Herzen mit Gott und miteinander eins sind.

In unserer Kommunität ist es üblich, daß sich alle Erwachsenen frühmorgens zum Gebet treffen. Die fünf Erwachsenen unserer Großfamilie – Joyce, David, Rosy, Lyn und ich – kommen jeden Morgen für eine halbe Stunde zusammen. Da wir alle verschiedene Aufgaben haben, beten wir die Tagesprobleme durch und haben eine Zeit des Gebets, des Hörens auf Gott und der Anbetung gemeinsam.

Wir haben es ausprobiert: für unser Familiengebet ist die Zeit vor dem Frühstück am besten. Die fünf Kinder stoßen zu den Erwachsenen nach unserer Gebetszeit dazu, und wir lesen die Bibel gemeinsam und manch anderes Buch, das sowohl die Kinder interessiert als auch geistliche Bedeutung hat. Wir beten dann alle zusammen so, daß es auch den Kindern gerecht wird. Keine langen Gebete! Keiner, der nicht betet!

Ich reserviere mir auch täglich eine Zeit, um allein auf Gott zu hören und in ein Heft aufzuschreiben, was ich von ihm höre (vgl. Kapitel 7), um alleine in der Bibel zu lesen und zu beten.

Das alles führt dazu, daß ich mit Joyce eins bin und in unserem Haus Frieden ist. Die Kinder gehen unter der Deckung unserer Gebete zur Schule, miteinander und mit Gott im Frieden. Die Mitbewohner können in derselben geordneten Eintracht an ihr jeweiliges Werk gehen. Auch ich kann in den Tag gehen mit der inneren Sicherheit, daß Gott alles in seiner Hand hat.

Dieser übliche Ablauf kann den Umständen angepaßt werden, wenn wir mal sehr spät zu Bett gehen oder der Wecker nicht schellt. Das Programm beherrscht uns nicht. Es gehört doch zum normalen Tagesablauf und wurde nicht gesetzlich festgelegt, sondern um jeden Tag im Angesicht Gottes zu beginnen.

Gebet ist eine Lebensnotwendigkeit

Dieses Kapitel soll nicht umfassende Lehre bieten, sondern deutlich machen, wie die Arbeit des Leiters aus dem Gebet entspringen muß – auf jedem Gebiet des Lebens, und zu jeder Zeit.

Früher hatte mich eine Anmerkung Martin Luthers verblüfft, die auf folgendes hinauslief: Je geschäftiger sein Tag war, um so länger betete er zu Beginn des Tages dafür. Manchmal lief das auf ein dreistündiges Gebet hinaus. Die Stundenzahl weiß ich zwar nicht mehr genau; doch das Prinzip bejahe ich ohne Einschränkung.

Im Kapitel 5 habe ich berichtet, wie das Erweckungswochenende das Gebetsleben unserer Kommunität umgekrempelt hatte und wie wir herausgefunden hatten, daß wir vor jedem Missionstreffen ca. zwei Stunden Vorgebet brauchten.

Für die Leiterwochen habe ich ein Team von ca. zwölf Mitarbeitern. Seine wichtigste Funktion ist es, als Gebetsstreitmacht den Dienst dieser Woche zu unterstützen und zu tragen. Deshalb treffen wir uns zwischen den Leiterseminaren zu Tagen des Gebets und Fastens. Während der Leiterseminare treffen wir uns für eine dreiviertel Stunde vor dem Morgenplenum und eine Stunde vor dem Abendplenum. Immer wieder verbringen wir diese Stunden damit, Gott zu suchen; denn wir wissen: Wenn Gott nicht selber handelt, ist nichts zu erreichen.

Gebet bekennt, daß nur Gott handeln kann

Wenn ein Leiter zuläßt, daß das Gebet aus seinem Leben verschwindet, dann gibt er damit zu verstehen:»Gott, ich brauche dich nicht, ich komme ganz gut selbst zurecht.«

Wenn die Synode oder der Kirchenvorstand oder die Diakone Gebet als bloße Formalität zur Eröffnung oder zum Beenden ihrer Versammlungen benutzen, dann drücken sie damit aus:»Wir können durch unsere Diskussion bessere Entscheidungen dabei treffen, als wenn wir Gottes Ansicht hören.«

Wenn eine Gemeinde keine Gebetsversammlungen als Teil ihres normalen Lebens abhält, gilt dafür dasselbe.

In der 2. Chronik 20,12 schreit König Joschafat zu Gott:»Wir wissen nicht, was wir tun sollen, sondern unsere Augen sehen nach dir.«

Gebet führt zur Demut

Wenn ein Mensch betet, erkennt er damit an, daß Gott größer ist als er selbst. Er gibt zu, daß er Gott braucht, und steht zu seiner Niederlage. Was zu Gebetslosigkeit führt, ist Stolz.»Gott widersteht den Hochmütigen, aber den Demütigen gibt er Gnade« (1. Petr. 5,5).

Gott verhieß Salomo:»Wenn mein Volk, über das mein Name genannt ist, sich demütigt, daß sie beten und mein Angesicht suchen und sich von ihren bösen Wegen bekehren, so will ich vom Himmel her hören und ihre Sünde vergeben und ihr Land heilen« (2. Chr. 7,14).

Der Teufel bemüht sich, jeden Versuch zu vereiteln, der darauf abzielt, Zeit für Gebet zu erübrigen; denn er weiß, wie machtvoll das Gebet ist. Vielleicht kennst du den Zweizeiler:

Der Teufel bis ins Mark erschrickt,
wenn er den Betenden erblickt.
Der Zweizeiler mag banal sein; dennoch ist er wahr.

Gebet bringt Einheit

Gebet erkennt die Größe Gottes an, wenn es kraftvoll ist, so wie das Gebet von Joschafat:»Herr, du Gott unserer Väter, bist du nicht Gott im Himmel und Herrscher über alle Königreiche der Heiden? Und in deiner Hand ist Kraft und Macht und es ist niemand, der dir zu widerstehen vermag« (2. Chr. 20,6).

Es ist wichtig, Zeiten gemeinsamen Gebets im Lobpreis – und Anbetungsteil des Gottesdienstes vorzusehen. Wenn man nämlich in seinem Lobpreis Gottes Größe feiert, stimmt das eigene Größenverhältnis zu Gott. Ebenso wichtig ist es, die Prinzipien der Erweckung im Gebet mit anderen anzuwenden, so daß Sünde bekannt wird und die Geschwister im Glauben zusammen im Licht wandeln. Wenn wir in Gottes heilige Gegenwart kommen und sein Licht in unsere Herzen scheint, wird ihm alle Finsternis ausgesetzt. Das wird zu Beichte und Reinigung führen.»Wenn ich Unrechtes vorgehabt hätte in meinem Herzen, so hätte der Herr mich nicht gehört« (Ps. 66,18).

Nicht nur Sünde gegen den Herrn verschließt Gottes Ohren unseren Gebeten, sondern auch Sünde und Unversöhnlichkeit gegen andere. Ist dir bewußt, daß der Feststellung:»Des Gerechten Gebet vermag viel, wenn es ernstlich ist« im Jakobus 5,16 unmittelbar die Aufforderung vorausgeht: »Bekennt also einander eure Sünden und betet füreinander, daß ihr gesund werdet«? Die Heilige Schrift zeigt: wirksames Gruppengebet beginnt damit, daß jeder Teilnehmer durch sein Bekennen vor Gott und dem Bruder Gewißheit erlangt, daß keine Finsternis zurückbleibt.

Akzeptiert deshalb diese Prinzipien, wenn ihr zum Gebet zusammenkommt! Seid bereit, eure Herzen zu erforschen, damit ihr die Gewißheit bekommt, daß ihr völlig miteinander eins seid!»Siehe, wie fein und lieblich ist's, wenn Brüder einträchtig beieinander wohnen! ... Denn dort verheißt der Herr den Segen und Leben bis in Ewigkeit« (Ps. 133,1;3).

Übereinstimmendes Gebet: eine mächtige Kraft

Jesus sagte:»Wahrlich, ich sage euch auch: wenn zwei untereinander eins werden auf Erden, worum sie bitten wollen, so soll es ihnen widerfahren von meinem Vater im Himmel« (Mt. 18,19).

Gebet wird kraftvoll, wenn zwei miteinander in Übereinstimmung sind. Aus diesem Grunde sind die Gebete von Eheleuten ein wahres Kraftwerk. Der zitierte Bibelvers will nicht sagen, daß jedes Gebet automatisch beantwortet wird, das von zwei Menschen gebetet wurde, die sich vorher über irgendeine Idee oder Absicht geeinigt haben. Hier ist das Einswerden gemeint, das eine Übereinstimmung der Herzen voraussetzt, die zusammen Gottes Absichten erforschen und in dieser Einheit die Antwort auf ihr Gebet empfangen.

David Watson hat mir einmal erzählt, wie er zu Beginn seiner Arbeit an St. Cuthbert's eine leere Kirche übernahm und der wöchentliche Tag des Gebets und Fastens mit seiner Frau Anne der Schlüssel zum späteren Erfolg wurde.

Ich schätze das Team meines Leiterseminars außerordentlich; denn ich weiß, daß in der von Gott geschenkten Einmütigkeit unserer Herzen der Schlüssel für unser machtvolles Gebet liegt.

Jedesmal, wenn ich zu Gemeindewochenenden oder Konferenzen fahre, wähle ich ein Team vor allem wegen seiner Gebetsunterstützung aus. Die Kommunität hat es sich zur Regel gemacht, daß niemand allein einen Dienst verrichtet, weil mindestens eine zweite Person benötigt wird, mit der zusammen Einigkeit im Gebet erzielt werden kann.

Vermutlich ist das der Grund, warum Paulus immer einen Reisegefährten dabei hatte: Barnabas, Silas oder Timotheus.

Gebet erringt den Sieg

Die 2. Chronik 20 liefert ein hervorragendes Beispiel, wie Sieg durch Gebet errungen wird.

König Joschafat wurde durch die Armeen der Moabiter und der Ammoniter angegriffen. Nach menschlichem Ermessen drohte ihm eine fürchterliche Niederlage. Was tat Joschafat? Zunächst einmal rief er ein Fasten und Beten aus (Vers 3). Dann führte er sein Volk ins Gebet zu Gott. Er begann damit, Gott für seine Kraft und Macht zu preisen (V. 6), und bestätigte seine Verpflichtung, von Gott die Antwort einzuholen (V. 9).

Er hatte sich sogar wortreich über die Umstände beklagt, die ihn in die Krise geführt hatten (V.10+11), mündete jedoch in das eindeutige Bekenntnis seines Glaubens und Vertrauens in Gott: »Wir wissen nicht, was wir tun sollen, sondern unsere Augen sehen nach dir« (V. 12).

Während das Volk im Gebet vor Gott stand (V. 13), wurde Jahasiel ein prophetisches Wort geschenkt, womit Gott dem Volk antwortete: »Tretet nur hin uns steht und seht die Hilfe des Herrn« (V. 17).

156

Joschafat handelt auf das von Gott gegebene Wort hin und schickt den Lobpreischor dem Heer voran. »Joschafat bestellte Sänger für den Herrn, daß sie in heiligem Schmuck Loblieder sängen und vor den Kriegsleuten herzögen« (V. 21).

Als sie so auszogen, schenkte ihnen der Herr einen glänzenden Sieg und stand treu zu seinem Wort bis in die kleinste Einzelheit (V. 22+23). Das Volk stattete dem Herrn den ihm gebührenden Dank ab (V. 28). Der Bericht fährt fort: »Und der Schrecken Gottes kam über alle Königreiche der Länder, als sie hörten, daß der Herr gegen die Feinde Israels gestritten hatte« (V. 29).

In den Tagen nach dem Erweckungswochenende in The Hyde, über das ich in Kapitel 5 berichtete, brachte uns Gott bei, wie man siegreich bis zum Durchbruch betet. Die Prinzipien sind dieselben, die Joschafat befolgt hat:

1. Sich einbringen, zu beten und Gott zu suchen (V. 3)
2. Gottes kraftvolle Macht proklamieren (V. 6)
3. Sich weigern, auf irgend etwas anderes zu schauen als auf Gott (V. 9).
4. Die Situation realistisch einschätzen (V. 10+11)
5. Seinen Glauben und seine Zuversicht bekennen (V.12)
6. Auf Gottes Antwort warten (V. 13). Dafür hat Gott uns seinen Heiligen Geist gegeben:

»Desgleichen hilft auch der Geist unserer Schwachheit auf. Denn wir wissen nicht, was wir beten sollen, wie es sich gebührt; sondern der Geist selbst vertritt uns mit unaussprechlichem Seufzen. Der aber die Herzen erforscht, der weiß, worauf der Sinn des Geistes gerichtet ist; denn er vertritt die Heiligen, wie es Gott gefällt«   Röm. 8,26–27)

7. Gott antwortet (V. 17)
8. Sie werfen sich nieder in Anbetung vor dem Herrn (V. 18)
9. Gottes Antwort wird aufgenommen und danach gehandelt (V. 21)
10. Der Sieg wird vollendet (V. 22–23).
11. Sie vergessen nicht, Gott die Ehre für den Sieg zu geben (V. 28)
    Sieg wird durch Gebet errungen und auf einen Glaubensschritt geschenkt.
Im Neuen Testament gibt es hierzu in der Apostelgeschichte 4,23–31 eine Parallelstelle.

Die Gaben des Geistes im Gebet

Das prophetische Wort, das Gott Jahasiel (2. Chr. 20) schenkte, mag dir vielleicht zu leicht und glatt vorkommen. Vielleicht fragst du dich: Spricht Gott denn heute noch so zu uns? Die Antwort lautet *JA*.

Gott hat uns die Gaben des Heiligen Geistes geschenkt, damit er uns und durch uns seine Absichten enthüllen kann. »So weiß auch niemand, was in Gott ist, als allein der Geist Gottes. Wir aber haben nicht empfangen den Geist der Welt, sondern den Geist aus Gott, daß wir wissen können, was uns von Gott geschenkt ist« (1. Kor. 2,11–12).

Wenn wir uns treffen, um eine Situation durchzubeten, müssen wir deshalb bereit sein, von Gott ein Wort zu empfangen, das unser Gebet beantwortet und uns den Sieg verheißt. »In einem jeden offenbart sich der Geist zum Nutzen aller; dem einen wird durch den Geist gegeben, von der Weisheit zu reden; dem anderen wird gegeben, von der Erkenntnis zu reden, nach demselben Geist ... Einem anderen prophetische Rede; einem anderen die Gabe, die Geister zu unterscheiden; einem anderen mancherlei Zungenrede; einem anderen die Gabe, sie auszulegen« (1. Kor. 12,7–10).

Wenn ich eine Situation vor dem Herrn dargelegt habe, ist es mir oft so gegangen, daß die Zeit des Wartens auf seine Antwort mit Beten im Geist ausgefüllt war: »Wir wissen nicht, was wir beten sollen, wie sich's gebührt; sondern der Geist selbst vertritt uns...« (Röm. 8,26). Wenn dann das prophetische Wort empfangen wird, ist das eher wie eine Auslegung des vorhergegangenen Sprachengebets.

Das Wort des Herrn kann auf beliebig verschiedene Weise kommen. Vielleicht wird es dem einen durch ein Bibelzitat geschenkt oder dem anderen durch ein Bild. Die »gesprochenen« Gaben des Heiligen Geistes – Prophetie, Wort der Weisheit, Erkenntnis, Zungenrede und Auslegung – stehen alle dem Volk Gottes zur Verfügung, so daß Gott seine Sicht und seine Absichten enthüllen kann.

Laß nicht deine Gebete eine einzige Einbahnstraße sein. Räume Gott Zeit ein, dir Antwort zu geben.

Bete ohne Unterlaß

Der Apostel Paulus hat die Angewohnheit, gewisse umwerfende Wahrheiten knapp und kommentarlos zu formulieren, wie diese: »Seid allezeit fröhlich; betet ohne Unterlaß; seid dankbar in allen Dingen; denn das ist der Wille Gottes in Christus Jesus an euch« (1. Thess. 5,16).

Wie können wir ohne Unterlaß beten?

Zunächst einmal wirst du in einer Haltung andauernden Gebets bleiben, wenn dir die Notwendigkeit bewußt ist, Gott in jeder Situation handeln zu sehen. Du wirst für andere wahrnehmbar auf Gott konzentriert sein. Jederzeit wird dein Blick auf Gott gerichtet sein, um von ihm sein Eingreifen und sein Handeln zu erreichen.

Gott hat seinem Volk auch die Gabe des Zungenredens zur Verfügung gestellt. Im ersten Kor. 14,14 heißt es: »Denn wenn ich bete mit der ‚Zunge‘, so betet mein Geist, aber mein Verstand ist unfruchtbar« (Wuppertaler Studienbibel). Deshalb kannst du in Zungen zu solchen Zeiten beten, in denen dein Verstand auf andere Dinge konzentriert ist. Jackie Pullinger, deren Geschichte in dem Buch »Licht im Vorhof der Hölle« (Schulte & Gerth, 1982) erzählt wird, betete beständig jeden Tag von früh bis spät in Zungen; das Ergebnis war eine enorme Freisetzung der Kraft Gottes im Prostituiertenviertel von Hongkong.

Eine Autofahrt ist eine gute Gelegenheit, in Zungen zu beten, ebenso die Hausarbeit. Wenn man im Geist betet, nimmt man besser wahr, was Gott tun will. »Wer in Zungen redet, der erbaut sich selbst« (1. Kor. 14,4).

Es kommt vor, daß man geführt wird, längere Zeit im Geist zu beten. Erst später entdeckt man dann, daß gerade zu dieser Gebetszeit eine Krise ausgebrochen war und Gott Gelegenheit hatte, dich als Fürbitter zu gebrauchen.

Gebet mit Fasten

Wenn es dir mit dem Beten ernst ist, wirst du auch erkennen, wie wichtig Gebet mit Fasten ist. »Blast die Posaune zu Zion, sagt ein heiliges Fasten an, ruft die Gemeinde zusammen! Versammelt das Volk, heiligt die Gemeinde, sammelt die Ältesten, bringt zusammen die Kinder...« (Joel 2,15–16).

Oft bekommt man nicht gleich auf das Gebet Antwort. Es gibt keinen glatten und leichten Weg, die Antwort zu bekommen. Wenn das Gebet zum Atem deines geistlichen Lebens wird, wirst du in einem Strom von Antworten Gottes leben; doch du wirst auch in hartnäckige Situationen geraten, wo anscheinend keine Antwort kommt. Dann wird Gebet mit Fasten helfen. Die Annahme wäre jedoch irrig, daß bei jeglicher Schwierigkeit ein Tag des Gebets und Fastens das Allerheilmittel wäre.

Genauso wie das Gebet muß Fasten zu einer Lebenshaltung werden. Wenn Fasten zu einem Merkmal deiner geistlichen Zucht wird, dann wirst du seinen Wert schätzenlernen.

Ich empfehle dir, daß du dir jede Bibelstelle heraussuchst, in der das Fasten erwähnt ist, alle diese Stellen aufschreibst und Gott erlaubst, dir seine persönliche Botschaft aus seinem Wort heraus deutlich zu machen. Es gibt auch eine Reihe hilfreicher Bücher über dieses Thema.

Gebet schafft Frieden

»Der Friede Gottes regiere in euren Herzen; denn zu ihm seid ihr berufen in einem Leibe; und seid dankbar« (Kol. 3,15/Jerusalemer Bibel).

Frieden ist das Gütesiegel eines Lebens, das in Abhängigkeit von Gott geführt wird. Oft ist nicht das Durchbeten bis zum Sieg angebracht, sondern das Durchbeten bis zum Frieden. Manchmal stürzt alles plötzlich auf dich ein, beraubt dich deines Friedens und versetzt dich in Unruhe und Verwirrung. Was tust du dann?

Die Versuchung wird groß, sich zu sorgen, sich aufzuregen und alle Welt nach einer Antwort zu fragen. Statt dessen ist eine Zeit des Gebets angebracht, allein oder zu mehreren. In The Hyde bin ich oft hinzugebeten worden, mit jemandem seine Situation im Gebet vor den Herrn zu bringen, die durch einen Anruf oder eine plötzliche Krise ausgelöst wurde. Wir stehen dann still vor Gott und beten durch, bis wir den inneren Frieden haben. Wenn das zu Hause passiert, unterbrechen meine Frau und ich wie auch jedes andere anwesende Mitglied unserer Großfamilie unsere Arbeit und bringen ein solches Anliegen gemeinsam vor unseren himmlischen Vater, der alles weiß und alles versteht.

Wenn Frieden eingekehrt ist, können wir kreativ agieren statt reagieren. Dann können wir Gottes Stimme hören und im Glauben und in Zuversicht vorgehen.

Gebet in der Seelsorge

»Alles geschieht, wenn du betest« ist zu einem geflügelten Wort unserer Kommunität geworden. Im persönlichen Seelsorgedienst mußt du dich davor hüten, die Not oder das Problem lediglich mit guten Ratschlägen anzugehen. Zweifellos wird dir, während du redest, Weisheit von Gott geschenkt; doch Gottes Kraft wird in dem Beichtkind aktiv, während du betest. Alles, was du sagst oder tust, muß den Weg des Gebets vorbereiten; dann handelt Gott und tut sein Werk, das kein Mensch nachmachen kann.

Ich habe schon Situationen erwähnt, wo du für andere Menschen bitten wirst, daß sie das neue Leben in Jesus Christus empfangen und mit dem Heiligen Geist erfüllt werden. Ganz gleich, wie das Anliegen lautet, im Gebet wird Gottes ewiges Werk getan.

Gebet ist Gemeinschaft mit Gott

»Es begab sich aber zu der Zeit, daß Jesus auf einen Berg ging, um zu beten; und er blieb die Nacht über im Gebet zu Gott« (Lk. 6,12). Das Wesen des Gebets ist Gemeinschaft mit dem Vater. Je mehr Zeit du in seiner heiligen Gegenwart verbringst, desto mehr Zeit wirst du mit ihm verbringen wollen.

Du wirst auch eine Ahnung davon bekommen, wie sehr dem Vater seine Liebe zur Menschheit am Herzen liegt. Du wirst bekommen, worum immer du bittest, wenn du lernst, dem Willen Gottes gemäß zu beten; »denn der Geist vertritt die Heiligen, wie es Gott gefällt« (Röm. 8,27).

Fünfzehn Jahre lang habe ich im Geschäft meiner Familie gearbeitet. Mein Vater war der Geschäftsführer, und ich war ihm unmittelbar unterstellt. Oft wurde ich von Angestellten gefragt, wie Angelegenheiten in ihrem Verantwortungsbereich entschieden werden sollten. Da ich ziemlich genau wußte, wie die Antwort meines Vaters ausfallen würde, konnte ich ihnen einen definitiven Bescheid geben. Weil ich mir Zeit genommen hatte, herauszufinden, wie mein Vater dachte und handelte, konnte ich mir auf diesem Gebiet Entscheidungen zutrauen.

Wenn du lernst, Gott zu suchen, wirst du ihn nicht nur besser kennenlernen. Dein Vertrauen in ihn wird zunehmen, wenn du seine machtvolle Hand am Werk siehst.

14   **Ein Mann des Glaubens**

Seit Monaten hatte sich eine kleine Gebetsgemeinschaft bei uns getroffen. Vor unserem gemeinsamen Gebet aßen wir oft zusammen Abendbrot. Unsere Gemeinschaft war in Ordnung, doch Lobpreis und Anbetung waren etwas gestelzt, und das Gebet lief unterschiedlich. Es war eine der üblichen beständigen Gruppen, in denen selten etwas passierte und wo auch nicht erwartet wurde, daß etwas passiert.

Das heißt nur so lange, bis Arthur zu uns stieß. Er war sechs Monate vorher Christ geworden, mitten in einer Ehekrise. In den Folgemonaten hatte er eine Ausbildung zum Krankenhelfer in einem Krankenhaus in der Nähe angefangen. Wegen der Schichtarbeit kam er bei uns erst an, als wir schon begonnen hatten zu beten. Er war erst fünf Minuten da, als er sich in eine Stille hinein meldete: »Würde jemand bitte für mich beten? Heute habe ich mich beim Hochheben eines Patienten am Rücken verletzt. Ich weiß, wenn jemand für mich betet, werde ich geheilt werden.«

Grabesstille. Nach ungefähr einer halben Minute wagte ich einen prüfenden Blick in die Runde, um herauszufinden, welcher von meinen glaubensvollen Brüdern aufspringen und das Gebet der Heilung beten würde. Keiner rührte sich.

Ich dachte: »Ich kann doch den armen Arthur nicht hier sitzenlassen, ohne daß jemand für ihn betet; und doch habe ich wohl nicht genug Glauben, um zuversichtlich zu sein, daß Gott ihn durch mein Gebet heilen würde.« Ich rang mit meinen widerstrebenden Gefühlen. Das hochgradige Schweigen dauerte eine Ewigkeit. Keiner rührte sich. Ich ging zu Arthur und legte ihm tastend die Hände auf die Schultern. Ich holte tief Luft und betete mit so viel Glauben, wie ich nur aufbringen konnte.

Als mein Gebet zu Ende war, ging ich zurück zu meinem Stuhl und setzte mich. Das Gebetstreffen ging seinen normalen Trott weiter! Nach dem Schluß tranken wir noch einen Kaffee und gingen dann heim. Ich traute mich nicht, Arthur zu fragen, ob etwas mit ihm passiert wäre. So weit reichte mein Glauben nicht.

Am folgenden Abend platzte Arthur ins Abendessen, und seine Worte überschlugen sich. »Stell dir vor, als du gestern abend für mich gebetet hast, wurde es mir im Rücken ganz heiß, und ich wußte – ich war geheilt! Heute habe ich den ganzen Tag über Patienten in und aus dem Bett gehoben und hatte dabei nicht die Spur von einem Schmerz. Halleluja!«

Ich war voller Freude und zutiefst erleichtert. Als ich für Arthur betete, hatte ich nichts gefühlt. Gott erteilte mir eine Lehre in Sachen Glauben.

Glaube: eine Lebensnotwendigkeit

»Gedenkt eurer Vorsteher ... und ahmt ihren Glauben nach« (Hebr. 13,7/ Jerusalemer Bibel). Wenn Glauben Gefolgschaft finden soll, muß die Realität des Glaubens im Leben des Leiters gesehen werden können.

Hebräer 11,6 ist eine recht unbequeme Bibelstelle. Sie lautet: »Aber ohne Glauben ist's unmöglich, Gott zu gefallen.« Ich hätte eine Formulierung »...ist es schwierig...« vorgezogen. Das Wort *unmöglich* gestattet keinerlei Kompromisse, und wir müssen uns alle dem stellen, was es beinhaltet.

Im Glauben leben heißt zu wissen, daß alles, was du bist, von Gott ist. Du sollst Gottes Leben in seiner Kraft leben, unter seiner Führung, nach seinem Willen und seiner Absicht und ihm zur Ehre. In natürlicher menschlicher Kraft und Fähigkeit zu leben ist nicht Glauben und gefällt Gott nicht.

Paulus schreibt einen hymnischen Lobgesang im Römerbrief 11,35+36: »Wer hat dem Herrn etwas zuvor gegeben, daß Gott es ihm vergelten müßte? Denn von ihm und durch ihn und zu ihm sind alle Dinge. Ihm sei Ehre in alle Ewigkeit! Amen!«

Die nüchterne Tatsache lautet: nur das, was Gott in deinem Leben tut, hat Ewigkeitswert. Nur die Kraft, die Gott durch dich fließen läßt, hat eine Wirkung auf das Leben anderer.

Du benötigst Glauben, um Gottes Leben und Kraft zu empfangen, und du benötigst Glauben, um dieses Leben und diese Kraft auf andere zu übertragen. Solcher Glaube ist eine Offenbarung von Gott.

Glaube: eine sich entfaltende Offenbarung

»Es ist aber der Glaube eine feste Zuversicht auf das, was man hofft, und ein Nichtzweifeln an dem, was man nicht sieht« (Hebr. 11,1). Glaube ist, sich mehr auf das Unsichtbare als auf das Sichtbare zu verlassen. Durch Glauben ist mein Leben in Jesus realer als mein natürliches Leben, auch wenn ich ihn nicht in ein Reagenzglas stecken und wissenschaftlich untersuchen kann. Die Realität Gottes ist für mich greifbarer als der Stuhl, auf dem ich beim Schreiben dieser Worte sitze.

Gott lobte die alten Heiligen, weil sie auf sein Wort hin handelten, statt auf menschliche Logik hin. Das ganze Kapitel 11 des Hebräerbriefes berichtet von Begebenheiten, wo Männer des Glaubens – aller Unwahrscheinlichkeit zum Trotz – Gott gehorchten. In den Augen der Welt wurden sie als töricht angesehen. Weil sie über dieses Erdenleben hinaus auf Gottes zeitlose Ziele blickten, gehorchten sie aber und empfingen dafür seinen Segen.

Glaube ist ein Geschenk Gottes. Es ermöglicht uns, die Realitäten der Ewigkeit zu empfangen, die Gott uns zugänglich macht.

Glaube an Rettung

»Da wir nun gerecht geworden sind durch den Glauben, haben wir Frieden mit Gott durch unseren Herrn Jesus Christus« (Röm. 5,1). Die Erklärung des Evangeliums konfrontiert dich mit der Wahrheit über Sünde und Ungehorsam, die dich von Gott getrennt haben. Die Entscheidung liegt jetzt bei dir. Entweder du beachtest nicht, was du gehört hast, oder du streckst dich nach Gott aus und empfängst sein neues Leben durch Buße und Glauben.

Sogar die Buße ist ein Geschenk Gottes. Die Apostelgeschichte 5,31 berichtet: »Den (Jesus) hat Gott durch seine rechte Hand erhöht zum Fürsten und Heiland, um Israel Buße und Vergebung der Sünden zu geben.« Als Petrus gebeten wurde, Kornelius und sein Haus zu besuchen, war er sich nicht sicher, ob Gott Heiden annehmen würde. Nachdem dann aber der Heilige Geist so mächtig über diese Heiden ausgegossen war, wurde Petrus vor die anderen Apostel zitiert, um über sein Handeln Rechenschaft abzulegen. Als sie vernahmen, was geschehen war, lobten sie Gott und sprachen: »So hat Gott auch den Heiden die Umkehr gegeben, die zum Leben führt!« (Apg. 11,18).

Im Augenblick der Umkehr und des Glaubensschrittes empfängt man die Offenbarung des neuen Lebens in Jesus Christus, wird man durch den Glauben gerechtfertigt und empfängt zur Bestätigung Gottes Frieden. Du bist durch Jesus gerechtfertigt worden. Das im Glauben empfangene Leben muß im Glauben fortgesetzt werden: »Wird doch im Evangelium Gottes Gerechtigkeit aus Glauben zu Glauben enthüllt, wie geschrieben steht: der Gerechte wird aus dem Glauben leben« (Röm 1,17/Jerusalemer Bibel).

Glaube an Gottes Kraft

Die Offenbarung entfaltet sich. Du hast das Leben Jesu Christi durch den Glauben an ihn. Du bist »eine neue Kreatur; das Alte ist vergangen, siehe,

Neues ist geworden« (2. Kor. 5,17). Das ist, wie wenn man ein nagelneues Auto kauft. Die alte Rostbeule ist auf dem Autofriedhof zurückgelassen worden, und der neue Wagen steht nun in all seiner Pracht da. Um jedoch dieses Auto erst richtig genießen zu können, muß man Benzin in den Tank füllen.

Der Heilige Geist ist für jedes Kind Gottes erreichbar und wird im Glauben empfangen. Paulus erklärt das im 1. Korinther 2,4–5: »Mein Wort und meine Predigt geschahen nicht mit überredenden Worten menschlicher Weisheit, sondern in Erweisung des Geistes und der Kraft, damit euer Glaube nicht stehe auf Menschenweisheit, sondern auf Gottes Kraft.«

Durch Glauben lebst du täglich in der Realität der Kraft des Geistes.

Trotzdem ist es möglich, in der Kraft des Geistes zu beginnen und dann in menschliche Anstrengung zu verfallen. Das passierte den christlichen Galatern: »Seid ihr wirklich so unverständig? Habt im Geist begonnen und wollt nun im Fleische enden? So Großes habt ihr umsonst erfahren? Ja, wirklich: umsonst! Also – der euch den Geist darreicht und Wunder unter euch wirkt, tut er's aus Gesetzeswerken oder aus dem Hören des Glaubens?« (Gal. 3,3–5/ Jerusalemer/Wuppertaler Studienbibel).

Glaube, der Heilung bringt

Als das Zeitalter des Geistes anbrach, passierten die verschiedensten Dinge, was bei den frommen Leuten jener Zeit bohrende Fragen auslöste.

Petrus und Johannes kümmerten sich ohne Aufhebens um ihre eigenen Angelegenheiten und gingen zum Tempel, um zu beten, als ein Krüppel sie mit einem damals üblichen Anliegen konfrontierte. Petrus und Johannes hatten die Wahl: entweder ihre Taschen zu durchwühlen und etwas Kleingeld zu finden, um den armen Bettler zum Schweigen zu bringen, oder aber im Glauben herauszutreten. Zufällig waren beide ohne Geld losgegangen. Gott hat wirklich Humor. Er bringt seine Kinder in so unmögliche Situationen, daß ihnen nichts anderes übrigbleibt, als ihn um ein Wunder zu bitten.

Deshalb sagte Petrus: »Silber und Gold habe ich nicht; was ich aber habe, das gebe ich dir: im Namen Jesu Christi von Nazareth steh auf und geh umher! Und er ergriff ihn bei der rechten Hand und richtete ihn auf. Sogleich wurden seine Füße und Knöchel fest, er sprang auf, konnte gehen und stehen...« (Apg. 3,6–8).

Das verursachte ziemlich viel Aufregung unter den Leuten. Sie scharten sich um Petrus und Johannes und wollten eine Erklärung haben. Die Erklärung des Petrus ist eindeutig: »Durch den Glauben an Jesu Namen hat sein

Name diesen, den ihr seht und kennt, stark gemacht; und der Glaube, der durch ihn gewirkt hat, hat diesem die Gesundheit gegeben vor euer aller Augen« (Apg. 3,16).

Die ersten Jünger begannen, die Glaubensgewißheit zu bekommen, daß Gott nichts unmöglich ist.

Gott ist stets bereit, einen Glaubensschritt zu belohnen; und sehr oft, wenn man neu ist im Reich Gottes, bekräftigt er seinen Glauben mit einem mächtigen Wunder, wie er das bei Petrus und Johannes getan hat. Deshalb: tritt im Glauben heraus!

Glaube, der für ein Leben unter dem Kreuz ausreicht

Saulus, der Erzverfolger der neuen christlichen Kirche, hatte seine Jesusbegegnung auf dem Weg nach Damaskus. Sein Leben war von Stund an verwandelt, sein Name geändert in Paulus.

Ich weiß nicht, was Paulus für seine Zukunft erwartete, als er zum Glauben kam. Gott schickte ihm Ananias, damit beide zusammen um die Fülle des Heiligen Geistes und die Wiederherstellung seiner Sehkraft beteten. Dabei deckte der Herr ein Stück weit auf, was die neue Berufung den Paulus kosten würde.»Doch der Herr sprach zu Ananias: Geh hin; denn dieser ist mein auserwähltes Werkzeug, daß er meinen Name trage vor Heiden und vor Könige und vor das Volk Israel. Ich will ihm zeigen, wieviel er leiden muß um meines Namens willen« (Apg. 9,15–16).

In deiner Nachfolge sind auch Kosten und Leiden inbegriffen. Das erfordert Glauben. Es gibt keinen anderen Weg. Das Leben, zu dem Gott dich berufen hat, kannst du nur mit Gottes übernatürlicher Kraft und seinen Hilfsquellen bewältigen.

Len Moules war mir jungem Christen eine segensreiche Herausforderung gewesen. Offensichtlich hatte Gott in seinem Leben sehr tief gewirkt. Erst beim Lesen seiner Biographie *On the Summit* von Pat Wraight (Kingsway/CLC, 1981) bekam ich eine Ahnung von dem Geheimnis. Ich zitiere die Begebenheit in voller Länge, weil sie eine starke Botschaft für alle hat, die zur Leiterschaft gehören. Len berichtet:

Eines Morgens bat mich der Vater einer unserer Missionare – er war auf Besuch –, ihn auf einem Spaziergang zu begleiten. Ich nahm an, er wolle den Sonnenaufgang auf den Himalajagipfeln beobachten. Deshalb führte ich ihn zu einem Aussichtspunkt und erklärte: dieser Gipfel wird als erster von der Sonne beschienen. Er erwiderte: ich bin nicht gekommen, um den Sonnenaufgang zu beobachten. Ich bin gekommen, um mit Ihnen zu reden.

Ich hatte ein flaues Gefühl im Magen, daß er mir etwas sehr Ernstes mitzuteilen hätte. Ich hatte mich nicht geirrt. Wir setzten uns, und er fragte mich: ›Len, kennen Sie Galater 2,19–20?‹ Gott sei Dank – die Stelle war mir geläufig! Ich begann zu zitieren: ›Ich bin mit Christus gekreuzigt. Ich lebe, doch nun nicht ich, sondern Christus lebt in mir. Denn was ich jetzt lebe im Fleisch, das lebe ich im Glauben an den Sohn Gottes, der mich geliebt hat und sich selbst für mich dahingegeben.‹

In Wirklichkeit kam ich mit dem Zitieren dieser Bibelstelle gar nicht bis ans Ende, denn mittendrin unterbrach er mich und sagte: ›Len, daß Sie diese Stelle auswendig können, ist mir klar. Aber was wissen Sie davon? Danke, Len, daß ich an Ihrer Konferenz teilnehmen und erleben darf, wie Sie an der Tafel den Einsatz Ihrer Missionare planen. Aber – das war nicht geistgeführte Planung. Das war menschliche Tüchtigkeit im Einsatz Ihrer Missionare. Es war nicht von Gott geschenkt. Len, ich habe Sie beten hören. Wenn ich doch sagen könnte, es sei der Geist am Beten gewesen! Das aber war nicht der Fall. Es waren Sie, der gebetet hat, mit all Ihren menschlichen Wünschen, für die Sie Gottes Segen erbeten haben.

Bei Tisch sind Sie fröhlich. Wenn ich nur spüren würde, daß Jesus die Quelle Ihrer Freude war! Nicht bei Ihnen, Len. Sie sind solch ein menschlicher Mensch, Len; Sie haben davon keine Ahnung. O ja, ich weiß Len, Sie würden bereit sein, sich als Märtyrer verbrennen zu lassen. Aber, Len, das alles nur aus der Kraft des Fleisches, und dann bitten Sie Gott, das abzusegnen. Sie haben nichts von diesem Bibelvers begriffen!‹

Danach ließ er mich allein.

Vielleicht eine Stunde später erstrahlten die Gipfel in der Morgenröte – doch ich nahm das nicht wahr. Ich stand Auge in Auge vor dem Herrn in dieser Streitfrage. Dreizehn Jahre Missionar – wenn die Frucht dieser Jahre der Feuerprobe ausgesetzt worden wäre, kein Zweifel: sie wäre als Strohfeuer verbrannt. Menschenpläne, Menscheninitiative, Menschenideen – gute Ideen. Bestenfalls ein Opfer in meinen Augen – war es aber Gottes Wille? War es geistlich entschieden? Ich bezweifle das. Ich weiß: es war nicht so. Eine Stunde danach lag ich flach hingestreckt auf dem Gras dieses Berges, breitete meine Arme weit aus und sagte: ›Herr, ich bin mit dir gekreuzigt. Oh, ich lebe. Danke, Herr, für Kraft und einen Verstand und ein Herz und einen Willen und für Gefühle und Liebe. Danke, Herr; ich lebe – aber nicht ich, sondern du lebst durch mich.‹

Glaube ist nichts Statisches, sondern die sich entfaltende Offenbarung der Kraft und des Charakters Gottes; sie muß mit ständig gesteigerter Intensität ergriffen werden.

Die Realität des Glaubens

Aus dem, was ich bereits über meinen eigenen Glaubensweg mitgeteilt habe, wird dir deutlich geworden sein: die Tatsache, das Leben, die Kraft und die Heilung Jesu empfangen zu haben, ist noch keine Garantie dafür, daß du dir zutraust, das auch anderen zu vermitteln. Viele Jahre lang habe ich nicht glauben können, daß Gott in anderen wirken würde, wenn ich für sie beten würde. Wenn ich gebeten wurde, für jemand zu beten, geriet ich in Panik und Furcht.

Ich bezweifelte keinesfalls *Gottes* Fähigkeit, all denen zu begegnen, die im Glauben zu ihm kamen; ich bezweifelte viel mehr, daß Gott ausgerechnet *mich* benutzen würde.

Während der Leiterseminare habe ich oft die gleiche Furcht und Unsicherheit in Menschen entdeckt, die seit vielen Jahren im Hirtendienst standen. Das hat für gewöhnlich zu einem Stillstand in der Entwicklung ihrer Gemeinden geführt. Denn selbst wenn die Wahrheit treu verkündet worden ist, zeitigt das Versagen, nicht jeden einzelnen der Gemeinde zur Übergabe seines Lebens und damit zur Freiheit in Jesus geführt zu haben, zu Niedergeschlagenheit und manchmal Verzweiflung.

Ich kenne Pfarrer, die kraftvoll predigen und dennoch sehr wenig Frucht ihrer Predigt in der Gemeinde sehen; denn sie geben nicht Gelegenheit zu persönlicher Seelsorge, die auch verankert, was gepredigt worden ist.

Als Hirte mußt du darauf achten, daß zweierlei geschieht: einmal mußt du genug Glauben haben, um eine wirksame persönliche Seelsorge in Gottvertrauen ausüben zu können. Zum anderen mußt du den Mut aufbringen, die Menschen mit den Anforderungen zu konfrontieren, die Gott an sie stellt.

Mit der Formulierung »Menschen ... konfrontieren« beabsichtige ich keineswegs, daß du jemals Konfliktsituationen schaffen sollst. Nein, du sollst nur deine Verantwortung wahrnehmen, durch den Zuspruch der Sündenvergebung in der persönlichen Beichte den Dienst zu tun, dessen jeder der dir Anvertrauten bedarf.

Im Jakobusbrief gibt es klare Lehre über Glaube und Taten: »Aber es könnte jemand sagen: du hast Glauben, und ich habe Werke. Zeige mir deinen Glauben ohne die Werke, so will ich dir meinen Glauben zeigen aus meinen Werken« (Jak. 2,18).

Im Zusammenhang dieses Kapitels sind die Taten des Glaubens Handlungen, die in den dir Anvertrauten ein übernatürliches Werk hervorrufen.

Jesus definiert den Glauben wie folgt: »Darum sage ich euch: Alles, um was ihr betet und bittet – glaubt, daß ihr es empfangen habt, und es wird euch zuteil werden« (Mk. 11,24/Jerusalemer Bibel).

Glaube hat die Antwort schon empfangen, bevor du mit der persönlichen Seelsorge anfängst. Wenn jemand zu dir kommt, um sein Leben Jesus zu übergeben, dann empfange von Gott sein neues Leben im Glauben, bevor du mit ihm zum Gebet zusammenkommst. Du weißt: sowie du diesen Menschen zum Kreuz Jesu führst, wird er das Leben Jesu empfangen. Das steht außer Zweifel.

Wie bekommst du diese Glaubensgewißheit? Es gibt eine bestimmte Entwicklung, die zum Wachstum im Glauben für den Dienst führt.

Glaube an Jesus, den Sohn des lebendigen Gottes

Im Herzen des Petrus war etwas geschehen, als er bekannte: »Du bist Christus, des lebendigen Gottes Sohn« (Mt. 16,16). Jesus sagte ihm, daß seine Erklärung nicht aus seinem menschlichen Verstand stammte, sondern aus Gottes Offenbarung.

Mit diesen Worten hat Petrus mehr als eine theologische These aufgestellt. Er hat eine dynamische Wahrheit zum Ausdruck gebracht. Wenn du die Offenbarung empfängst, daß Jesus Christus der Sohn des lebendigen Gottes ist, und daß du selbst ein *Sohn* Gottes bist, dann bist du dir gewiß, was immer du im Namen Jesu erbitten wirst, wird er tun (Joh. 14,13). Das ist eine lebensverändernde Wahrheit!

Jesus sprach weiter (Mt. 16) über den Felsen, auf den er seine Kirche bauen wollte. Ich verstehe das nicht so, daß Petrus selbst der Felsen war, sondern daß sein Bekenntnis, Jesus ist der Christus, der Sohn des lebendigen Gottes, der Fels war. Sofort erklärte Jesus, daß die Pforten der Hölle die Kirche nicht überwinden würden, eine Kirche, die auf dem echten Christus in all seiner vollmächtigen Autorität gegründet ist.

Wenn behauptet wird, Petrus selbst sei der Felsen, so heißt das, die neue Kirche sei auf einem Menschen gegründet. Das Studium der Briefe des Neuen Testaments zeigt immer wieder von neuem: die ersten Jünger bauten ihr Leben und ihren Dienst auf das Bekenntnis eines lebendigen Jesus, eines Christus, der fortwährend mit Kraft und Autorität im Leben anderer Menschen handelt.

Jesus fuhr fort: »Ich will dir die Schlüssel des Reiches der Himmel geben; und, was du auf Erden binden wirst, das wird in den Himmeln gebunden sein, und was du auf Erden lösen wirst, das wird in den Himmeln gelöst sein« (Mt. 16,19/Zürcher Übersetzung). Wenn du ein von Gott geschenktes Verständnis von der Autorität des Gottesreiches hast, so wirst du einen Dienst ausüben, der das Gütesiegel dieses Reiches trägt.

Das Fundament der Kirche ist der Glaube an den großen Gott, der in der Lage ist, große Dinge im Leben der Menschheit zu tun. Wieviel du im Herzen von der souveränen Allmacht Gottes weißt, daran wird dein Glaube gemessen.

Glaube wie ein Senfkorn

Wie beginnt dann der Glaube zu wachsen? Als die Jünger zu Jesus kamen, nachdem sie bei dem Versuch versagt hatten, den Knaben von seiner Epilepsie zu befreien, fragten sie ihn: »Warum konnten wir ihn nicht austreiben? Er aber sprach zu ihnen: wegen eures Kleinglaubens. Denn wahrlich, ich sage euch: wenn ihr Glauben habt wie ein Senfkorn, so könnt ihr sagen zu diesem Berge: Hebe dich dorthin! – so wird er sich heben, und euch wird nichts unmöglich sein« (Mt. 17,19–21).

Sie benötigten einen senfkorngroßen Glauben. Wenn du bereit bist, mutig im Glauben auszuschreiten, dann pflanzt Gott gerne dieses Senfkorn in dein Herz. Das ist aufregend und herausfordernd. Aufregend deshalb, weil dir nichts unmöglich sein wird, solange du Gott erlaubst, seine Kraft durch dich freizusetzen. Herausfordernd deshalb, weil das Wachstum deines Glaubens dich in Situationen bringen wird, wo du Gott angesichts schier unmöglicher Chancen vertrauen mußt.

Das ist die Herausforderung. Bist du gewillt, Gott zu sagen: »Ich bin für alles bereit?« Dann wird er dich in ein spannendes Abenteuer hinausführen. Warum treten nur so wenige im Glauben hinaus? Weil sie die Kosten scheuen. Der Glaube tut es nicht unter »alles oder nichts«. Du wirst Gott Gelegenheit geben, die Initiative zu ergreifen – und dein Leben wird nie mehr ruhig und beschaulich sein. Dir wird ständig bewußt sein, daß du keine mißliche Lage, der du ausgesetzt bist, aus eigener Kraft meistern kannst, und du wirst zu Gott rufen: »Wenn du hier nicht hilfst, Herr, gehe ich unter.« Gerade dann, wenn die Lage hoffnungslos scheint, wird Gott eingreifen, und du wirst vor Gott in die Knie gehen in Lobpreis und Danksagung für seine Kraft und Treue.

Schwellen zum Glauben: Wie Glaube wachsen kann

1. Das Maß des Glaubens

Wenn du dir wünschst, ein anderer zu sein, dann ist das kein guter Wunsch. Du mußt deinen Glaubensweg damit beginnen, daß du akzeptierst: Gott hat dich so geschaffen, wie du bist, weil er dich so gewollt hat. Gott möchte nicht, daß du bleibst, wie du bist; aber er will, daß du so anfängst, wie du bist. Wenn du jemand anderen zu imitieren versuchst, wirst du nie im Glauben wachsen. Der wirklichkeitsfremde Versuch, etwas anderes zu sein, als man ist, behindert ganz wesentlich die persönliche geistliche Entwicklung: »Siehe, an Wahrheit im Innersten hast du Gefallen; tue mir im Verborgenen Weisheit kund« (Ps. 51,8/Zürcher Übersetzung). Bisher habe ich keinen Weg gefunden, jemand zu helfen, der seinen eigenen Glauben im Dienst überschätzt.

Paulus schrieb: »Denn ich sage kraft der Gnade, die mir verliehen worden ist, einem jeden von euch: er soll nicht höher von sich denken, als er denken darf, vielmehr soll er bescheiden von sich denken, wie Gott einem jeden das Maß des Glaubens zugeteilt hat« (Röm. 12,3/Jerusalemer Bibel). Danke dem Herrn dafür, daß du der bist, der du bist, wie auch für das Maß an Glauben, das er dir geschenkt hat! Sag ihm, daß du im Glauben wachsen möchtest, und daß du auf jede Situation, in die er dich stellt, bereit bist, einzugehen!

Das ist der Pfad, den Gott mir gezeigt hat. Nicht die von mir eingeleiteten Situationen haben meinen Glauben angeregt, sondern diejenigen, wo ich ins kalte Wasser geworfen wurde wie in der am Beginn dieses Kapitels zitierten Situation. Wenn du Gott sagst: »Ich bin zu allem bereit«, nimmt er dich beim Wort!

2. Nimm zu im Glauben

In einem der humorvollen Teile der Bibel, die mich zum Schmunzeln reizen, wenn ich mir die Szene vorzustellen versuche, lehrt Jesus seine Jünger über das Thema Vergebung. Er legt den Jüngern ans Herz, dem Bruder, der siebenmal an einem Tag gegen sie sündigt und siebenmal reuig zurückkommt und sich entschuldigt, jedesmal zu vergeben. Die Antwort der Jünger lautet: »Mehre uns den Glauben!« (Lk. 17,5/Jerusalemer Bibel).

Lassen wir den Humor der Situation einmal außer acht: Du kannst deinen Glauben wirklich wachsen sehen! Mein ständiges Gebet als einer, der in den Dienst gerufen ist, lautet: »Herr, mehre meinen Glauben!« Jedesmal, wenn ich im Namen Jesu diene, möchte ich den Herrn Dinge tun sehen, die neu und größer sind als je zuvor! Den Zuwachs kann ich nicht immer erkennen, doch ich bete so weiter, und ich weiß: Gott wird dieses Gebet erhören, und das Senfkorn des Glaubens wird sich zu einem Glaubensbaum entwickeln.

3. Das Umfeld des Glaubens

Eine Gruppe von Gläubigen erzeugt einen gewissen Glaubenspegel. Ein solcher Glaubenspegel schafft das Umfeld, in dem Gott handeln kann. Bei unserem Reisedienst bekommen wir verschiedene Pegelstände des Glaubens in den von uns besuchten Gemeinden und Treffen mit. Manchmal ist der Glaubensstand hoch und voller Erwartung, manchmal aber auch niedrig und gedrückt. Das soll keinesfalls ein Werturteil über irgend jemand sein; aber die Tatsache sollte von jedem Leiter registriert werden.

Paulus sagte: »...wir haben die Hoffnung, wenn euer Glaube wächst, unter euch großgemacht zu werden nach unserem Maßstab bis zum Überströmen, in die Gegenden über euch hinaus das Evangelium zu tragen...« (2. Kor. 10,15/Wuppertaler Studienbibel). Paulus wollte den Glauben dieser Jünger

Jesu wachsen sehen. Denn er wußte: wenn das geschähe, würde die Wirkung des Evangeliums größer werden. Es nützt einem Diener des Wortes wenig, für eigenes Glaubenswachstum zu beten, wenn er nicht ein Glaubenswachstum bei denjenigen bewirkt, die ihr Leben bereits Jesus übergeben haben.

Wenn mein Leiterseminarteam und ich zusammen beten, wird mein Glaube dadurch gestärkt. Ich nehme aber auch meine Verantwortung ernst, den Glauben des Teams zu stärken, damit wir alle zusammen eine größere Wirksamkeit unseres Dienstes, in den Gott uns gestellt hat, erleben.

Als Jesus nach Nazareth ging, vollbrachte er nicht viele Wunder. Die Heilige Schrift erklärt die Ursache: »Und er tat nicht viele Zeichen wegen ihres Unglaubens« (Mt. 13,58).

Wenn Jesus in Nazareth daran gehindert wurde, den Sieg seines Dienstes zu erleben, weil es den Leuten an Glauben mangelte, sollten wir das um so mehr zum Anlaß nehmen, den Glauben und die Erwartung der uns Anvertrauten zu fördern.

4. Glaube aus dem Wort

»Das Wort ist dir nahe, in deinem Munde und in deinem Herzen. Dies ist das Wort vom Glauben, das wir predigen. Denn wenn du mit deinem Munde bekennst, daß Jesus der Herr ist, und in deinem Herzen glaubst, daß ihn Gott von den Toten auferweckt hat, wirst du gerettet« (Röm. 10,8–9). Dieser Bibelabschnitt spricht vom Wort des Glaubens an die Rettung durch Jesus. Während es die Menschen in ihren Herzen empfingen und mit ihrem Mund bekannten, wurde ihr Leben verändert.

Die Bibel beurkundet, wie der allmächtige Gott in der Geschichte den Glauben von Menschen mit seinem Eingreifen in ihr Leben beantwortet hat. Während du dich vom Wort Gottes in deinen persönlichen Gebets- und Anbetungszeiten ernährst, während du sein Wort von der Kanzel verkündest, während du in jedem Sektor deines Lebens von seinem Wort lebst, wird Glaube in deinem Herzen wie auch im Herzen der dir anvertrauten Menschen groß werden.

Kennst du den aktuellen Pegelstand deines Glaubens? Wann hat er sich das letzte Mal verändert? Wenn dein Herz darauf aus ist, Gott zu suchen, dann wird dir das ständige Wachstum deines Glaubens bewußt sein. Das bedeutet eine wachsende Fruchtbarkeit in deinem Leben und Dienst in einem Ausmaß, das du früher vielleicht für unmöglich gehalten hast. Darüber hinaus wird Gottes heilige Gegenwart für dich greifbarer werden und seine verwandelnde und reinigende Wirkung tun.

Das Ziel des Glaubens

Wo findet dein Glaube seine Begrenzung? Nirgends. Jesus sagte: »Wahrlich, wahrlich, ich sage euch: wer an mich glaubt, der wird die Werke auch tun, die ich tue, und er wird noch größere als diese tun; denn ich gehe zum Vater« (Joh. 14,12).

Dieser Vers hat eine enorm belebende Wirkung auf jeden *Mann des Glaubens*. Du weißt, daß es immer noch mehr Kraft und Aktivität Gottes gibt, als du bisher erlebt hast. Gott ist stets bereit, auf deinen Glauben hin mehr zu tun. Drum bestürme ihn nur!

»Denn was ist die Liebe zu Gott, daß wir seine Gebote halten; und seine Gebote sind nicht schwer. Denn alles, was von Gott geboren ist, überwindet die Welt; und unser Glaube ist der Sieg, der die Welt überwunden hat. Wer ist es aber, der die Welt überwindet, wenn nicht der, der glaubt, daß Jesus Gottes Sohn ist?« (1. Joh. 5,3–5).

15 Ein Mann der Demut

Mit der Demut ist das so eine Sache. Wir wissen, wir sollten sie haben. Aber ob wir sie haben, erkennen andere leichter als wir selber. Wer gibt denn gerne zu, daß er stolz und arrogant ist?

Ich komme mir vor, als ob ich in meinem Inneren ein Pendel hätte. Wenn ich Gottes Kraft am Werk sehe, dann sagt mir eine innere Stimme: »Das hast du fabelhaft gemacht!« Stolz kommt in mir auf, und alle möglichen Vorstellungen schwirren mir durch den Kopf. Es ist Satan, der mich in Versuchung führt, die Ehre, die Gott dafür gebührt, mir selbst zuzuschreiben. Denn er weiß: wenn ich meine Arbeit selbstsüchtig als eine Art Egotrip tue, wird seine Wirkung verschwinden. Genau das will Satan. Solchen Gedanken muß deshalb entschieden im Namen Jesu geboten werden. Das innere Pendel aber schlägt nicht nur nach der einen Seite aus. So habe ich zum Beispiel stundenlang mit jemand anderem gebetet, ohne weitergekommen zu sein. Wenn alles vorbei ist, sagt dann eine andere innere Stimme: »Du taugst nichts – hätte ein anderer mit ihm gebetet, wäre das ganz anders gelaufen!« Mich überkommt ein Gefühl der völligen Wertlosigkeit, und ich spüre, daß ich nie wieder mit jemandem beten kann. Wiederum ist das ein Werk Satans. Der will mich zermalmen, damit ich aufgebe, im Glauben mit Gott hinauszutreten.

Der Prophet Jesaja sagt: »Ich, der Herr, das ist mein Name, ich will meine Ehre keinem anderen geben noch meinen Ruhm den Götzen« (Jes. 42,8). Gott wacht eifersüchtig über seine Ehre und setzt deshalb seine Kraft nur durch diejenigen frei, die demütig sind und nicht den Ruhm, der Gott gebührt, für sich selber beanspruchen. Möglicherweise leben wir alle mit einem Pendel in unserem Inneren. Wenn dir das klar wird, dann wirst du dich vor Extremen hüten und lernen, die richtige Korrektur vorzunehmen. Oft hilft mir eine Liedstrophe von Andrae Crouch als Gebet, wenn Stolz in mir hochkommt:

Einfach laß mich mein Leben führen,
Herr, hilf mir, daß es dir gefällt;
und falls mir Ruhm daraus erwächst,
dann nimm ihn mir auf Golgatha.
Dem Herrn gebührt die Ehr'
für alles, was er an mir tut.

174

Wenn ich mich wertlos fühle, bin ich dafür dankbar, denn solche Gefühle treiben mich wieder in die Arme Gottes. Der Teufel will mich mit Minderwertigkeitsgefühlen zerstören; doch Gott ist bereit, mich von jedem Versagen zu erlösen. Paulus sagt über sich selbst:»Nicht daß wir tüchtig sind von uns selber, uns etwas zuzurechnen als von uns selber, sondern daß wir tüchtig sind, ist von Gott« (2. Kor. 3,5).

Wenn du im Glauben und in Demut wandelst, wirst du fähig sein, dein inneres Pendel immer wieder auf Stabilität einzustellen.

Die Demut Jesu

Jesus sagte:»Kommt her zu mir, alle, die ihr mühselig und beladen seid; ich will euch erquicken. Nehmt auf euch mein Joch und lernt von mir, denn ich bin sanftmütig und von Herzen demütig; so werdet ihr Ruhe finden für eure Seelen...« (Mt. 11,28–29).

Jesus ist unser Vorbild an Demut. Wir finden die Demut auf allen Gebieten seines Lebens: sein Leben brachte dem Vater Ehre. Seine Lehre brachte denjenigen, die auf ihn hörten, Leben und Frieden im Herzen. Demut ist nie selbstbezogen. Sie weist immer vom alten Ich weg. Jesu Leben wies auf seinen Vater hin. Seine Liebe streckte sich nach anderen aus.

In Philipper 2,7–8 wird von Jesus gesagt, daß er sich selbst entäußerte, indem er Knechtsgestalt annahm – er erniedrigte sich selbst. Verteidigst du dein Ansehen? Jesus tat das nicht. Einen demütigen Menschen kümmert nicht allzusehr, wie andere über ihn denken. Als Jesus von einem prominenten Pharisäer zum Essen geladen war, bemerkte er, wie die Gäste sich nach den Ehrenplätzen drängelten. Er hielt den Vorfall für gewichtig genug, um ein Gleichnis über die Bedeutung der Demut zu erzählen. Es endet mit den Worten:»Denn wer sich selbst erhöht, der soll erniedrigt werden, und wer sich selbst erniedrigt, der soll erhöht werden« (Lk. 14,11).

In der Nacht, bevor er gekreuzigt wurde, wusch Jesus in einem Akt tiefer Demut den Jüngern die Füße. Damals war es üblich gewesen, daß diesen Dienst der niedrigste Diener im ganzen Haus versah. Jesus wählte bewußt denjenigen Dienst, der am meisten demütigte, um seinen Jüngern zu zeigen: wenn sie ihm in seinen Fußstapfen folgen wollten, dann mußten sie bereit sein, in den Augen anderer nichts zu gelten (Joh. 13,1–17).

A. W. Tozer schreibt:

Der demütige Mensch kümmert sich überhaupt nicht darum, wer größer ist als er; denn er hat längst für sich erkannt, daß die Wertschätzung der Welt nicht die Mühe lohnt. Er lernt, sich selbst liebevoll auf den Arm zu nehmen und zu sich selbst zu sprechen: ›Aha, man hat dich also übersehen? Man hat jemand anderen dir vorgezogen? Man flüstert sich zu, daß du auf doch recht niedriger Stufe stehst? Und nun fühlst du dich verletzt, weil alle Welt genau das über dich sagt, was du von dir selbst gesagt hast? Erst gestern noch hast du Gott gesagt, daß du ein Nichts seist, ein Wurm im Staube. Wo ist deine Beständigkeit? Komm, demütige dich, hör auf, dich darum zu kümmern, was andere über dich denken.‹

(A. W. Tozer, The Pursuit of God, STL/Kingsway Publ., 1984)

Demut lehrt dich dienen

Jesus sagte: »Wer groß sein will unter euch, der soll euer Diener sein; und wer unter euch der erste sein will, der soll aller Knecht sein. Denn auch der Menschensohn ist nicht gekommen, daß er sich dienen lasse, sondern daß er diene und sein Leben gebe als Lösegeld für viele« (Mk. 10,43–45).

Diese Antwort Jesu war von Jakobus und Johannes mit der an Jesus gerichteten Bitte um die besten Plätze in seiner Herrlichkeit ausgelöst worden. Die anderen Jünger wurden ungehalten. Vielleicht dachte jeder, er selbst sei ein würdigerer Kandidat! Jesu Antwort überraschte sie alle.

Wenn ich mich nach Kandidaten für die Leiterschaft umsehe, dann suche ich eine Persönlichkeit mit einem Dienerherzen. Nicht die Rollen im Rampenlicht testen deine Demut, sondern die undankbaren Handreichungen. Ich nenne das den *Laubkehr-Test!* In The Hyde fällt jeden Herbst enorm viel Laub an. Wenn ich anschaulich machen will, was es heißt, ein Dienerherz zu haben, frage ich dann manchmal: »Würden Sie bereit sein, als Dienst für Gott in The Hyde Laub zusammenzukehren und nach nichts Höherem zu streben?« Darauf absolut ehrlich zu antworten ist schwer.

Ein Dienerherz wird von Gott empfangen, wenn er uns das offenbart; denn – oberflächlich betrachtet – scheint kein Zusammenhang mit dem Wachstum in Leiterschaft zu bestehen. Das Dienerherz wird erst im Alltag geprüft, und wenn es echt ist, werden du und andere merken, daß du es hast.

Mein eigenes Dienerherz wurde auf ungewöhnliche Weise geprüft. Im Januar 1980 reiste ich mit Colin Urquhart nach Südafrika. Meine Aufgabe bestand ganz einfach darin, zu beten und Colin zu unterstützen. An Lehre oder Predigt war ich nicht beteiligt. Ich entdeckte, daß keiner richtig verstand, warum ich eigentlich mitgekommen war. Auf unserer Reise war Colin die Hauptperson. Ich dagegen wurde manchmal gar nicht wahrgenommen. Als wir uns einmal nach zwei Tagen verabschiedeten, hatten unsere Gastgeber meinen Namen vergessen. Statt etwas Glanz gab es für mich Demütigung. Ich wandte mich im Gebet zum Herrn Jesus und wurde dazu geführt, alle

176

Bibelstellen nachzulesen, die berichten, wie man ein Diener ist. Ich suchte mir sogar eine neue Farbe aus und begann, Dienerstellen in der Bibel zu markieren. Diese Zeit war für mich ein wichtiger *Laubkehr-Test*.

Die Wurzel dieses Übels liegt im Sündenfall, wo der Mensch sich von der satanischen Erwartung infizieren ließ, Gott gleich zu sein. Das zeigt sich deutlich in einer unbußfertigen Menschheit, die ständig versucht, sich über Gott zu erheben. Davon sind wir alle angesteckt; sogar unter Christen zeigt sich das in dem Wunsch nach Vorankommen und Anerkennung. Paul E. Billheimer schrieb:

Aus diesem Grund gebraucht Gott für seine bedeutendsten Zwecke nur schwächliche Menschen, Menschen, die gebrochen worden sind, entleert von ihrem alten Selbst, erlöst von ihrem unheiligen Ehrgeiz, Gott vom Thron zu stürzen. Deshalb sagt man, »daß in sich ruhende, nicht gebeutelte, ungebrochene Menschen Gott wenig nützen« (Miller). Weil die Welt den Erfolg anbetet, kann Gott uns manchmal nur durch Mißerfolg brechen. Das mag manchmal überraschen. Gott ist jedoch mehr an dem Arbeiter als an der Arbeit interessiert (Paul E. Billheimer, The Mystery of His Providence, Kingsway, 1983, S. 67).

Die dienende Haltung ist nicht nur Teil des Reifeprozesses, sondern genauso für diejenigen von Bedeutung, die schon verantwortungsvolle und leitende Positionen erreicht haben. Während meines Berufslebens als Geschäftsmann hatte ich es mir zum Führungsprinzip gemacht, nur das von anderen zu verlangen, was ich selber zu tun bereit war. Das bedeutete nicht etwa, daß – einmal getan – ich nun froh sein durfte, es nie wieder tun zu müssen, sondern daß ich bereit sein mußte, es *jederzeit* selber zu tun. Ich machte die Erfahrung, daß eine solche Haltung eine gutwillige Einstellung in meinen Mitarbeitern auslöste.

Auf der anderen Seite soll die dienende Haltung nicht dazu führen, daß der Leiter mit Aufgaben eingedeckt ist, die andere tun sollten. Ich habe Gemeindeleiter erlebt, die wie die Laufburschen einherrasten, während ihre Gemeindeglieder sich vernachlässigt und unerwünscht vorkamen, weil sie nie gebeten worden waren, selbst eine Aufgabe zu übernehmen.

Demut macht immer nahbar

»Sie brachten aber auch kleine Kinder zu ihm, damit er sie anrühren sollte. Als das aber die Jünger sahen, fuhren sie sie an. Aber Jesus rief sie zu sich und sprach: Lasset die Kinder zu mir kommen und wehret ihnen nicht« (Lk. 18,15–16).

177

Die Eigenschaft der Nahbarkeit, die wir hier in Jesus finden, bedeutet, daß Mütter ihre Babys zu Jesus bringen konnten, ohne befürchten zu müssen, zurückgewiesen zu werden. Die Jünger waren unwirsch, vielleicht deshalb, weil sie dachten, Jesus sei viel zu bedeutend, um mit solchen unwichtigen Anliegen aufgehalten zu werden. Wenn ein Mensch mit seiner Not zu dir kommt, ist das das wichtigste Anliegen in seinem Leben und muß entsprechend behandelt werden. Ihn mit einer Bemerkung abzuspeisen wie z. B. »Darüber brauchen Sie sich keine Sorgen zu machen«, macht oft das Problem nur noch schlimmer und ist ein Zeichen der Zurückweisung.

Jairus hatte Jesus gebeten, seine Tochter, die im Sterben lag, zu heilen. Als Jesus sich mit ihm auf den Weg machte, war er nicht so in Gedanken verloren, daß er die Frau übersehen hätte, die sich nach ihm ausstreckte, um ihn zu berühren. Obwohl sie bereits in dem Augenblick völlig geheilt wurde, als sie sein Gewand berührte, hielt Jesus inne, um sich an sie mit einem Wort des Glaubens und der Ermutigung zu wenden (Mk. 5,21–43).

In Zeiten, wo man unter Druck ist, ist die Zugänglichkeit oft im Prüfstand. Rast du auf deinem Weg zu deinem nächsten Termin an allen Notlagen vorbei? Oder bist du immer ansprechbar, den Hilfeschrei zu beantworten, der im unpassendsten Moment kommt?

Geistliche Sensibilität ist in solchen Augenblicken unerläßlich. Du mußt in der Lage sein, Gottes Prioritäten herauszuhören, damit du nicht von dem Unwichtigen so absorbiert bist, daß du der unerwarteten, kritischen Situation nicht mehr gerecht wirst.

Demut ist ein Zeichen göttlicher Weisheit

»Wer ist weise und klug unter euch? Der zeige mit seinem guten Wandel seine Werke in Sanftmut und Weisheit« (Jak. 3,13).

Jakobus verbindet Weisheit und Sanftmut, wie er irdischer Weisheit geistliche Weisheit entgegensetzt. Irdische Weisheit ist voll von selbstsüchtigem Ehrgeiz, Neid, jedwedem bösen Verhalten; denn die Welt bewundert den Mann, der auf Kosten anderer Leute Erfolg hat. Im Reich Gottes gibt es aber keine Ellenbogen.

Gottes Weisheit »von oben her ist zuerst lauter, dann friedfertig, gütig, läßt sich etwas sagen, ist reich an Barmherzigkeit und guten Früchten, unparteiisch, ohne Heuchelei. Die Frucht der Gerechtigkeit aber wird gesät in Frieden für die, die Frieden stiften« (Jak. 3,17–18).

Hier finden wir zwei wichtige Eigenschaften. Die erste ist die Fähigkeit, zuzuhören: gütig sein, sich etwas sagen lassen, unparteiisch und aufrichtig sein weist darauf hin, daß alle Einzelheiten der Situation gehört wurden und auf sie eingegangen wurde. Die zweite Eigenschaft ist das Bereitsein, zu handeln: reich an Barmherzigkeit und guten Früchten sind die Friedensstifter. Göttliche Weisheit nimmt nicht nur die Not zur Kenntnis, sondern handelt so, daß die Probleme gelöst werden. Das Ergebnis ist die *Frucht der Gerechtigkeit.* In göttlicher Weisheit sind sowohl Stärke als auch Empfindsamkeit.

Güte zeitigt liebevolles Verhalten

Im Laufe dieses Kapitels wirst du feststellen, wie die verschiedenen Eigenschaften, die wir hier näher untersuchen, ineinander verwoben sind. Sie sind wie die Facetten eines Diamanten; jede fügt dem Spektrum ihr besonderes Licht hinzu.

»Tut nichts aus Eigennutz oder um eitler Ehre willen, sondern in Demut achte einer den andern höher als sich selbst« (Phil. 2,3). Diese Worte stehen ziemlich am Anfang eines Abschnittes, der die Überschrift trägt: *Ermahnung zur Eintracht und zur Demut nach dem Vorbild Christi* (Zürcher Bibel). Jesus lag mehr an den Bedürfnissen der anderen, als daß seine eigenen Bedürfnisse gedeckt würden.

Wenn wir diese Eigenschaften betrachten, ist es wahrscheinlich schwierig, abzuschätzen, wo wir stehen. Wir wissen, daß wir wie Jesus handeln sollten, und wir wissen, daß die Bedürfnisse der anderen Vorrang haben sollten – ist es aber so in Wirklichkeit?

Gemäß dem Lebensstil unserer Kommunität sind viele unserer Haushalte Großfamilien. In meiner Großfamilie von 11 Personen gibt es eine einfache Übung, um festzustellen, wie man in der Fürsorge für andere abschneidet. Am Mittagstisch merkst du, nachdem sich jeder bedient hat, daß eine einzige köstliche Röstkartoffel übrig ist. Da du eine liebevolle Seele bist, nimmst du die Schüssel und fragst: »Möchte jemand die letzte Röstkartoffel?«

Die entscheidende Frage ist nun: was sagst du in deinem Innersten? Sagst du dir: »Diese letzte Kartoffel hätte ich gerne selber«, oder sagst du auch in deinem Innersten: »Möchte sonst jemand diese Kartoffel?« Das ist eine ziemlich ehrliche Übung und weist vielleicht auf Tieferliegendes hin als die eigene Vorliebe für Röstkartoffeln!

»Ein jeder sehe nicht auf das Seine, sondern auch auf das, was dem anderen dient« (Phil. 2,4). Freust du dich, wenn andere Erfolg haben? Bist du glücklich, wenn Gott jemand andern benutzt, um eine bestimmte Aufgabe zu erfüllen, auch wenn du selbst dafür in Frage kamst? Bist du in der Lage, für andere zu sorgen, ohne daß du dafür Anerkennung von Menschen brauchst?

Demut gibt Gott alle Ehre

Als König David am Ende seines Lebenswegs angelangt war, schaute er auf all das zurück, was Gott getan hatte, und war voller Lobpreis und Dankbarkeit. »Der Herr ist mein Fels... mein Schild und Berg meines Heils, mein Schutz und meine Zuflucht« (2. Sam. 22,2–3). In den folgenden Versen schildert David ausführlich, wie Gott ihm durch all die Jahre hindurch seine Treue erwiesen hat, in denen David von König Saul verfolgt worden war und das Leben eines Flüchtlings führen mußte.

Im Vers 28 sagt David: »Dem unterdrückten (engl.: dem demütigen) Volke bringst du Hilfe, die stolzen Augen aber zwingst du nieder« (Jerusalemer Bibel). David gab allein Gott die Ehre für alle Segnungen, die er im Laufe seines Lebens erfahren hatte.

Wenn Gott in wunderbarer Weise für Geld sorgt, oder deine Arbeit für ihn reiche Früchte trägt, dann kannst du anderen diese guten Nachrichten auf zwei verschiedene Weisen weitererzählen: du kannst alle Tatsachen und Augenzeugenberichte so weitergeben, daß in deinen Hörern der Eindruck erweckt wird: Was für ein Mann des Glaubens ist er doch! Du kannst aber auch dieselbe Information so geben, daß die Antwort herausgefordert wird: Preis dem Herrn für seine Kraft und Treue! Die Einzelheiten werden sich nicht allzusehr voneinander unterscheiden, doch der Eindruck auf die Zuhörer wird sehr aufschlußreich sein.

Auf den Leitern lastet ein ungeheurer Erwartungs- und Erfolgsdruck. Wenn deine Arbeit nicht so gut läuft, ist die Versuchung groß, ein Bild zu entwerfen, das die wirkliche Situation verschleiert und dich in einem guten Licht zeigt. Gerade wenn Gott unermeßlich segnet, wird man allzu leicht stolz und gibt an. Paulus sagt den Galatern: »Es sei aber fern von mir, mich zu rühmen als allein des Kreuzes unseres Herrn Jesus Christus, durch den mir die Welt gekreuzigt ist und ich der Welt« (Gal. 6,14).

Demut ist der Paß für das Himmelreich

Jesus hatte erhebliche Schwierigkeiten mit seinen Jüngern, die oft über ihre eigene Größe stritten. »Wer ist doch der Größte im Himmelreich?« fragten sie.

Jesus beantwortete ihre Fragen nicht sofort, sondern »rief ein Kind zu sich und stellte es mitten unter sie und sprach: Wahrlich, ich sage euch: wenn ihr nicht umkehrt und werdet wie die Kinder, so werdet ihr nicht ins Himmelreich kommen« (Mt. 18,1–3).

Wie ein kleines Kind werden – das ist der einzige Weg ins Himmelreich. Das Evangelium kommt unserm Stolz und unserer Selbstgenügsamkeit nicht entgegen – wir müssen den Weg des Kreuzes gehen, um ins Reich zu gelangen. Zu Zeiten Jesu waren es nicht die religiösen Menschen, die das Wort, das er predigte, annahmen; es waren die Armen und Ausgestoßenen.

Der reiche Jüngling, der zu Jesus kam, um herauszufinden, wie er das ewige Leben ererben könne, behauptete, ohne Fehl zu sein, als er mit den Anforderungen der Zehn Gebote konfrontiert wurde. Er erklärte: »Meister, das habe ich alles gehalten von meiner Jugend auf« (Mk. 10,20). Jesus überprüfte nicht den Wahrheitsgehalt seiner Aussage, sondern sah ihn an und gewann ihn lieb. Dann sprach er zu ihm: »Eines fehlt dir. Gehe hin und verkaufe alles, was du hast, und gib's den Armen, so wirst du einen Schatz im Himmel haben, und komm und folge mir nach« (Mk. 10,21). Der reiche Jüngling ging traurig weg; denn er war nicht bereit, wie ein kleines Kind zu werden und seine menschliche Absicherung aufzugeben.

Jesus sagte weiterhin: »Wer nun sich selbst erniedrigt und wird wie dieses Kind, der ist der Größte im Himmelreich« (Mt. 18,4). Alle, die zum Glauben an Jesus Christus kommen und in das Reich Gottes eintreten, müssen sich vor dem heiligen Gott demütigen.

Es ist wichtig, daß ein Leiter sich nicht nur einmal derart demütigt, sondern daß er demütig bleibt. Andernfalls ist er nicht fähig, andere zum Fuße des Kreuzes zu führen.

Menschen, die in den Augen der Welt Bedeutung erlangt haben, fällt oft der Zugang zum Evangelium schwer. Deine Gemeinde mag aus lauter Bankdirektoren, Börsenmaklern, Lehrern, Geschäftsleuten und Beamten bestehen; doch sie alle müssen ihre Knie beugen und denselben Weg in das Reich Gottes kommen.

Jesus rannte *nicht* dem reichen Jüngling nach, als der traurig weggegangen war; er milderte auch nicht die Bedingungen des Evangeliums, obwohl er ihn liebte. Er sagte seinen Jüngern schlicht: »Wie schwer werden die Reichen in das Reich Gottes kommen!« (Mk. 10,23).

In den Seligpreisungen heißt es: »Selig sind, die da geistlich arm sind; denn ihrer ist das Himmelreich« (Mt. 5,3). Die New English Bible hat für meine Begriffe die treffendste Übersetzung dieses Verses: »Wie gesegnet sind diejenigen, die wissen, daß sie arm sind.«

Es gibt nur einen Weg ins Himmelreich, und der ist den Stolzen und Selbstgenügsamen nicht zugänglich. »Denn der Herr hat Wohlgefallen an seinem Volk; er krönt die Gebeugten mit Sieg« (Ps. 149,4/Zürcher Bibel).

Demut ist das Kennzeichen des Leiters

Als Paulus den Ältesten von Ephesus seine Abschiedsrede hielt, führte er die Prinzipien auf, nach denen er gelebt hatte: »Ihr wißt, wie ich mich vom ersten Tage an, als ich in die Provinz Asien gekommen bin, die ganze Zeit bei euch verhalten habe, wie ich dem Herrn gedient habe in aller Demut und mit Tränen und unter Anfechtungen, die mir durch die Nachstellungen der Juden widerfahren sind« (Apg. 20,18–19).

Es mag gewagt scheinen, wenn Paulus für sich in Anspruch nimmt, in Demut gelebt zu haben. Aber Paulus zählt viele Merkmale auf, die seinen Dienst unter den Ephesern gekennzeichnet hatten. Er hatte furchtlos und dennoch liebevoll gehandelt. Der Wahrheitsgehalt seiner Ausführungen wird von drei Reaktionen der Epheser bestätigt: »Und als er das gesagt hatte, kniete er nieder und betete mit ihnen allen. Da begannen alle laut zu weinen, und sie fielen Paulus um den Hals und küßten ihn« (V. 36–37).

Das Christus-gemäße Leben des Paulus hatte auf die Epheser eine mächtige Wirkung. Seine Leiterschaft hatte Glauben geweckt. Seine Demut hatte ein festes Band der Liebe geknüpft.

Demut kann leicht Zurückhaltung bewirken

Als Mose von Gott berufen wurde, die Israeliten aus Ägypten nach Kanaan zu führen, fiel seine Antwort für einen künftigen Leiter solchen Kalibers wohl recht überraschend aus. Mose sprach: »Ach, Herr, sende, wen du willst« (2. Mose 4,13/Jerusalemer Bibel).

Echte Demut schafft eine Zurückhaltung, die wohl verstanden werden muß. Im 4. Mose 12,3 lesen wir: »Aber Mose war ein sehr demütiger Mensch, mehr als alle anderen Menschen auf Erden.«

Dieser Charakterzug machte Mose zugänglich, und zwar in solchem Ausmaß, daß sein Schwiegervater Jitro bei einem Besuch feststellte, daß Mose sich in seinem Dienst für sein Volk verschliß. Jitro brachte etwas göttliche Weisheit ein und half Mose, fähige Männer auszusuchen, die die Last mittragen sollten. Aus lauter Zurückhaltung ist man manchmal gehemmt, andere zu bitten, sich an der Arbeit zu beteiligen. Leiter sollten jedoch nach Mitarbeitern Ausschau halten, die eng mit ihnen zusammenwirken können.

Zurückhaltung ist insofern eine gute Eigenschaft, als sie von der Ausgangssituation menschlicher Schwachheit und persönlicher Unzulänglichkeit die Probleme angeht und damit unterstreicht, wie sehr Gottes Kraft und Weisheit vonnöten sind.

Ein Mensch mit einem aufgeblähten Selbstbewußtsein ist ein sehr begrenztes Individuum. Er ist ständig unzufrieden und bildet sich ein, daß er nicht so eingesetzt würde, wie er es verdiente. Zuweilen verwickelt er sich leicht in Situationen, für die er unqualifiziert und ungeeignet ist. Ein solcher Mensch muß unter Aufsicht gehalten werden – sonst schießt er immer wieder übers Ziel hinaus.

Ein zurückhaltender Mensch dagegen braucht Ermutigung, kühn aufzutreten; man muß ihm helfen, entschieden zu handeln. Solch ein Mensch ordnet sich anderen Menschen bereitwillig unter und lebt in der Abhängigkeit von Gott. Er wird sich – wie Mose – allmählich mehr zutrauen – doch das wird nicht in Arroganz und Selbstvertrauen umschlagen. Es wird ein Gottvertrauen sein.

Demütige dich deshalb...

Was machst du nun, wenn du in dir eine Wurzel des Stolzes findest? Die Bibel lehrt:»Gott widersteht den Hochmütigen, aber den Demütigen gibt er Gnade. So demütigt euch nun unter die gewaltige Hand Gottes, damit er euch erhöhe zu seiner Zeit« (1. Petr. 5,5–6).

Diese Worte waren sowohl an die Ältesten wie auch an die Jüngeren gerichtet. Denn die Neigung zum Stolz ist stets eine Gefährdung für uns, egal, wo wir uns auf dem Weg der Nachfolge gerade befinden. Die Bibel lehrt uns, daß Stolz die einzige Eigenschaft ist, die Gott aktiv bekämpft. Im 1. Johannesbrief 2,16 (Zürcher Bibel) lesen wir:»Denn alles, was in der Welt ist, die Lust des Fleisches und die Lust der Augen und die Prahlerei in der Lebensweise, stammt nicht vom Vater, sondern es stammt von der Welt.«

Es war der von der Schlange im Garten Eden angesprochene Stolz, der zum Sündenfall führte. Es war nicht nur die verführerisch schöne Frucht (die Lust der Augen) oder ihr möglicher Genuß als Nahrung (die Lust des Fleisches), sondern die Genugtuung, eine unabhängige Entscheidung zu treffen (die stolze Prahlerei in der Lebensführung), die zu Evas und Adams Sündenfall führte.

Wie werden wir frei von Stolz? Ich habe Christen über einen anderen sagen hören: »Sein Problem ist: er hat einen Geist des Stolzes«, mit der Schlußfolgerung, wenn sie ein vollmächtiges Gebet über diesem Menschen im Namen des Herrn Jesus beten würden, dann würde er von seinem Stolz befreit. Man kann aber niemanden von seinem Stolz lossagen.

Die Bibel nennt das einzige Rezept: »So demütigt euch nun unter die gewaltige Hand Gottes, damit er euch erhöht zu seiner Zeit« (1. Petr. 5,6).

Es hat auch gar keinen Wert, in falsche Demut zu verfallen und töricht auf seine Zeit zu warten, bis man erhöht wird. Dem *Mann der Demut* liegt mehr an seinem Ansehen in den Augen Gottes als an seinem Ansehen unter den Menschen. »Darum fürchte Gott!« (Pred. 5,6).

Der Demütige ist nicht eine menschliche Maus, mit einem Minderwertigkeitskomplex behaftet. In seinem moralischen Verhalten ist er eher mutig wie ein Löwe und stark wie Samson. Doch er hat aufgehört, sich falschen Vorstellungen über sich selbst hinzugeben. Er hat Gottes Einschätzung seines Lebens akzeptiert. Er weiß: er ist gerade so schwach und hilflos, wie Gott ihn eingeschätzt hat, aber – so paradox das klingt –: er weiß gleichzeitig, daß er in den Augen Gottes wichtiger ist als Engel. *Er selbst: ein Nichts; in Gott: alles.* – Das ist sein Motto. Er weiß zu wohl, daß die Welt ihn nie so sehen wird, wie Gott ihn sieht, und das macht ihm nichts mehr aus. Er ist völlig damit zufrieden, daß Gott ihm Maßstäbe für sein Leben setzt. Er wartet geduldig auf den Tag, wenn alles mit dem richtigen Preisschild versehen und der echte Wert anerkannt werden wird. Dann werden die Gerechten im Reich ihres Vaters offenbar werden. Er ist bereit, auf diesen Tag zu warten (A. W. Tozer, The Pursuit of God).

16 Ein Mann des Erbarmens

»Mitgefühl ist eine Sünde!«

»Das kann nicht wahr sein«, antwortete ich. »Wie meinen Sie das?«

»Jesus war nicht mitfühlend. Er bemitleidete niemanden.«

»Das klingt noch schlimmer. Erklären Sie das bitte näher«, antwortete ich verblüfft.

»Jesus hatte nicht Mitleid mit den Menschen, die er traf, er hatte Erbarmen mit ihnen.«

»Nur ein Wortspiel«, entgegnete ich.

»Das ist es nicht. Mitleid begleitet, läßt aber die Person unverändert. Erbarmen öffnet sich nicht nur in Liebe dem Menschen, der in Not ist; Erbarmen hilft auch seinem Mangel ab und verändert die Situation.«

So lautete vor vielen Jahren der Anfang eines Dialogs mit Don Double, der zu einem Nachforschen in der Bibel führte. Don erklärte, wie die Fülle des Erbarmens, das Jesus zeigte, Leben und Kraft in das Leben unzähliger Menschen brachte.

Ein Mann des Erbarmens wird tief von den Menschen und ihrer mißlichen Lage berührt. Der Wille dazu muß einem Leiter am Herzen liegen. In den letzten Jahren haben viele frohlockt, als mehr Leben und Kraft des Heiligen Geistes in Kirchengemeinden und geistliche Vereinigungen hineinkamen. Lobpreis und Anbetung wurden freigesetzt, Wunder und Machttaten Gottes wurden sichtbar, und das hat vielen Menschen, die das brauchten, Hoffnung gegeben und sie zu dem erneuerten Leben hingezogen. Einige haben Heilung und Befreiung erfahren. Doch viele wurden von der Seichtheit enttäuscht, auf die sie beim Tiefergraben stießen; manche gingen ernüchtert wieder weg.

Warum wurden diese Menschen enttäuscht? Jesus war in den Gläubigen lebendig genug, um diese Menschen zu der Gemeinschaft der Gläubigen zu ziehen. Zu mehr reichte es dann aber nicht: Nicht zu dem Erbarmen, das die vollen Kosten des Liebens auf sich nimmt. Als Jesus die Stunde seines Leidens und Sterbens nahen fühlte, berichtet uns das Johannesevangelium: »Wie er die Seinen geliebt hatte, die in der Welt waren, so liebte er sie bis ans Ende« (Joh. 13,1). Solche Liebe ließ Jesus ans Kreuz gehen, damit er dort den vollen Preis für unsere Erlösung zahle. Diejenigen, die seinen Fußstapfen folgen, müssen bereit sein, sich diese Liebe nicht weniger kosten zu lassen.

Barmherzigkeit ist ein Wesensmerkmal Gottes

»Denn so sehr hat Gott die Welt geliebt, daß er seinen eingeborenen Sohn gab« (Joh. 3,16). Gottes Liebe äußerte sich im Handeln. Die Menschheit tat ihm nicht bloß leid, weil sie wegen ihrer Sünde auf Gericht und Zerstörung zusteuerte. Nein, er handelte und handelt heute noch aus Barmherzigkeit und Gnade seit Anbeginn der Zeiten. »Der Herr ist gnädig und gerecht, und unser Gott ist barmherzig. Der Herr behütet die Unmündigen; wenn ich schwach bin, so hilft er mir« (Ps. 116,5–6). Wann auch immer sein Volk in seiner Not zu ihm schrie, griff er sogleich mit Liebe und Barmherzigkeit ein.

Manchmal magst du in Versuchung geraten, an der Liebe und der Barmherzigkeit Gottes zu zweifeln. Du brauchst dich aber bloß an den täglichen Segen zu erinnern, den Gott dir hat zukommen lassen; dann wirst du den Charakter deines dich liebenden himmlischen Vaters zu begreifen beginnen. »Die Güte des Herrn ist's, daß wir nicht gar aus sind, seine Barmherzigkeit hat noch kein Ende, sondern sie ist alle Morgen neu, und deine Treue ist groß« (Klgl. 3,22–23).

Im Psalm 77 wird die Befürchtung geäußert, daß Gott nicht barmherzig sein könnte, und die Sache seines Volkes verloren wäre. »Hat Gott vergessen, gnädig zu sein, oder sein Erbarmen im Zorn verschlossen?« (V. 10). Tatsächlich verdienen wir an sich nichts als das Gericht Gottes über unsere Sünde. Wenn Gott uns sein Erbarmen vorenthalten würde, wären wir hoffnungslos verloren.

Im Psalm 103 führt uns König David vor Augen, daß Gottes Erbarmen nicht nur ein Akt der Errettung vor dem Zorn eines heiligen Gottes war, sondern ein Überfließen reicher Segnungen aus Gottes Herzen.

»...Der dir alle deine Sünde vergibt
und heilet alle deine Gebrechen,
der dein Leben vom Verderben erlöst
der dich krönet mit Gnade und Barmherzigkeit,
der deinen Mund fröhlich macht,
und du wieder jung wirst wie ein Adler...«   (Ps. 103,3–5).

Erbarmen zeichnet den Dienst Jesu aus

In der Geschichte des Alten Testaments erwies Gott seine Barmherzigkeit, indem er auf sein Volk immer wieder in Liebe und Erbarmen reagierte. Aus seiner Barmherzigkeit handelte er so bereits im Lichte seines späteren Aktes der ewigen Erlösung, der auf Golgatha stattfinden sollte. Nicht nur das

Kommen Jesu war nötig, der von Geburt an für das Kreuz bestimmt war. Jesus sollte auch die Barmherzigkeit seines Vaters auf eine neue, dynamische Weise verkörpern. »Denn der Menschensohn ist gekommen, zu suchen und selig zu machen, was verloren ist« (Lk. 19,10).

Die Verlorenheit seiner Mitmenschen nötigte Jesus, die Gute Nachricht landauf, landab allerorten zu predigen und dabei alle Krankheiten und Gebrechen zu heilen. »Als er aber die Volksmenge sah, wurde er innerlich bewegt über sie, weil sie ermattet und niedergeworfen waren wie die Schafe, die keinen Hirten haben« (Mt. 9,36/Wuppertaler Studienbibel).

Nachdem Jesus vorangegangen war und durch sein Beispiel gezeigt hatte, was Gott verlangte, sandte er nun seine Jünger aus, um seinem Beispiel zu folgen: »Und rief seine zwölf Jünger zu sich und gab ihnen Vollmacht...« (Mt. 10,1/Jerusalemer Bibel). Jesus war sich der Verlorenheit der Menschen so sehr bewußt, daß er nicht passiv bleiben konnte. Er sehnte sich danach, daß alle, denen er das Evangelium gepredigt hatte, darauf antworteten.

Jesus sandte die zwölf mit der Anweisung hinaus: »Geht aber und predigt und sprecht: das Himmelreich ist nahe herbeigekommen. Macht Kranke gesund, weckt Tote auf, macht Aussätzige rein, treibt böse Geister aus. Umsonst habt ihr's empfangen, umsonst gebt es auch« (Mt. 10,7). Jesus warnt sie, daß die Botschaft nicht zwangsläufig freudig begrüßt würde: »Siehe, ich sende euch wie Schafe mitten unter die Wölfe« (Mt. 10,16). Das Herz des natürlichen Menschen ist gegen Gott eingestellt; deshalb kann das Evangelium nicht immer willkommen sein.

Sein Erbarmen wirkte ansteckend: die 72 Jünger, die später mit einer ähnlichen Aufgabe ausgesandt worden waren, wurden bald von demselben Gefühl der Dringlichkeit erfaßt. Das ging aus ihrem Bericht hervor, als sie von ihrer Mission zurückgekehrt waren. Lukas hält im Kapitel 10,17 fest: »Die 72 aber kamen zurück voll Freude und sprachen: Herr, auch die bösen Geister sind uns untertan in deinem Namen.«

Die Motivation für die Arbeit des Herrn wird nicht vom Erfolg genährt, sondern von seiner Liebe, die in unsere Herzen ausgegossen ist. Jerusalem sollte die Stadt sein, die den Messias zurückwies und kreuzigte, und doch weinte Jesus um seine Einwohner: »Jerusalem, Jerusalem, die du tötest die Propheten und steinigst, die zu dir gesandt werden, wie oft habe ich deine Kinder versammeln wollen wie eine Henne ihre Küken unter ihre Flügel, und ihr habt nicht gewollt!« (Lk. 13,34).

Das Erbarmen Jesu führte nicht nur dazu, das Evangelium mit Dringlichkeit zu predigen, sondern war auch das grundlegende Prinzip seines Heilungsdienstes. Im Matthäus 14,14 lesen wir: »Und beim Aussteigen sah er viel

Volk, und er fühlte Erbarmen mit ihnen und heilte ihre Kranken« (Zürcher Bibel). Wenn der Heilungsdienst nur deshalb getan wird, weil es zur Zeit so Mode ist, wird er im großen und ganzen ineffektiv sein. Heilung kommt von Gott und floß aus Jesu Dienst als ein Strom von Erbarmen und Liebe für die Menschen und ihre tiefen Bedürfnisse. Ich hatte mich immer gefragt, warum Jesus auf dem Weg zum Grab des Lazarus weinte, obwohl er wahrscheinlich wußte, daß Lazarus binnen kurzem wieder zum Leben erweckt werden würde. Ich denke mir jetzt, daß sein liebevolles Herz sich den Gram und die seelische Erschütterung, die Maria und Martha erlitten, völlig zu eigen machte (Joh. 11,17–44).

Jesu Barmherzigkeit äußerte sich auch äußerst praktisch. Als eine Menschenmenge von viertausend ihm zuströmte, um sein Wort zu hören und Heilung zu erfahren, sagte Jesus: »Das Volk jammert mich; denn sie harren nun schon drei Tage aus und haben nichts zu essen; und ich will sie nicht hungrig gehen lassen, damit sie nicht verschmachten auf dem Wege« (Mt. 15,32). Jesu Liebe hörte nicht in dem Augenblick auf, wenn Menschen geheilt waren oder zum Glauben gekommen waren, sondern erstreckte sich auf solche profanen Dinge wie Nahrung und Kleidung. In der Kirche von heute hält eine Tendenz an, das Geistliche vom Praktischen zu trennen und zu isolieren. Die einen konzentrieren sich auf soziale Gerechtigkeit als einen Ausfluß des Evangeliums, während andere dem entgegengesetzten Extrem zuneigen und nur die Notwendigkeit der Rettung von der Sünde im Blickfeld haben. Nicht das Entweder-Oder, sondern das Sowohl-Als-auch machen die Gute Nachricht des Evangeliums aus.

Wenn Jesus von dem Tag spricht, an dem der Menschensohn in seiner Herrlichkeit kommen wird, sagt er: »Denn ich bin hungrig gewesen, und ihr habt mir zu essen gegeben. Ich bin durstig gewesen, und ihr habt mir zu trinken gegeben. Ich bin ein Fremder gewesen, und ihr habt mich aufgenommen. Ich bin nackt gewesen, und ihr habt mich gekleidet. Ich bin krank gewesen, und ihr habt mich besucht. Ich bin im Gefängnis gewesen, und ihr seid zu mir gekommen.« Die Gerechten sind von dieser Erklärung verblüfft und hinterfragen ihren Wahrheitsgehalt. »Und der König wird antworten und zu ihnen sagen: Wahrlich, ich sage euch: was ihr getan habt einem von diesen meinen geringsten Brüdern, das habt ihr mir getan« (Mt. 25,35–40).

Erbarmen ist ein Prinzip der Urgemeinde

Den einzigen Hinweis auf ein Leben in Hingabe, zu der die neugeformte Gemeinde aufgerufen war, finden wir in dem neuen Gebot Jesu: »Ein neues

Gebot gebe ich euch, daß ihr euch untereinander liebt, wie ich euch geliebt habe...« (Joh. 13,34).

Von Anbeginn seiner Geschichte war das Volk Israel es gewohnt, in einer engen Gemeinschaft zu leben, besonders während seiner Völkerwanderung in der Wüste zwischen Ägypten und Kanaan, wobei sein Leben sich in den engen Grenzen seiner Stammeszugehörigkeiten abspielte.

Jesus führt nun ein völlig neues Konzept ein; seine volle Wirkung muß erst noch begriffen werden. Die neue Basis ist Liebe und enge Gemeinschaft in Christus Jesus allein und nicht nach Rasse oder sozialem Hintergrund. In der Apostelgeschichte 2,42 lesen wir: »Sie blieben beständig... in der Gemeinschaft.« Das griechische Wort *koinonia,* das von Luther mit *Gemeinschaft,* in der englischen Bibel mit *fellowship* übersetzt ist, hat die Bedeutung: *das Leben miteinander teilen.* Die ersten 3120 Gläubigen begannen, das neue Gebot zu leben. *Das Leben miteinander teilen* weist auf eine Liebe und eine Hingabe aneinander hin, das praktische Konsequenzen hat. Seine Konsequenzen gehen weit über die Tasse Tee am Ende des Gottesdienstes oder über das Sich ein- oder zweimal die Woche zum Gottesdienst Treffen hinaus. Die Bibel erzählt weiter: »Alle aber, die gläubig geworden waren, waren beieinander und hatten alle Dinge gemeinsam« (Apg. 2,44), und in der Apostelgeschichte 4,34 lesen wir: »Es war auch kein Bedürftiger unter ihnen« (Zürcher Bibel). In diesem Stadium waren die Gläubigen alle Juden; deshalb mußte die weitergehende Forderung nach einer Liebe über Rassengrenzen hinweg noch verwirklicht werden. Als Paulus dann seinen Brief an die Galater schrieb, hatten sie die volle Bedeutung des neuen Gebotes erlebt. »Hier ist nicht Jude noch Grieche, hier ist nicht Sklave noch Freier, hier ist nicht Mann noch Frau; denn ihr seid allesamt einer in Christus Jesus« (Gal. 3,28).

Das Erbarmen Jesu wurde Teil der Lebenserfahrung dieser ersten Apostel, während sie das Evangelium in der damals bekannten Welt verbreiteten. Sie überbrachten nicht eine kalte Sachdarstellung des christlichen Glaubens, sondern sie kamen in Liebe, und ihre Botschaft war eine Botschaft der Liebe. Dies geht klar aus dem Brief an die Thessalonicher hervor: »Obwohl wir doch als Apostel Christi unser Gewicht hätten geltend machen können... Im Gegenteil! Wir waren in eurer Mitte ganz klein, wie wenn eine Mutter ihre Kindlein hegt. In Liebe zu euch hingezogen, wollten wir euch nicht nur das Evangelium Gottes schenken, sondern auch unser eigenes Leben, denn ihr wart uns liebgeworden« (1. Thess. 2,7–8). Len Moules war der erste, der mich auf diese Verse mit dem Hinweis aufmerksam machte: »Es genügt nicht, nur das Evangelium zu predigen.« Damit überrumpelte er mich, weil ich damals der Meinung war, daß es allein auf die Predigt des Evangeliums ankäme.

Die Jünger hatten bereits drei Jahre mit Jesus verbracht und verstanden, daß die Gute Nachricht nicht bloß eine neue Ideologie oder Lehre war, sondern ein lebendiger Glaube, der ihnen mit Wärme und Liebe übermittelt wurde. Als sie von Gott ausgeschickt wurden, verkündeten sie diese lebensverändernde Botschaft weiterhin mit der ganzen Liebe Jesu, die nun durch den Heiligen Geist in ihre Herzen ausgegossen war.

Auf diese Weise blieb die Realität eines Gottes, der eingreift, durch das Volk des Neuen Bundes lebendig. 2. Korinther 1,3–4 lesen wir: »Gelobt sei Gott, der Vater unseres Herrn Jesus Christus, der Vater der Barmherzigkeit und Gott allen Trostes, der uns tröstet in aller unserer Trübsal, damit wir auch trösten können, die in allerlei Trübsal sind, mit dem Trost, mit dem wir selber getröstet werden von Gott.« Das Erbarmen Gottes reicht nicht nur zur Rettung und zur körperlichen Heilung aus, sondern es genügt auf jedem Gebiet menschlicher Bedürftigkeit und menschlichen Leidens. Die ersten Gläubigen wußten, welche Opfer an Verfolgung und Unbill ihr Glaube erfordern würde. Im selben Brief äußert sich Paulus dazu: »Wir sind von allen Seiten bedrängt, aber wir ängstigen uns nicht. Uns ist bange, aber wir verzagen nicht. Wir leiden Verfolgung, aber wir werden nicht verlassen. Wir werden unterdrückt, aber wir kommen nicht um. Wir tragen allezeit das Sterben Jesu an unserm Leibe, damit auch das Leben Jesu an unserm Leibe offenbar werde« (2. Kor. 4,8–10).

Paulus rief die Christen in Philippi dazu auf, Jesu Barmherzigkeit nachzuahmen: »Gibt es irgendeinen Zuspruch der Liebe, gibt es irgendeine Gemeinschaft des Geistes, gibt es irgendein inniges Mitgefühl und ein Erbarmen, so macht meine Freude dadurch vollkommen, daß ihr gleichgesinnt seid...« (Phil. 2,1–2/Zürcher Bibel). Erbarmen bringt Einmütigkeit und Gleichgesinntsein nicht deshalb hervor, weil unser aller Denken eintönig wird, sondern weil unsere Liebe füreinander Vergebung und Verständnis freisetzt. Ich erinnere mich, wie meine Mutter mir folgenden Rat gab: »Alle Eltern müssen ein wenig taub und ein wenig blind sein, wenn sie ihre Kinder aufziehen.« Vermutlich hat das auch Petrus gemeint, als er schrieb: »Vor allen Dingen habt untereinander beständige Liebe, denn die Liebe deckt auch der Sünden Menge« (1. Petr. 4,8).

Damit soll keineswegs Gerechtigkeit relativiert oder Sünde entschuldigt werden. Gott braucht jedoch in seinem Volk eine Qualität Jesu, die sein Leben in der Welt von heute wieder hervorbringt. Jesu hohepriesterliches Gebet drehte sich um Einheit und Liebe, »damit die Welt glaube, daß du mich gesandt hast« (Joh. 17,21). Die heutige Welt ist sich stärker der Zerrissenheit der christlichen Kirche bewußt als des Erbarmens Jesu in seinen Jüngern. Das muß nicht so sein. Paulus richtet einen leidenschaftlichen Appell an die gläubigen Kolosser:»So zieht nun an als die Auserwählten Gottes, als die Heiligen und Geliebten, herzliches Erbarmen, Freundlichkeit, Demut, Sanftmut, Geduld; und ertrage einer den anderen, und vergebt euch untereinander, wenn jemand Klage hat gegen den andern; wie der Herr euch vergeben hat, so vergebt auch ihr! Über alles aber zieht an die Liebe, die da ist das Band der Vollkommenheit« (Kol. 3,12–14).

Erbarmen ist ein Aufruf zu hingebungsvoller Liebe

Die Hingabe an die Bruderliebe, wie sie von der Urgemeinde vorgelebt wurde, ist heute noch Gottes aktuelles Anliegen an sein Volk. Jesus sagte:»Wie mich mein Vater liebt, so liebe ich euch auch. Bleibt in meiner Liebe!« (Joh. 15,9). Die Jünger hatten die tiefe Liebe erlebt, die Jesus seinem Vater entgegenbrachte, und sie hatten diese Liebe an sich selbst erfahren, als sie mit ihm drei Jahre lang lebten und arbeiteten. Nun waren sie in der Kraft des Heiligen Geistes ausgesandt, um das Leben in Liebe zueinander vorzuleben, wie es ihnen beigebracht worden war.

Nach fünfzig Jahren Dienst im Heiligen Geist schrieb der Apostel Johannes in seinem ersten Brief über die Bruderliebe. Wie kann man die Tiefe seiner Liebe zu Gott abschätzen? Das war die Frage, die er wie folgt beantwortete:»Wenn jemand spricht: ich liebe Gott, und haßt seinen Bruder, der ist ein Lügner. Denn wer seinen Bruder nicht liebt, den er sieht, wie kann er Gott lieben, den er nicht sieht? Und dies Gebot haben wir von ihm, daß, wer Gott liebt, daß der auch seinen Bruder liebe« (1.Joh. 4,20–21).

Dies ist der Prüfstein. Deine Liebe zu Gott wird nicht von deiner Hingabe an die Kirche, deinem Gebetsleben oder deiner Bibelkenntnis auf die Probe gestellt, sondern ganz einfach von deiner Liebe zu anderen.

Ich lebe nicht deswegen in einer Kommunität, weil ich das für eine gute Idee halte. Wenn ich die Bibel umgehen könnte und die Art zu leben, zu der wir aufgerufen sind, vermeiden könnte – ich könnte mich für etwas Anspruchsloseres erwärmen. Aber ich beschwere mich nicht. Wenn jemand mir erklärt:»Ich bin in eine Kommunität berufen«, dann sträuben sich mir alle Haare. Es muß der Ruf des Evangeliums sein, der in eine Lebensgemeinschaft führt.

Das sollte ich etwas näher erklären. In den letzten Jahren haben eine Menge Leute gemeint, sie sollten in eine Kommunität eintreten. In vielen christlichen Kreisen war das in Mode. Leider haben die meisten dieser Menschen jedoch kläglich Schiffbruch erlitten, weil das Motiv unbiblisch und die Methode nicht durchführbar war. Es macht nicht viel Sinn, wenn eine Gruppe von Leuten lediglich ihre Mittel in einen Topf einbringt und zusammenlebt. Entgegen der öffentlichen Meinung ist ihr Zusammenleben meistens weder harmonischer noch billiger.

Gemeinschaft beginnt, was mich betrifft, mit dem Ruf des Evangeliums und den Anforderungen der Schrift. Wir teilen unser Leben, weil es eine sichere Basis für eine Gruppe von Menschen bietet, die eine gemeinsame Sicht haben und die den Ruf haben, diese Vision zusammen zu verwirklichen.

Gott berief mich in den Dienst der Bethany Fellowship und in den gemeinsamen Reisedienst mit Colin Urquhart. Der Lebensstil unserer Kommunität verhalf uns zu einer Gebetsbasis für unsere Arbeit; zu einer echten Stütze für unsere Familien; zu einem einfachen Lebensstil; zu einem liebevollen Umfeld und zu einem Ort, wo wir die Botschaft zu leben suchten, die wir predigten.

Wie gesagt, wir leben in erweiterten Haushalten, die sich aus jeweils einer Familie (als Kern) sowie Alleinstehenden zusammensetzen. Die Haushalte sind in Zellen zusammengefaßt, die sich wöchentlich zum Gottesdienst, zum Austausch und Gebet treffen. Darüber hinaus treffen sich die Arbeitsteams der einzelnen Dienste, um für ihre Aufgaben zu beten. Als Kommunität halten wir schließlich an Sonntagen und zu anderen Zeiten in der Woche Gesamtgottesdienste. Wir sind keine Kirche; doch wir sind von Gott als dienende Kommunität ins Leben gerufen worden. Wir existieren, um dem Leib Christi in Großbritannien und darüber hinaus auf überkonfessioneller Basis zu dienen. Gott hat uns für dieses Werk damit gesegnet, daß er in dieser Kommunität Menschen fast jeder Denomination und jeden Standes zusammengeführt hat.

Das eigentliche Prinzip des Lebensstils unserer Kommunität ist, den Befehl Jesu *liebt einander* täglich zu leben. Im ersten Thessalonicher 4,9 lesen wir: »Von der brüderlichen Liebe aber ist es nicht nötig, euch zu schreiben; denn ihr selbst seid von Gott gelehrt, euch untereinander zu lieben.« Wir haben nicht das Recht, dem Ausmaß unserer Liebe für andere ein Limit zu setzen, und ich denke, jede Gemeinde sollte die Prinzipien des Neuen Testaments, die ich oben angeführt habe, vorleben. Wir erhalten ständig Anfragen von Kirchgemeinden, ob wir diesen oder jenen in unsere Kommunität aufnehmen können, damit sie von unserer Lebensart profitieren. Zuweilen ist es für bestimmte Leute richtig, zu uns zu kommen; normalerweise antworte ich jedoch mit der Gegenfrage: »Warum sind Sie eigentlich nicht in der Lage, selbst ein Heim für diesen Menschen zu finden?«

Die Nagelprobe für die Tiefe deiner Liebe zu Gott und deiner Hingabe an

Jesus Christus ist nicht die Art und Weise, wie du deine religiösen Pflichten erfüllst, sondern ob deine Liebe sich bis in die Bedürfnisse deiner Brüder und Schwestern hinein erstreckt.

Das heißt nicht, daß jeder Haushalt einer Kirchengemeinde andere Leute aufnehmen sollte. Es bedeutet, daß ihr gemeinschaftlich in der Lage sein solltet, die Herausforderung, der ihr euch gegenüber seht, anzunehmen. Im Neuen Testament werden die Anforderungen an Liebe und Erbarmen eindrücklich von Johannes und Paulus und auch von Petrus vorgetragen. Petrus schreibt in seinem ersten Brief: »Habt ihr eure Seelen gereinigt im Gehorsam der Wahrheit zu ungefärbter Bruderliebe, so habt euch untereinander beständig lieb aus reinem Herzen« (1. Petr. 1,22).

Barmherzigkeit ermutigt geistliches Wachstum und Heilung

Im Kapitel 8 habe ich erläutert, wie Gott mich in die Schule nehmen mußte, um meine Liebe für andere zu vertiefen, besonders für die Mitglieder meiner Großfamilie. Diese Schulung ist bis heute weitergegangen.

Es war echte Barmherzigkeit, von der Jesu Dienst geprägt war. Er versetzte sich nicht nur in andere Leute hinein, sondern streckte sich nach seinem Vater aus und half den anderen durch seine mächtige Kraft aus ihrer Not.

Der 1. Brief des Johannes drückt aus, was erforderlich ist, wenn man Jesus nachfolgt: »Wer sagt, daß er in ihm bleibt, der soll auch leben, wie er gelebt hat.« Das ist ziemlich direkt und läßt kaum ein Vorbeidrücken zu. Weiter unten lesen wir: »Denn wie er ist, so sind auch wir in dieser Welt« (1. Joh. 4,17).

Wie machen wir das nun: Lieben wie Jesus? Ich denke, es beginnt mit der Redewendung *»ein Platz in deinem Herzen«*. Die Menschen, zu denen du gerufen worden bist, müssen *einen Platz in deinem Herzen* finden. Die Menschen in deinem Kreis sind nicht nur Mitglieder, die Leute in deiner Gemeinde nicht nur Gemeindeglieder, die Person, die dich am Mittwoch besuchen wird, nicht nur »die Verabredung«. Sie sind Menschen, die Gott dir geschenkt hat, damit du sie liebst und für sie sorgst.

Ich kann diese Art Liebe herauslesen, wenn ich Philipper 1,7 und 8 lese: »Es ist recht und billig, daß ich so von euch allen denke, weil ich euch in meinem Herzen habe... Denn Gott ist mein Zeuge, wie mich nach euch allen verlangt von Herzensgrund in Christus Jesus.« Im 2. Korinther 7,3 lesen wir: »Ich habe schon zuvor gesagt, daß ihr in unserem Herzen seid zum Mitsterben und Mitleben« (Wuppertaler Studienbibel).

Solche Liebe kennt keine Grenzen und reicht in die Tiefen des menschlichen Herzens. Ich kann mir nicht vorstellen, daß der Dienst wirksam getan werden kann, wenn nicht diese Art Liebe hineinkommt. Sie konfrontiert die Menschen mit ihrem Ungehorsam und schenkt Disziplin wie auch die Rettung, die Kraft und die Heilung Jesu.

Sie kann deshalb nur Ausfluß eines tiefen, sicheren Ruhens in der Liebe und dem Angenommensein von Gott sein. Wenn im Leben eines Leiters noch eine Wurzel der Unsicherheit oder der Ablehnung vorhanden ist, kann echte Barmherzigkeit nicht durchschimmern; denn es wird ihm sehr schwerfallen, Korrekturen vorzunehmen, weil er Angst hat, selber zurückgewiesen zu werden. Scheinbar liebt er; seine Handlungen sind jedoch immer darauf angelegt, daß sein Gegenüber signalisiert: ich akzeptiere dich. Er scheut die Konfrontation; wenn nämlich seine Zurechtweisung nicht angenommen wird, nährt solche Verweigerung sein Minderwertigkeitsgefühl.

Die Liebe, die zurechtweist, wird klar in dem Zusammentreffen von Jesus mit dem reichen Jüngling, der wissen wollte, wie er das ewige Leben ererben könnte (Mk. 10). Das Gespräch entwickelte sich bis zu dem Punkt, wo Jesus den Finger auf die echte Blockierung des Glaubens im Leben des Jünglings legen mußte. In den Versen 21 und 22 lesen wir: »Jesus sah ihn an und gewann ihn lieb und sprach zu ihm: Eines fehlt dir. Gehe hin, verkaufe alles, was du hast, und gib's den Armen, so wirst du einen Schatz im Himmel haben, und komm und folge mir nach! Er aber wurde unmutig über das Wort und ging traurig davon; denn er hatte viele Güter.«

Weil Jesus ihn liebte, wagte er, ihm den Spiegel vorzuhalten. Die Reaktion des Jünglings war nicht gerade ermutigend. Dennoch nahm Jesus nichts von dem, was er gesagt hatte, zurück, um das Ganze annehmbarer zu machen. Die Integrität seiner Liebe ließ das nicht zu.

Jesus war während seines ganzen Dienstes von unzähligen Leuten zurückgewiesen worden. Er selbst wies niemanden zurück. Weshalb nicht? Weil Jesus sich der Liebe seines Vaters völlig gewiß war und wußte, daß es seinem Wesen entsprach, immer zu geben, anzunehmen und zu lieben, daß er aber auch Wahrheit, Heiligkeit und Rechtschaffenheit verkörperte. Jesus kannte sogar die Zurückweisung durch seinen eigenen Vater, als er am Kreuz ausrief: »Mein Gott, mein Gott, warum hast du mich verlassen?« (Mk. 15,34). Jesus hat über die Zurückweisung triumphiert und kann jeden heilen, der sich nach ihm ausstreckt.

Jesu Lehre war vielen unannehmbar, weil sie so anspruchsvoll und kompromißlos war. Im Johannes 6 lesen wir, daß aus diesem Grund eine Reihe von Jüngern ihrem Herrn Jesus nicht länger nachfolgten. Jesus wandte sich den zwölf zu, um herauszufinden, wie sie reagieren würden, und Simon Petrus sprach für sie: »Herr, wohin sollen wir gehen? Du hast Worte des ewigen Lebens« (V. 68).

Wenn du die Worte predigst, die Gott schenkt, werden sie nicht immer gefallen, weil die Menschheit natürlich nicht die geistliche Botschaft mag, die der alten Lebensweise das Todesurteil spricht und die Anforderungen des Lebens im Glauben ungeschminkt präsentiert. Aus Liebe zu Gott und zu den Menschen mußt du aber das Wort weitersagen, das vom Herzen Gottes kommt und die Herzen seines Volkes durchdringen wird. Diejenigen, die nicht darauf ansprechen, werden ärgerlich sein; doch diejenigen, die Jesus folgen möchten, werden verändert. Eine Botschaft, die niemand stört, ändert niemand.

Die Bibel sagt auch: »Wen der Herr lieb hat, den züchtigt er, und er schlägt jeden Sohn, den er annimmt« (Hebr. 12,6). Die Disziplin, die so notwendig bei der Erziehung unserer eigenen Kinder ist, spielt beim Heranwachsen von Gottes Kindern eine genauso wichtige Rolle. Mut und Erbarmen werden in beiden Fällen benötigt.

Ich habe bereits über die Bestimmung geschrieben, die Gott für seine Kinder am Herzen liegt. Gott möchte nicht nur, daß Menschen zum lebendigen Glauben an Jesus kommen. Gott möchte, daß sie erwachsen werden, daß sie hingelangen »zum vollen Maß der Fülle Christi« (Eph. 4,13). Das erfordert Disziplin, Korrektur und Übung in Rechtschaffenheit, »damit der Mensch Gottes vollkommen sei, zu jedem guten Werke völlig ausgerüstet« (2. Tim. 3,17/Zürcher Bibel).

Ich möchte Konfrontation und Disziplin nicht allzusehr hervorheben; denn im Leben eines Leiters ist es die Barmherzigkeit Jesu, die Menschen anzieht, heil und gesegnet zu werden. Ich habe mich nur deshalb ausführlicher über Konfrontation und Disziplin ausgelassen, weil es oft ein Defizit an Liebe ist, das nicht gegenhalten oder disziplinieren will und damit echtes Wachstum und Fruchtbringen verhindert.

Ich will dieses Kapitel mit einem persönlichen Zeugnis schließen. Vor einigen Jahren bat eine Dame unsere Kommunität um Hilfe und Ermutigung – wollen wir sie Jean nennen. Sie war durch lebenslängliche Zurückweisung sehr verletzt worden, was Depressionen und Angst zur Folge hatte. Joyce wurde gebeten, sie einige Wochen lang regelmäßig zu sehen, um sie durch Gebet und Auferbauung durch das Wort hilfreich zu ermutigen. Aber als die Wochen um waren, da erkannte Joyce die Notwendigkeit, meine Hilfe und Autorität in Anspruch zu nehmen, damit Jeans vollständige Heilung und Auslieferung an Gott erreicht würde.

Mir war klar, daß damit mein Glauben herausgefordert würde. Reichlich zögernd stimmte ich zu. Da überrumpelte mich Joyce mit folgender Bedingung: »Charles, wenn du nicht bereit bist, Jean echte Liebe entgegenzubringen, wirst du ihr nie im Leben helfen können. Sie wird dir nur dann vertrauen und etwas von dir annehmen können, wenn sie weiß, daß du sie wirklich liebst.« Ich verstand, was Joyce meinte, und ging zum Herrn ins Gebet: »Herr, bitte, gib mir deine Liebe für Jean«, betete ich.

Gott erhörte mein Gebet, und im Laufe der nächsten Wochen bekam ich Gewißheit, daß er Jean in meinem Herzen einen Platz eingeräumt hatte. Zuweilen hatte Jean Schwierigkeiten, im Glauben zu empfangen, weil all die in der Vergangenheit erfahrenen Zurückweisungen in ihr das Gefühl hochkommen ließen, daß niemand sie wirklich lieben wollte. Doch die Liebe Jesu schaffte den Durchbruch, und in unseren Herzen jubelten wir vor Freude, als Sieg und Freiheit errungen waren. Die geschwisterliche Liebe zu Jean hat gehalten; denn Gottes Liebe, die wir im Herzen haben, ist nicht wankelmütig. Durch diese Erfahrung hat mir Gott beigebracht, wie ich weiter mein Herz in Liebe zu anderen öffnen soll.

17   Ein Mann des Mutes

Eines Abends kam ich spät nach Hause und merkte, daß Joyce schon zu Bett gegangen war. Als ich die Treppe zum Schlafzimmer hinaufging, hörte ich zu meiner Überraschung Stimmen und Musik. Offensichtlich waren einige aus unserer Jugendgruppe, die sich in unserem Haus traf, in unserem Wohnzimmer. In andere Räume des Hauses durften sie, wann sie wollten, nicht aber in unser Wohnzimmer.

Bevor ich eingriff, fragte ich Joyce, ob den Jugendlichen erlaubt worden war, das Wohnzimmer zu benutzen. Sie verneinte. Ich wurde ärgerlich, daß die Jugendlichen sich das herausgenommen hatten. Ich ging hinunter, öffnete die Tür und rief: »Die Party ist vorbei, Jungs. Niemand hat euch erlaubt, euch hier aufzuhalten. Geht jetzt bitte heim, damit ich ins Bett gehen kann.«

Der Plattenspieler wurde abgestellt, und das halbe Dutzend Jugendlicher verdrückte sich mit gemurmelten Entschuldigungen aus dem Zimmer.

Für diesen Zwischenfall habe ich nun nicht gerade viel Mut aufbringen müssen. Ich habe aber diese Begebenheit erzählt, um an einem konkreten Beispiel drei Prinzipien anschaulich machen zu können. Sie gelten für jede entschiedene Handlung, die sehr oft Mut erfordert.

Mutiges Handeln

Das erste Prinzip ist, zu wissen, was richtig ist. In obiger Situation mußte ich feststellen, ob der Zutritt erlaubt worden war oder nicht. Joyce und ich mußten uns im Vorgehen einig sein. Ich wollte auch sicher sein, daß ich im Rahmen unserer Jugendarbeit angemessen reagierte.

Das zweite Prinzip ist, in die eigene Autorität zu vertrauen. Für mich war das nicht schwer, weil ich der Leiter der Jugendgruppe war, deren Veranstaltungen in unserem Hause stattfanden.

Das dritte Prinzip ist, entschlossen zu handeln. Als ich die Stufen hinabstieg, zweifelte ich in meinem Innersten nicht daran, daß der Raum im Nu leer sein würde und Frieden und Ruhe im Haus binnen weniger Minuten wiederhergestellt sein würden. Und als die Jungen mir ins Gesicht schauten, hatten auch sie keinerlei Zweifel!

Du solltest dir diese Prinzipien aneignen, denn sie sind Grundlage für alle mutigen Einsätze. Wenn du auf einem der drei Gebiete unsicher bist, wirst du den Einsatz nicht erfolgreich durchführen. Wenn du unter menschlichem Druck oder aus zweifelhafter Position heraus handelst und dessenungeachtet weiter Druck ausübst, wirst du deine eigene Autorität untergraben und möglicherweise in deiner Aufgabe versagen.

Mut gehört zu Gottes Berufung von Leitern

Wenn du dich im Zusammenhang mit deinem Dienst dauernd unfähig fühlst, im Angesicht der dich erwartenden Schwierigkeiten mutig zu handeln, dann bist du nicht wirklich ein Leiter. Was deine Rechtschaffenheit und deine Stellung als Leiter betrifft, kannst du vielleicht ruhig schlafen. Wenn du aber über deine Unfähigkeit, zu handeln, unruhig bist, muß etwas geschehen. Vielleicht bist du am falschen Platz. Vielleicht hast du es aber auch nötig, Gott um eine frische Salbung für deine Leiterschaft zu bitten.

Paulus beendet seinen ersten Brief an die Korinther mit folgenden Instruktionen:»Wachet, steht im Glauben, seid mutig und seid stark! Alle eure Dinge laßt in der Liebe geschehen!« (1. Kor. 16,13).

Diese Aufforderungen sind zwar nicht ausdrücklich an Leiter gerichtet; doch sie sind sicherlich sehr passende Worte der Weisheit für diejenigen, die zur Leiterschaft berufen sind.

Mut bekommt man, wenn man Gott kennenlernt

In Daniel 11,32 lesen wir:»Aber die vom Volk, die ihren Gott kennen, werden sich ermannen und danach handeln.« Als christlicher Leiter wirst du nur dann wissen, wie du richtig handeln mußt, wenn du Gott kennst.

Das Ziel deines frommen Lebens muß gewiß die Erkenntnis Gottes sein. Gebet, das Wort Gottes und Anbetung führen alle zu einem tieferen Verständnis deines liebenden himmlischen Vaters. Du betest ja nicht bloß, damit deine Bitten erhört werden, sondern damit die lebendige Verbindung zwischen Gott und dir festgeschmiedet wird. Du liest nicht nur deshalb die Bibel, um dir Erkenntnis und massenhaft Fakten über Gott anzueignen, sondern um den Einen wirklich kennenzulernen, der das Buch der Bücher geschrieben hat. Du betest Gott nicht nur an, weil es deine christliche Pflicht ist, sondern weil du verändert wirst, während deine ganze Existenz auf ihn gerichtet ist.»Nun aber schauen wir alle mit aufgedecktem Angesicht die Herrlichkeit des Herrn wie in einem Spiegel, und wir werden verklärt in sein Bild von einer Herrlichkeit zur andern von dem Herrn, der der Geist ist« (2. Kor. 3,18).

Auf Leiterseminaren in The Hyde habe ich oft die Frage gestellt:»Wessen Stimme ist die lauteste in deinem Leben?« Ist es deine eigene Stimme? Ist es die Stimme der Tradition? Ist es die Stimme der menschlichen Vernunft? Ist es die Stimme konfessioneller Erwartungen? Ist es die Stimme deiner Frau? Ist es die Stimme deines Ältesten, Kirchenvorstehers oder Diakons? Ist es die Stimme des Kirchenvorstands? Ist es die Stimme des Volkes? Du bist der einzige, der diese Frage beantworten kann.

Wenn dagegen dein Herz mit der Größe und den Absichten Gottes erfüllt ist, sind andere Stimmen zum Schweigen gebracht. Ich habe bereits die Zwillingsverse aus den Sprüchen zitiert, die so klar die beiden treibenden Kräfte beschreiben, die immer im Leben von Leitern gegenwärtig sind. Ich zitiere sie noch einmal. In den Sprüchen 29,25 heißt es:»Menschenfurcht bringt zu Fall«, und in den Sprüchen 9,10:»Der Weisheit Anfang ist die Furcht des Herrn, und den Heiligen erkennen, das ist Verstand.«

Paulus war sich seiner Verpflichtung bewußt, Gott zu gefallen und nicht den Menschen. In Galater 1,10 sagt er:»Predige ich denn jetzt Menschen oder Gott zuliebe? Oder suche ich Menschen gefällig zu sein? Wenn ich noch Menschen gefällig wäre, so wäre ich Christi Knecht nicht.« Du siehst, wie wichtig es ist, daß man beständig auf Gott hören lernt (vgl. Kapitel 7).

Während du Gott und sein Wort immer mehr kennenlernst, wird dein Leben mit Gottes heiligen und gerechten Anforderungen in Einklang gebracht. Da dies seine Auswirkungen auf dein Leben hat, wird Gott deine Leiterschaft mit Autorität versehen. Aus diesem Grunde habe ich im Kapitel 8 darüber geschrieben, wie dich Gott ruft, seine Botschaft zu leben. In den Sprüchen 28,1 heißt es:»Der Gerechte ist furchtlos wie ein junger Löwe.«

Mut, Sünde bloßzustellen

Das Problem der Sünde des Ungläubigen ist eine ziemlich klare Sache: bevor jemand sein Vertrauen auf Jesus Christus setzt und sich dem Evangelium öffnet, ist er gemäß der Bibel ohne Hoffnung und ohne Gott in der Welt (Eph. 2,12).

Es gehört mehr Mut dazu, der Sünde von Christen entgegenzutreten:
Erstens muß der Christ, der ein Wort der Korrektur hört, dieses Wort als von Gott annehmen und seine Sünde erkennen. Wenn das nicht geschieht,

kann derjenige, der die Korrektur ausgesprochen hat, sich Vorwürfen ausgesetzt sehen, er würde sich zum selbstgerechten Richter aufschwingen. Aus diesem Grunde hat Jesus ein Verfahren festgelegt, wie einem Bruder seine Sünde bewußt gemacht werden soll (Mt. 18,15–17).

Zweitens muß der Ermahnende sich sicher sein, daß die Sünde wirklich da ist, und daß er die Vollmacht hat, sie aufzudecken. Vielleicht denkt er:»Ich kann das Wort der Korrektur nicht äußern, weil ich selber nur ein fehlbarer Mensch bin!« Das ist keine stichhaltige Entschuldigung für einen Leiter. In Wahrheit hat Gott bei seinen heiligen Maßstäben die Fehlbarkeit unseres menschlichen Wesens berücksichtigt und Vergebung wie auch Sieg vorgesehen. Manchmal wird auch das Lebensalter zu einem Problem. Paulus hatte dieses Problem angesprochen, als er Timotheus ermutigte:»Niemand verachte dich wegen deiner Jugend; du aber sei den Gläubigen ein Vorbild im Wort, im Wandel, in der Liebe, im Glauben, in der Reinheit« (1. Tim. 4,12).

Ein älteres Ehepaar suchte mich wegen eines Eheproblems auf. Als sie ihre Geschichte ausbreiteten, wurde mir klar, daß ich deutlich reden müßte. Die Schwierigkeit war nur die, daß ich mich zwei Menschen gegenüber sah, die älter und in vieler Beziehung erfahrenere Christen als ich waren. Ich kämpfte mit meinen Gefühlen, als ich den nächsten Schritt bedachte. Mir war klar, daß die Wahrheit Gottes der einzige Weg zur Befreiung war. Ich holte tief Luft und fing an. Zu meiner Überraschung wurde, was ich zu sagen hatte, mit Wohlwollen aufgenommen und für angemessen gehalten.

Leitung geschieht immer durch Vorbild. Wenn du dieselbe Sünde begehst, kannst du sie nicht in einem anderen aufdecken. Dies ist mit ein Grund, weshalb die Anforderungen an Leiter so groß sind.

Das hervorragendste biblische Beispiel an Sünde aufdeckender Seelsorge ist im 2. Samuel 12 verzeichnet, wo Nathan den König David des Ehebruchs und des Mordes überführt. Du wirst feststellen, daß alle drei Prinzipien befolgt wurden:

1. Nathan wußte, daß Davids Ehebruch mit Batsheba Sünde war. Weder die Umstände noch die Tatsache, daß David König war, änderten die Normen, die Gott festgelegt hatte.

2. Nathan war sich seiner Vollmacht sicher, weil Gott ihn gesandt hatte (V. 1).

3. Er führte seine unangenehme Aufgabe voll durch und scheute auch nicht davor zurück, ein sehr ernstes prophetisches Wort auszusprechen, das die unangenehmen Konsequenzen der Sünden Davids aufzeigte (V. 7–12).

David bereute sofort – »Ich habe gesündigt gegen den Herrn« (V. 13) –, woraufhin Nathan sogleich die Vergebung Gottes zusprach. Du wirst feststellen, wenn ein Wort aus der Vollmacht von Gott gesagt wird, dann wird der Bereuende erkennen, daß alle Sünde zuerst gegen Gott gerichtet ist und erst in zweiter Linie gegen die betroffenen Mitmenschen. Daraus resultiert eine gründliche Buße, die der Wiederholung derselben Sünde einen Riegel vorschiebt. Davids Bußgebet ist im Psalm 51 festgehalten.

Wir finden denselben Mut im Leben Jesu, als er die Wechsler aus dem Tempel vertrieb und die Taubenverkäufer mit den Worten hinauswarf: »Tragt das weg und macht nicht meines Vaters Haus zum Kaufhaus« (Joh. 2,16). Keinerlei Unentschiedenheit oder Furcht vor Versagen trübte die Durchführung von Jesu Auftrag.

Es ist für Leiter wichtig, sich den Mut zu erbeten, der sie richtig handeln läßt, auch wenn das unbeliebt ist, und nicht den bequemen Ausweg zu wählen. Gott ist immer ein Gott der Erlösung, und wenn echte Buße der Offenlegung der Sünde folgt, wird Gott in seiner Gnade sein Werk der Wiederherstellung tun. Das schloß im Fall David ein, daß Gott dem König wieder seine Vollmacht und Leitung übertrug. »Denn bei dem Herrn ist die Gnade, und viel Erlösung bei ihm.«

Mut, deine Herde vorwärts zu führen

»Alles um des lieben Friedens und meiner Ruhe willen«, so lautete früher einmal mein Motto. Es war eine Gefühlsregung, die eines Nachfolgers Jesu nicht würdig ist. Paulus definiert das Ziel seines Lebens so: »Nicht, daß ich's schon ergriffen habe oder schon vollkommen sei; ich jage ihm aber nach, ob ich's wohl ergreifen könnte, weil ich von Christus Jesus ergriffen bin« (Phil. 3,12).

Du mußt akzeptieren, daß ein Leiter verpflichtet ist, Menschen dorthin zu *bringen*, wo sie von selbst nicht hingehen wollten. Das erfordert Mut und Entschiedenheit.

Erinnere dich selbst an eigene Zeiten des natürlichen und geistlichen Wachstums. Wann geschah das? Was mich betrifft, so geschah das meistens dann, wenn ich mich Problemen gegenüber sah, die ich nicht anpacken wollte. Ich bin dankbar für den Mut derer, die mich nicht bleiben ließen, wie ich war.

Wenn man Kinder aufzieht, muß man sie immer wieder dahin führen, wohin sie von selbst nicht gehen wollen – sei es nun, daß man seinem Fünfjährigen das Zähneputzen beibringen muß oder seinem Teenager helfen muß, die richtigen Maßstäbe für Beziehungen zwischen Jungen und Mädchen zu finden.

Mut erfordert es, Menschen zur Rettung zu führen, wenn sie vielleicht mit ihrem unerlösten Leben ganz zufrieden sind. In der Predigt des Petrus lag eine Dringlichkeit, der sich die Zuhörer einfach stellen mußten: »In keinem andern ist das Heil, auch ist kein anderer Name unter dem Himmel den Menschen gegeben, durch den wir sollen selig werden« (Apg. 4,12).

Mut erfordert es, Menschen zum Leben in der Kraft des Heiligen Geistes zu führen, wenn sie ganz zufrieden damit sind, aus eigener Kraft zu leben. Jesus sagte: »Ohne mich könnt ich nichts tun« (Joh. 15,5). Jesus sagte auch: »Aber ihr werdet Kraft empfangen, wenn der Heilige Geist über euch kommt« (Apg. 1,8/Zürcher Bibel).

Mut erfordert es, Menschen zu Jüngern zu machen, wenn sie lieber ihr unabhängiges Leben weiterführen würden. Jesus sagte: »Wer mir folgen will, der verleugne sich selbst und nehme sein Kreuz auf sich täglich und folge mir nach« (Lk. 9,23).

Mut erfordert es, Menschen dazu zu bringen, ein heiliges Leben zu führen. Denn das bedeutet, daß man ihnen ihre Unheiligkeit vor Augen halten muß. In Hebräer 12,14 lesen wir: »Jagt dem Frieden nach mit jedermann und der Heiligung, ohne die niemand den Herrn sehen wird.«

Mut erfordert es, Menschen dazu anzuleiten, andere zu lieben, wenn sie bis jetzt nur sich selbst geliebt haben. So schreibt Petrus: »Habt euch untereinander beständig lieb aus reinem Herzen« (1. Petr. 1,22).

Mut erfordert es, Menschen anzuleiten, »zum vollen Maß der Fülle Christi« zu gelangen (Eph. 4,13), wenn sie sich lieber mit einem komfortablen Namenschristentum begnügen würden.

Jesus sagte: »Aber seit den Tagen Johannes des Täufers bis heute leidet das Himmelreich Gewalt, und Gewalttätige reißen es an sich« (Mt. 11,12/Jerusalemer Bibel).

Mut, der Menschen vorwärts treibt, löst sowohl bei den Geführten wie auch bei dem Leiter geistliches Wachstum aus.

Mut, mit Gott vorwärts zu drängen

Das dritte Prinzip des Mutes ist die Entschlossenheit, seine Vorhaben durchzuziehen. Es können dich sehr viele Ereignisse entmutigen, wenn du mit der Sicht, die Gott dir gegeben hat, vorwärts drängst. Wenn es Rückschläge in der Arbeit für das Gottesreich gibt, höre ich immer wieder das Argument: »Vielleicht will Gott gar nicht, daß es auf diese Weise passiert.« Was ist wirklich passiert? Der Feind hat einen Sieg errungen. Josua muß ein recht ängstlicher und schüchterner Leiter gewesen sein. Ich bin sicher, daß er ziemlich verzagt war. Andernfalls hätte Gott ihn wohl kaum viermal ermutigt: »Sei stark und fest!« (Jos. 1,6/Jerusalemer Bibel).

Gott hatte Josua den Auftrag anvertraut, die Kinder Israel über den Jordan und in das Gelobte Land zu führen. Gott wußte, daß die Anforderungen hoch sein würden. Deshalb ermutigte er Josua, stark und fest zu sein. Als sich die Rückschläge ereigneten, haben Josua diese Worte wohl in den Ohren geklungen. Die Verheißung Gottes wurde Wirklichkeit: als nämlich Josua gehorsam und fest war, wurden die Siege errungen.

Kürzlich hat mich ein Pfarrer wegen der Situation in seiner Gemeinde aufgesucht. Mehrere Jahre lang hatten die Diakone sich jedem geistlichen Fortschritt widersetzt, und zwar derart gründlich, daß Alan dachte, recht daran zu tun, eine Versetzung in eine andere Gemeinde anzunehmen. Sein Rücktrittsgesuch löste noch größeren Widerstand bei den Diakonen aus. Was sollte Alan tun, da viele junge Christen durch den Konflikt offenbar Schaden erleiden konnten? Ich hakte nach, wo eigentlich sich die Opposition äußerte, und fand heraus, daß es vor allem die Gemeindetreffen und Diakonstreffen waren, die Alan die größten Schwierigkeiten bereiteten. Alan konnte immer noch zielstrebig und fruchtbar predigen und seine Aufgabe als Seelsorger wahrnehmen, obwohl ihn die Auseinandersetzungen belasteten.

»Alan«, sagte ich, »du bist dafür verantwortlich, für das Wohlergehen und das geistliche Wachstum deiner Schäfchen zu sorgen. Soweit ich das beurteilen kann, gelingt dir das ganz gut.«

»Stimmt«, antwortete Alan, »aber all die kleinen Sticheleien und Querschläge setzen mir zu.«

»Also gut, Alan. Ich werde dafür beten, daß Gott dir eine – geistlich gesehen – kugelsichere Weste schenkt, damit seine Arbeit nicht behindert wird.«

Alans Widerstandskraft war für seinen restlichen Dienst in dieser Gemeinde erneuert. Es erfordert Mut, in solch einer Situation festzustehen.

Der große Auftrag, den Jesus seinen Jüngern gab, war klar und direkt. »Gehet hin in alle Welt und predigt das Evangelium aller Kreatur« (Mk. 16,15). Jesus warnte seine Jünger, diese Aufgabe in Angriff zu nehmen, bevor sie nicht mit dem Heiligen Geist erfüllt waren. Apostelgeschichte 2 berichtet uns über die dramatische Art und Weise, wie die Erfüllung dieses Auftrags Realität zu werden begann. Am Ende von Petri erster Predigt gab es dreitausend Gläubige. Der Glaubensandrang für das Evangelium hielt an. Als nächstes geschah die Heilung des verkrüppelten Bettlers am Schönen Tor. Fast unmittelbar darauf wurden Petrus und Johannes festgenommen, und es wurde ihnen untersagt, im Namen Jesu überhaupt zu reden oder zu lehren (Apg. 4,18).

Dennoch kamen dieselben Jünger nach ihrer Entlassung zum Gebet zusammen. Sie wollten nicht gegen Verfolgung beten, sondern um den Mut bitten, das Wort Gottes erneut zu verkündigen. Sie waren nicht entschlossen, daß Wunder aufhören müßten, weil diese soviel Unruhe verursacht hatten. Sie beteten: »Strecke deine Hand aus, daß Heilungen und Zeichen und Wunder geschehen durch den Namen deines heiligen Knechtes Jesus« (Apg. 4,30).

Das höhere Prinzip der Berufung durch Gott hob den menschlichen Urteilsspruch auf, der ihnen das Redeverbot auferlegt hatte. Heutzutage gibt es wohl in unserem Land keine derartige Verfolgung mehr. Wer diktiert, wieviel von deinem Dienst akzeptabel ist?

Mutiges Handeln bei rauhem Seegang macht geistlich stark.

Mut hält dich an der Stätte des Sieges

»Denn in ihm wohnt die ganze Fülle der Gottheit leibhaftig, und an dieser Fülle habt ihr teil in ihm, der das Haupt aller Mächte und Gewalten ist« (Kol. 2,9–10). Dir ist die Stätte des Sieges und der Autorität sicher, weil du in Christus Jesus bist. Aber der Feind hat es darauf angelegt, dich dieses Sieges zu berauben. Das kann in kleinen Schrittchen geschehen, so daß du über eine längere Zeitstrecke durch das ständige Tropfen der Entmutigung zermürbt, müde und depressiv wirst. Es erfordert Mut, im Sieg zu stehen und keinen Meter Boden preiszugeben. Im Galater 5,1 lesen wir: »Zur Freiheit hat uns Christus befreit! So steht nun fest und laßt euch nicht wieder das Joch der Knechtschaft auflegen!«

In den größeren Konflikten, die du mit dem Feind austrägst, kann auch eine Niederlage passieren. Die Anzeichen für Satans mächtiges Wirken in der Welt von heute nehmen zu, auch wenn Satan kein Recht zum Sieg hat, weil Jesus ihn auf Golgatha vernichtend geschlagen hat. Satan kommt zum Zuge, weil die Jünger Jesu nicht den Boden des Sieges behaupten, der ihnen geschenkt worden ist. Paulus schreibt im Epheser 6,12: »Denn wir haben nicht mit Fleisch und Blut zu kämpfen, sondern mit Mächtigen und Gewaltigen, nämlich mit den Herren der Welt, die in dieser Finsternis herrschen, mit den bösen Geistern unter dem Himmel.« Paulus weist seine Leser an, fest dem Ansturm des Feindes zu trotzen und die ganze Waffenrüstung Gottes anzulegen, die es ihm ermöglicht, zu widerstehen.

In der Apostelgeschichte 16,16–18 wird uns ein Beispiel gegeben, wie

Paulus und Silas mit diesem Problem in Philippi fertig wurden. Jeden Tag, wenn sie zum Gebet gingen, rief ihnen ein Mädchen, das von einem Wahrsagegeist besessen war, Worte hinterher. Die Worte waren wahr, aber sie kamen, wie die beiden Jünger erkannten, aus einem unguten Geist. Paulus ertrug dies viele Tage lang, bis seine Geduld erschöpft war. Er redete deshalb den Geist an: »Ich gebiete dir im Namen Jesu Christi, daß du von ihr ausfährst« (V. 18). Sofort verließ der Geist das Mädchen, und sie war aus dem Würgegriff des Feindes befreit.

Der Feind kann auf sehr raffinierte Weise eindringen. Vor längerer Zeit kamen ein Pfarrer und seine Frau aus Neuseeland für ein paar Tage nach The Hyde. Während einer Herrenmahlfeier standen wir im Lobpreis und in der Anbetung, als plötzlich die Frau des Pfarrers zusammenbrach. Offensichtlich war die Ursache nicht physischer Art, sondern ein Bollwerk Satans war in der Anbetung durch die Gegenwart Gottes aufgedeckt worden. Im Namen Jesu wurde Vollmacht ausgeübt und die Macht des Feindes gebunden. Als später eine aus der Kommunität über Einzelheiten mit ihr sprach, wurde deutlich, daß der Maori-Stammeshintergrund dieser Frau dem Feind den Zugang erlaubt hatte. Sie wurde im Namen Jesu befreit.

Daß der Feind durch Bedrückung und Aktivität in derartigen Fällen am Werk ist, wird oft erst durch die heilige Gegenwart Gottes aufgedeckt. Während die Jünger Jesu den Herrn preisen und erhöhen, werden sie sich zunehmend der Gegenwart und der Kraft Gottes bewußt. Der Psalmist sagt: »Du aber bist heilig, der du thronst über den Lobgesängen Israels« (Ps. 22,4).

In der Kommunität singen wir ein Lied, das auf den Worten dieses Psalms basiert:

Jesus, wir erheben dich,
wir sagen, du bist König,
Jesus, du bist unter uns,
mit unserem Preis erhöh'n wir dich,
mit unserem Lobpreis
bau'n wir deinen Thron –
nimm, Jesus, ein den Platz, der dir gebührt.

Wenn das geschieht, wird dem Feind die Maske heruntergerissen, und du wirst mutig und entschieden handeln. Wenn du mutig handelst, weil du die Stätte des Sieges nicht verläßt, wirst du erleben, wie die Vollmacht in deinem Leben zunimmt.

Mut, in schwierigsten Umständen Glauben zu haben

Es gibt zweierlei Situationen, die solchen Mut erfordern. Eine ist die Lage, die total hoffnungslos erscheint, in der dir aber Gnade geschenkt wird, dem Pfad zu folgen, den Gott für dich gekennzeichnet hat. Aus ihr kommst du dann siegreich heraus.

Zu solch einer Folge von Ereignissen kam es, als Paulus vor der Küste von Malta Schiffbruch erlitt, wie die Apostelgeschichte in Kapitel 27 berichtet. Paulus war als Gefangener an Bord eines Schiffes, das ihn nach Rom bringen sollte, weil er beim Kaiser Berufung eingelegt hatte. Er hatte bereits den Hauptmann und die Schiffseigner gewarnt, loszusegeln, aber sie hatten seine Warnungen in den Wind geschlagen und waren, wie von Paulus vorhergesagt, in einen heftigen Sturm geraten. Ein Engel Gottes erschien nachts dem Paulus und zeigte ihm auf, wie das Leben der Schiffsgenossen gerettet werden konnte. Kühn berichtet Paulus von diesen Plänen: »Und jetzt ermahne ich euch, guten Mutes zu sein; denn kein einziger von euch wird das Leben verlieren; nur das Schiff wird verloren sein« (V. 22/Zürcher Bibel). Die Einzelheiten des Plans wurden ausgebreitet, während die Krise anhielt. Als die Schiffsbesatzung die Anweisungen befolgte, erfüllte Gott sein Versprechen, und wir lesen in Vers 44: »Und so geschah es, daß sie alle gerettet ans Land kamen.«

Wenn eine Krise aufkommt, muß die Leiterschaft besonders sensibel auf die Stimme Gottes reagieren, der den Weg zur Befreiung zeigen wird. Die Menschen benötigen Mut und Glauben, um ihrem Leiter zu folgen. Unter solchen Umständen ist es lebenswichtig, erst auf Gott zu hören, bevor man auf das hört, was die Menschen dazu zu sagen haben. Die Stimmen der Furcht und der Panik können sehr laut sein.

Ich will nicht unterstellen, daß du dich in Lebensgefahr begeben mußt. Es hat aber Situationen gegeben, in denen eine Gemeinde Schiffbruch erlitten hat. Solche Situationen hätten vermieden werden können, wenn die Leiterschaft sich Zeit genommen hätte, auf Gott zu hören, und wenn die Gemeindeglieder mutig und voll Vertrauen standgehalten hätten.

Im Angesicht scheinbar unmöglicher Umstände Mut zu haben, führt zur Befreiung.

Die zweite Situation, die solchen Mut erfordert, ist eingetreten, wenn die Lage sich nicht bessert und das Leiden nicht aufhört.

Paulus sah dem Martyrium entgegen, als er schrieb: »...wie ich sehnlich warte und hoffe, daß ich in keinem Stück zuschanden werde, sondern daß frei und offen, wie allzeit so auch jetzt, Christus verherrlicht werde an meinem Leibe, es sei durch Leben oder durch Tod« (Phil. 1,20). Die Sinnesart, die sich hier entfaltet, kommt oft in denjenigen zum Vorschein, die um ihres Glaubens willen verfolgt und gefoltert worden sind.

Mit größerer Wahrscheinlichkeit werden wir alle einmal durch den unerwarteten Tod eines Familienmitglieds betroffen, der solchen Schmerz auslösen kann, daß eine bleibende Narbe zugefügt und geistliche Schwächung genährt wird. Wenn du dagegen bereit bist, auf Gottes Wort zu hören, daß er denen, die ihn lieben, alle Dinge zum Besten dienen läßt (Röm. 8,28), wird ein unaufhaltsamer Siegeszug geschenkt. Du wirst einen Platz erreichen, wo du mit den Worten Josefs im ersten Mose 50,19 (leicht angepaßt) sagen kannst: »Der Feind gedachte, es böse mit mir zu machen, aber Gott gedachte, es gut zu machen und zu tun, was jetzt getan wird: die Rettung vieler Menschenleben!«

Viele von euch werden von dem tragischen Unfall gelesen haben, der dem Musiker Keith Green und zwei seiner Kinder im Sommer 1982 das Leben gekostet hat. Zu dieser Zeit war Keith mächtig von Gott gebraucht worden. Wer wäre nicht ins Fragen gekommen, warum das passieren mußte? Erstaunlich jedoch, wie seine Frau Melody diese Tragödie durchgestanden hat. Daraus folgte eine gesteigerte Wirkung von Keiths Botschaft, indem sein Aufruf an junge Menschen, sich für die Mission zu melden, in der ganzen Welt Resonanz fand. Die Beliebtheit und Durchschlagskraft seiner gesalbten Musik nahm gewaltig zu.

Wenn angesichts solcher Umstände Mut aufgebracht wird, schenkt Gott Frieden und steigert die Fruchtbarkeit derjenigen, die seiner Allmacht trauen.

Mut unterdrückt nicht

Paulus wurde manchmal nachgesagt, in seinen Briefen mutig, aber Auge in Auge mit den Menschen ängstlich zu sein. In 2. Korinther 10,1 lesen wir: »Ich selbst aber, Paulus, ermahne euch bei der Sanftmut und Güte Christi, da ich in eurer Gegenwart unterwürfig sein soll, aber mutig, wenn ich fern von euch bin!«

Ich nehme nicht an, daß der Vorwurf berechtigt gewesen war, sondern daß aus allen Verlautbarungen des Paulus an die Gemeinden eine Güte und Liebe durchscheint, mit der die Wahrheit so gesagt wurde, daß die Gemeindeglieder sie annehmen konnten. Natürlich heißt das nicht, daß es nie Meinungsunterschiede oder Konflikte geben wird. Wenn ein Leiter seine Botschaft lebt und wirklich eine Antenne für die Sicht und die Absicht Gottes hat, wird er mutig und dennoch konstruktiv handeln.

In dem Brief, den Onesimus dem Philemon mitbrachte, und in dem die Veränderung beschrieben war, die in seinem Leben stattgefunden hatte, schreibt Paulus in den Versen 8 und 9: »Darum, obwohl ich in Christus volle Freiheit habe, dir zu gebieten, was sich gebührt, will ich um der Liebe willen doch nur bitten...«

18   Ein Mann, der andere zum Dienst befreit

Ich war auf dem Weg nach Nordwales, auf einer 600-km-Reise von meinem Wohnort Cornwall aus. Mein Wagen – Jahrgang 1937 – war in der Inspektion gewesen, und ich hatte eine Menge saurer Drops gekauft, die mir helfen sollten, während der Fahrt hellwach zu bleiben.

Ich wollte die nächsten drei Wochen im Team der Scripture Union in der Strandmission für Kinder verbringen. Es war mein vierter Einsatz dieser Art; ich hatte bei zwei Missionseinsätzen in Perranporth, Cornwall, teilgenommen, und dies war mein zweites Jahr in Nefyn. Die Herausforderung dieser Arbeit hatte mir Spaß gemacht. Nun, auf dem Weg dorthin, hatte ich aber noch keine klare Vorstellung von der Altersgruppe, mit der ich arbeiten sollte.

Ganz gleich, welcher Altersgruppe ich in den vergangenen Jahren zugeordnet worden war – stets war ich mir unzulänglich vorgekommen, obwohl die Leiter für meine Anstrengungen ermutigende Worte fanden. Nun dachte ich über verschiedene Alternativen nach, die mir wohl offenstanden. Sollte ich weiter mit den Teenagern arbeiten, oder sollte ich mich in eine der jüngeren Altersstufen hineingeben?

Als ich in Nefyn ankam, war ich immer noch nicht zu einem definitiven Schluß gekommen. Zu meiner großen Überraschung fand ich eine völlig unerwartete Situation vor. Nur ca. 15 Mitarbeiter hatten sich versammelt, während es im Vorjahr ca. 35 gewesen waren, und ich mich damals sehr gern in das Holiday-Club-Team, die Gruppe für die Arbeit unter Teenagern, eingefügt hatte.

Bei unserem ersten Mitarbeitertreffen entschuldigte sich der Leiter, Daniel Lewis, als erstes für das Schrumpfen des Teams. Er zitierte dann einige Bibelstellen zum Stichwort Glauben und ermutigte uns zu der Sicht, daß wir trotz unserer kleinen Zahl eine große Mission haben würden. Dai, wie er mit Spitznamen gerufen wurde, ging dann die Einteilung der verschiedenen Arbeitsgruppen und ihre Aufgabenverteilung mit uns durch.

»Gillian ist verantwortlich für die Knirpse (die 5- bis 8jährigen)«, sagte er lässig. »Desmond hat die Sprotten (die 9- bis 13jährigen), und Charles *leitet* das Holiday-Club-Team.«

Ich war wie betäubt – das war das erste, was ich davon hörte, und ich hatte gar nicht daran gedacht, irgend etwas zu leiten! Was mich am meisten verblüffte: Dai hatte das Vertrauen, daß ich diese Aufgabe schaffen würde, und es war für ihn keine Frage, daß ich diese Aufgabe annehmen würde!

Ich gab mir einen Ruck, um mich auf das zu konzentrieren, was in der Mitarbeiterbesprechung geschah. Dai fragte der Reihe nach die verschiedenen Leute, in welchen Teams sie am liebsten arbeiten würden, und ich mußte wissen, wer mir zugeteilt wurde. Eine halbe Stunde darauf hielt ich ein erstes Holiday-Club-Team-Treffen und versuchte fieberhaft herauszufinden, wie ich einer solch herausfordernden Aufgabe gerecht werden könnte.

Im Rückblick sehe ich diese Aufgabe als eine der kreativsten Beiträge, die jemals zu meiner Entwicklung zum Leiter beigetragen haben. Was hatte Dai getan? Er hatte ein Zutrauen in mich gesetzt, das ich selbst nicht hatte. Durch diesen Akt der Bestätigung gab er mir das Vertrauen, etwas zu tun, wozu ich mich nicht für fähig gehalten hatte.

Ich denke, diese Handlungsweise sprach auch für Dais Leiterschaft, denn er war bereit, die Entscheidung zu treffen, jemand eine Aufgabe anzuvertrauen, ohne den Beweis zu haben, daß diese Person die Aufgabe auch durchführen kann. Er mußte gespürt haben, daß Anlagen da waren, von denen ich keine Ahnung hatte. Sein Vorgehen wirkte befreiend und zutiefst herausfordernd.

Die Verantwortung der Leiterschaft

Christliche Leiterschaft ist dazu da, die Absichten Gottes zu verwirklichen. Gott wählt Menschen, die vom Heiligen Geist geleitet und mit Kraft erfüllt sind. Er vertraut ihnen verschiedene Verantwortungen im Leib Christi an, die dazu dienen, seinen Plan auszuführen. Es ist nicht Gottes Wunsch, daß ein einzelner Mensch versuchen sollte, sich jede Verantwortung selbst aufzuladen. Gottgegebene Leiterschaft wird deshalb an andere delegieren, sie zurüsten und sie befähigen, produktive Arbeit für den Herrn auf ihre Schultern zu nehmen.

Die Rolle des Leiters

In Römer 12,6 + 8 lesen wir: »Wir haben verschiedene Gaben, nach der Gnade, die uns gegeben ist... Steht jemand der Gemeinde vor, so sei er sorgfältig.« Geistliche Leiterschaft wird vom Heiligen Geist gegeben, und an das Privileg dieser Gabe ist die Verantwortung gekoppelt, *mit Sorgfalt zu leiten.*

Paulus hat dem Timotheus folgende Anweisungen mitgegeben: »Was du von mir gehört hast im Beisein vieler Zeugen, das vertraue treuen Menschen an, die tüchtig sein werden, auch andere zu lehren« (2. Tim. 2,2).

Dieser Vers zeigt vier Schritte auf:

1. »Was du *von mir* gehört hast« – Paulus hat Timotheus Lehre gegeben.
2. »Du hast... gehört« – Timotheus hat die Lehre aufgenommen.
3. »Das vertraue treuen Menschen an« – Timotheus sollte verläßliche Menschen suchen, die Führungsfähigkeiten haben.
4. »Die tüchtig sein werden, auch andere zu lehren« – Timotheus sollte Menschen aussuchen, deren geistliches Fassungsvermögen nicht nur ausreicht, die Lehre aufzunehmen und ihr zu folgen, sondern sie auch an andere weiterzugeben.

Das Leiterschaftsprinzip, ständig andere Christen so zu entwickeln, daß sie Verantwortung übernehmen, verhindert heftige Pendelausschläge im Gemeindeleben. Leider ist es so, daß nur wenige Gemeinden sich über einen längeren Zeitraum entwickeln, ohne daß segensreiche Zeiten von schmerzlichen Perioden voller Rückschläge unterbrochen werden. Das liegt normalerweise an der Unfähigkeit der Leiterschaft, Männer und Frauen so zu schulen, daß sie im Dienst und in der zweiten Führungsebene wirksam arbeiten. Das betrifft Christen, an die seelsorgerliche Verantwortung vom Leiter delegiert wird, wie auch Christen, die Veranlagungen zu Seelsorge und Lehre mitbringen, so daß Fürsorge, Seelsorge und Lehre nicht nur von dem Leiter wahrgenommen werden, sondern eine breitere Basis haben.

In unserer Gesellschaft sind wir es gewohnt, daß Qualität und Service unseres Einkaufslebens ständig verbessert werden. Die Kaufhauskette Marks & Spencer hat ihren Standard an Qualität und Service über viele Jahre gehalten, obwohl das Personal immer wieder wechselt. Das Geheimnis liegt in der Fähigkeit der Geschäftsführung, förderungswürdige Mitarbeiter zu erkennen und ihnen eine angemessene Weiterbildung zu bieten, so daß aufstrebende Leute optimale Möglichkeiten haben, sich weiterzuentwickeln. Genauso sollte es im Leib Christi sein.

Gemeinschaftliche Leitung

Eine Verbesserung von Leiterschaft und Pfarrdienst beginnt an der Spitze. Es ist ermutigend, wie viele Gemeinden schon das Modell der Bibel für gemeinschaftliche Leitung übernommen haben. Ganz gleich, wie die Gemeinde strukturiert ist, in der du tätig bist: es ist wesentlich, daß die Leitung auf mehreren Schultern ruht.

Als Paulus dem Titus seine Anweisungen gab, sagte er: »Dazu ließ ich dich in Kreta zurück, daß du das Fehlende noch ordnen und von Stadt zu Stadt Älteste einsetzen möchtest, wie ich dir aufgetragen habe« (Tit. 1,5). Petrus wandte sich im 1. Petrus 5,1 an »die Ältesten unter euch«, was ebenso auf eine breite Leiterschaft in jeder Gemeinde hinweist.

In der Bibel werden Älteste ernannt und nicht gewählt. Ganz gleich, wie die Ernennung vorgenommen wird – im Neuen Testament werden uns ganz klare Anweisungen gegeben, wie ein Ältester beschaffen sein soll (vgl. Kapitel 8). Wenn das Presbyterium nicht den biblischen Standard erfüllt, wird es nicht göttliche Autorität ausüben.

Wenn die Gemeindeglieder die Ältesten achten, erhöht ihre Unterordnung das Format jedes Ältesten und vermehrt die Autorität des Pfarrers. Der Leib der Gläubigen weiß dann, daß er eine Gruppe von Gliedern hat, die in gegenseitiger Unterordnung handeln. Das sollte Isolierung und Alleingänge vermeiden und es dem Pfarrer ermöglichen, sich auf die Gebiete zu konzentrieren, wo seine Stärken liegen, während andere seine Verantwortung in der Leitung teilen.

Die Leiter der Leiter

Auch wenn die Leitung gemeinschaftlich ausgeübt wird, gibt es immer einen Leiter der Leiter, und das lehrt auch die Bibel, wenn auch nur andeutungsweise. In den ersten Kapiteln der Apostelgeschichte fällt diese Verantwortung Petrus zu, denn wir lesen in Apostelgeschichte 5,29: »Petrus aber und die Apostel antworteten...« Wenn Paulus sah, daß er sich mit einem anderen Apostel abstimmen mußte, suchte er Petrus auf. Im Galater 1,18 lesen wir: »...kam ich hinauf nach Jerusalem, um Kephas kennenzulernen.«

Später ging die Verantwortung wohl auf Jakobus über. Zum Konzil in Jerusalem wird in Apostelgeschichte 15,13 festgehalten: »Danach, als sie schwiegen, antwortete Jakobus...« In der Apostelgeschichte 21,18 wird der Besuch des Paulus in Jerusalem wie folgt beschrieben: »Am nächsten Tag aber ging Paulus mit uns zu Jakobus, und es kamen die Ältesten alle dorthin.«

Der Leiter der Leiter ist mehr als nur ihr Sprecher. Er hat eine Salbung auf seinem Leben, die seine Leiterschaft über die seiner Mitältesten hinaushebt. Gemeinschaftliche Leitung ist nicht Leitung durch Demokratie, sondern Leitung durch diejenigen, die eine gemeinsame Berufung haben, den Willen Gottes zu hören. Gott salbt Menschen, nicht Organisationen.

Eine Verbreiterung der Leiterschaft dürfte die Fruchtbarkeit der Gemeinden vermehren. Wenn das nicht geschieht, dann werden nach Parkinsons Gesetz nur Aufgaben, die früher von einer Person bewältigt worden waren, nun von mehreren Leuten ausgeführt, ohne daß die Produktivität erhöht würde.

Die besonderen Gaben eines Leiters

In vielen Gemeindesituationen geht es aus Gründen der konfessionellen Gegebenheiten und der Tradition gar nicht anders, als daß der Leiter der Leiter der Pfarrer ist. Aus diesem Grund ist es bedauerlich, daß die Pfarrer und Vikare nicht stets nach ihrer Führungsfähigkeit ausgesucht werden. Im allgemeinen sind die Erwartungen, die wir an einen Pfarrer stellen, weder biblisch noch praktisch.

In seinem Buch *Strategy for The Church's Ministry* (CIO Publishing 1983, S. 101) zitiert John Tiller aus einem beruflichen Merkblatt mit dem Titel »Gesucht: Leiter für die Kirche von morgen«:

Er wird ein Leiter des Gottesdienstes der Gemeinde und ein Mann des Gebets sein, dessen Aufsicht andere dazu ermutigt, ihre Berufung und ihre Gaben zu entdecken und zu benutzen.
Er wird ein Planer und Denker sein, der eine Sicht künftiger Ziele mitteilt und der versucht, sie zusammen mit anderen zu erreichen.
Er wird ein Hirte und geistlicher Leiter sein, der Erfahrung hat, sowohl Gruppen wie einzelne zu verstehen, seelsorgerlich zu betreuen, zu unterstützen und miteinander zu versöhnen.
Er wird ein Prophet, Evangelist und Lehrer sein, der das Evangelium verkündet und bezeugt und der den Reichtum der Kirche an Tradition und Erfahrung nutzbar macht.
Er wird ein Verwalter und Koordinator sein, mit Verantwortung für christliches Management und Organisation der Finanzen der Ortskirche.

Die Broschüre enthält eine recht gute Zusammenstellung der Qualifikationen und der persönlichen Eigenschaften, die von den ordinierten Pfarrern der Kirchen erwartet werden müssen. Sofern sie aber ihre Arbeit beschreibt, kann die Wirkung dieser Broschüre für alle nur entmutigend sein – ausgenommen die Törichten und die, die sich selbst etwas vormachen.

Da diese Broschüre von einer Gruppe von Pfarrern zusammengestellt wurde, enthält sie vermutlich die Ziele, die diese Pfarrer für sich anstrebten – und wer würde abstreiten, daß diese Ziele genau das sind, was viele Gemeindeglieder immer noch von ihren Pfarrern erwarten?
Es hat wenig Sinn, absichtlich oder unbewußt derartige Arbeitsplatzbeschreibungen zu verfassen, weil es nur wenige Menschen gibt, die solche Gaben mitbringen, daß sie sie ausfüllen können. Eine künftige Strategie müßte zum Ziel haben, die »Alleskönner«-Rolle des Pfarrers abzuschaffen, die zur Zeit üblicherweise vom Pfarrdienst erwartet wird.
(John Tiller, *A Strategy for the Church's Ministry*)

Kein einzelner kann *all* diese löblichen Ziele erreichen, und selbst wenn er es versuchte, würde er alle Aufgaben zum erheblichen Teil unzulänglich bewältigen. Das würde gar nicht mal unbedingt an ihm selber liegen, sondern an dem unbefriedigenden System. Ständig treffe ich Pfarrer, die mit diesem schier unüberwindbaren Problem konfrontiert sind. Gewiß würden sich diese Pfarrer die Worte von John Tiller aus dem Vorwort zu *Crockford's Clerical Directory, 1980–1982* zu eigen machen, daß es eine »Vertrauenskrise in den Herzen vieler ordinierter Pfarrer gibt, die hart arbeiten, aber nicht überzeugt sind, daß es sich um Arbeit handelt, die sie tun sollten«.

Ich ermutige jedesmal die Pfarrer, herauszufinden, wo ihre eigentliche Stärke für den Dienst liegt, und sich dann mit ganzem Herzen damit einzubringen. Die Urkirche nahm derart rasch zu, daß die Apostel bald die Gefahr erkannten, daß sie sehr leicht von ihrer eigentlichen Berufung abgelenkt werden könnten, wenn sie, wo immer sie gebraucht wurden, tätig würden. In der Apostelgeschichte 6,2 lesen wir: »Da riefen die zwölf die Menge der Jünger zusammen und sprachen: ›Es ist nicht recht, daß wir für die Mahlzeiten sorgen und darüber das Wort Gottes vernachlässigen.‹«

Wenn, wie das allgemein recht eng erwartet wird, die Gemeindeleitung auf einen Menschen konzentriert ist, dann wird dieser Mensch mit seiner Eigenart die ganze Arbeit der Gemeinde prägen. Wenn der Leiter ein Evangelist ist, werden ständig neue Christen dazustoßen; weil aber das Weiden schwach ausgeprägt ist, werden immer wieder Menschen austreten oder wegbleiben. Wenn der Leiter ein Hirte ist, dann wird für alles gut gesorgt sein, aber nur wenige werden neu dazukommen, und allmählich wird die Gesamtzahl geringer werden. Wenn der Leiter ein Lehrer ist, werden die Leute grundlegend im Wort Gottes geschult; aber vermutlich wird die Gemeinde mehr in sich gekehrt sein, weil eine Öffnung fehlt. Das Problem ist die enge Sicht und das Nichtbegreifen, daß alle in der Heiligen Schrift erwähnten Dienste in derselben Gemeinde zum Zuge kommen sollten.

Manche Pfarrer haben durchaus Gaben, ohne die der Leib der Gläubigen nicht wachsen kann, die aber nicht zwangsläufig mit Gaben der Leiterschaft kombiniert sind. Ein Beispiel: Du triffst einen Christen, der ein aufmerksamer Hirte und ein gesegneter Seelsorger ist, aber nicht ein Leiter. Wenn dieser Christ aufgrund seines kirchlichen Amtes dazu gedrängt wird, Leiter zu sein, dann wird das ihn innerlich belasten und zu Unsicherheit und mangelnder Schau in der Gemeinde führen.

Die Kapazität der Leiterschaft

Leiter, die nicht imstande sind, ihre Verantwortung mit anderen zu teilen, engen ihre eigene Arbeit damit ein. Ein Pfarrer hat zum Beispiel eine

Gemeinde von, sagen wir, 80 regelmäßigen Kirchenbesuchern viele Jahre lang geführt. Ständig sind neue Menschen zum Glauben gekommen und in die Gemeinde eingetreten – und doch scheint die Gemeinde nicht zu wachsen. Warum passiert das? Ganz einfach deshalb, weil der Pfarrer selbst dem Wachstum, das er sich so sehr wünscht, im Wege steht. Er hat eine persönliche Kapazität, für 80 zu sorgen; sobald diese Zahl überschritten wird, werden einige vernachlässigt und gehen. Natürlich ist seine Kapazität nicht exakt auf 80 fixiert, sondern variiert ein wenig; doch über mehrere Jahre hinweg wird die durchschnittliche Zahl an aktiven Gemeindegliedern bei 80 liegen. Diese Durchschnittszahl könnte in anderen Fällen genausogut bei 40 oder 400 liegen.

Falls dieser Pfarrer zu einer Gemeinde mit einer geringeren Gliederzahl wechseln würde, dann würde diese bald auf seine Durchschnittszahl wachsen und sich auf diesem (persönlichen) Niveau halten. Wenn er dagegen zu einer größeren Gemeinde versetzt würde, dann würde die Gesamtzahl abnehmen. In solcher Lage hilft uns, wenn man echte Hirtendienste auf andere Schultern verteilt – offensichtlich eine einfache Lösung, die auch Gaben in anderen zum Vorschein kommen läßt. Der Faktor Angst will jedoch glauben machen, daß der Pfarrer vielleicht nicht mehr im selben Ausmaß gebraucht wird, wenn mehr Leute am aktiven Dienst beteiligt werden. Solches Verhalten ist sehr kurzsichtig und führt zu einer Lähmung des Leibes.

Vor einiger Zeit habe ich mit einem Presbyter gesprochen, dessen Pfarrer sich über zu große Arbeitsbelastung beklagt hatte. Das Problem wurde dem Kirchenvorstand vorgetragen; nach vielem Beten und Erforschen von Gottes Willen erklärte sich einer der Ältesten bereit, sich vorzeitig pensionieren zu lassen, damit er den Kreis der ganztägig Beschäftigten der Gemeinde verstärken könne. Dies wurde von allen Betroffenen – den Pfarrer inbegriffen – mit großer Freude begrüßt. Als aber dieser Älteste sein Berufsleben zum Abschluß gebracht und sich zum Dienst in der Gemeinde gemeldet hatte, schien die Arbeitslast plötzlich abgenommen zu haben. Wenn der Pfarrer gebraucht wurde, dann wollte der diese Bedarfsfälle mit niemand anderem teilen. Für den Ältesten wurde etwas Routinearbeit gefunden. Die Wirksamkeit dieser Gemeinde blieb wie sie war.

Bist du ein limitierender Faktor in deiner Gemeinde?

Der Leiter als Lehrer und Befähigender

Das 2.-Timotheus-2,2-Prinzip ist in der Bibel als ein Weg zum Wachstum fruchtbareren Dienstes verankert. Paulus mußte über die Ziele Gottes Gewißheit haben, so daß er keine Geheimniskrämereien hatte über das, was er gelernt hatte. Er hatte Timotheus in der Gegenwart von vielen Zeugen gelehrt, so daß die Prinzipien des Dienstes weithin bekannt waren.

Es ist ja sehr schön, wenn man einen machtvollen Dienst hat, doch ich denke: wenn die Prinzipien des Dienstes klar und einfach weitergegeben werden, dann können andere dazu befreit werden, ebenfalls im Glauben zu handeln. Jesus sagte: »Wer an mich glaubt, der wird die Werke auch tun, die ich tue...« (Joh. 14,12). Jesus war entschlossen, daß soviel Menschen wie nur möglich denselben machtvollen Dienst wie er tun sollten.

Um lehren und andere befähigen zu können, mußt du die geistlichen Kräfte, die dabei im Spiel sind, verstehen, so daß deine Arbeit nicht dem Zufall überlassen ist. Wenn die Prinzipien weitergegeben worden sind, müssen sie auch aufgenommen und im Glauben gehandhabt werden. Denn die Geheimnisse machtvollen Dienstes können nicht auswendig gelernt werden, sondern sie werden im Glauben gelehrt und im Glauben aufgenommen.

Der zitierte Vers im 2. Timotheus sagt aus, daß diese Prinzipien nicht jedem x-beliebigen anvertraut werden, sondern nur verläßlichen Menschen. Jeder Leiter sollte verpflichtet sein, andere zu befähigen, wirkungsvoll zu dienen; doch er muß geistliches Unterscheidungsvermögen entwickeln, um beurteilen zu können, wer verläßlich ist. In der am Anfang dieses Buches geschilderten Begebenheit hatten sich diejenigen aus meiner Jugendarbeit zu nützlichen Knechten Gottes entwickelt, die im Gebrauch des Malerpinsels verläßlich waren. Für die spektakulären Aufgaben hatte es immer massenhaft Freiwillige gegeben.

Aus der Apostelgeschichte 6,1–7 kann man interessanterweise entnehmen, daß die Diakone, die zur Fürsorge bestellt wurden, Männer voll Heiligen Geistes und Weisheit sein sollten. Keine Arbeit ist so weltlich, daß sie ohne die Salbung des Heiligen Geistes angepackt werden könnte. Kein Wunder, daß einer von diesen Diakonen, Philippus, bald danach ein machtvoller Evangelist in Samarien wurde, dessen Verkündigung durch wunderbare Zeichen bestätigt wurde.

Paulus sagt, daß die Verläßlichkeit der gewählten Männer über das persönliche Fruchtbringen hinausgehen muß, nämlich fähig zu sein, auch andere heranzuziehen. Die Großherzigkeit des Paulus wurde bis ins letzte Glied weitergegeben und nachgeahmt. Engherzigkeit und Angst hatten die Fortentwicklung zum Halten gebracht.

Kürzlich hat mich ein Gespräch mit Barry Austin, einem der britischen Leiter von Jugend mit einer Mission sehr beeindruckt. Barry war in den letzten Jahren für die Leitung der Jüngerschaftsschule in Holmsted Manor, in der Nähe unseres Hauses in Sussex, verantwortlich. Jugend mit einer Mission sieht ihren Auftrag in der Schulung junger Menschen in der Evangelisation, Jüngerschaft und Leiterschaft. Ich fragte ihn, wie verschiedene von ihnen Leiter geworden sind.

»Sie sind alle ihren Weg durch die Jüngerschaftsschulen gegangen und haben sich durch praktische Übungen und Ermutigung weiterentwickelt«, sagte Barry. »Insbesondere haben vier von ihnen, die ich ausgebildet habe, heute mächtigere Dienste als ich.« Barry zählte sie dann mit Namen auf und beschrieb, wie Gott jeden einzelnen gebraucht hat.

Eine Persönlichkeit, die bereit ist, andere über ihre eigene Kraft und Wirkung hinaus zu entwickeln, hat Seltenheitswert. Wenn es nur mehr solche Leiter gäbe, die bereit sind, andere bis zu solcher Ergiebigkeit zu entwickeln, dann würde sich das Reich Gottes in einem heute nicht gekannten Maße ausdehnen.

Schulung für Leitung und Dienst

Die Bibel lehrt: Gott möchte, daß allen seinen Kindern die Möglichkeit gegeben wird, wirksam zu dienen. Jesus sagte: »Nicht ihr habt mich erwählt, sondern ich habe euch erwählt und bestimmt, daß ihr hingeht und Frucht bringt und eure Frucht bleibt« (Joh. 15,16).

Nicht alle sind berufen, Leiter zu sein. Leiterschaft ist eine Gabe Gottes, wie wir schon im Römerbrief 12,4–8 gesehen haben, und ist ein Teil der Verantwortung der Ältesten. Leiterschaft zeigt sich normalerweise bei denjenigen, die die fünf Gaben für das geistliche Amt haben: Apostel, Prophet, Evangelist, Hirte und Lehrer (Eph. 4,11–12).

Vor einigen Jahren habe ich im *Journal of the Archbishop's Council on Evangelism* einen Artikel gelesen, der unsere Methode der Auswahl und Schulung von Pfarrern dem in Südamerika angewandten System gegenüberstellte. Der Artikel erläuterte, wie man in Südamerika systematisch beobachtet, wer in den Gemeinden Gaben für den Dienst und die Leiterschaft zeigt und dann diese Christen schult. In England dagegen wählen wir Menschen aus, von denen wir gute Anlagen erhoffen, schulen sie und hoffen dann, daß sie sich zu wirksamen Leitern entwickeln. Unsere Hoffnungen werden nicht immer erfüllt.

Da alle Jünger Jesu aufgerufen sind zu dienen, müssen wir die besten Methoden herausfinden, um es einem jeden Jünger zu ermöglichen, seine Anlagen voll zu entwickeln. Das Leben ist die beste Schule. Es ist ein Fehler, auf jede nur mögliche theoretische Schulung zu großes Gewicht zu legen. Eine theologische Ausbildung ist für bestimmte Dienste wichtig; Bibelschulen und christliche Ausbildungsstätten sind für andere von Bedeutung. Die Ortsgemeinde muß das durchziehen, damit jedes Glied so gut wie nur möglich vorbereitet wird. Wie wir individuelle Ausbildungsmöglichkeiten schaffen, hängt weitgehend von unserer Auffassung von Gemeinde ab.

Die Entfaltung von Leiterschaft und Dienst

Zwischen dem levitischen Priesterorden des Alten Testaments und der Erwartung des Neuen Testaments von der allgemeinen Priesterschaft der Gläubigen besteht ein harter Kontrast. Gemäß dem Alten Testament herrscht die Vorstellung von dem Priester, der stellvertretend für das Volk Opfer darbringt. Im Neuen Testament wandelt sich dieses Bild: eine Gruppe rauher und ungeschliffener Fischer predigt das Evangelium, heilt die Kranken und bricht das Brot hin und her in den Häusern.

Würden wir heute in unserer Priesterschaft den Alten Bund wieder aufleben lassen, hieße das, zu verneinen, daß der Schleier zerriß; durch den Schleier hindurch betreten wir, das Volk des Neuen Bundes, durch das Blut Jesu das Allerheiligste und werden Königskinder und Priester unseres Gottes.

Es ist wichtig, daß biblische Prinzipien in der Entwicklung des Gemeindelebens anerkannt werden, damit das Menschenpotential voll genutzt wird. Die Tatsache, daß der Rückgang vollbezahlter Mitarbeiterstellen dazu geführt hat, daß mehr Laien sich im Dienst der Gemeinde nutzbringend engagieren, ist ermutigend. John Tiller sagt: »Jeder Knecht Gottes wird in einen besonderen Dienst gerufen – den Dienst, der die besonderen Gaben dieses Menschen nutzbringend verwertet« (John Tiller, *A Strategy for The Church's Ministry*/CIO Publishing, 1983).

Es könnten also zwei Entwicklungen eintreten und – fast zufällig – eine Verlagerung des Dienstes auf viele Schultern fördern: die Verminderung der Zahl der Amtsträger wie auch die Zunahme des Engagements der Gemeindeglieder. Werden diese Entwicklungen begrüßt und nicht zur festen Einrichtung gemacht, dann können sie kreativ genutzt werden, um Wachstum im Leben der Gemeinde zu fördern, was zu gegebener Zeit zu einem zusätzlichen Bedarf an vollzeitlichen Mitarbeitern führen dürfte.

Frauen im Dienst

Wir haben gemeinsam herausgefunden, daß Gott von jedem Christen erwartet, daß sein Leben Frucht bringt. Ich bin überzeugt, daß durch den richtigen

Einsatz jedes Gemeindegliedes der Leib Christi in jeder Gemeinde sichtbar zur vollen Wirkung kommen wird.

Frauen haben im Leib Christi einen einzigartigen Platz. Sie haben fast immer ein Feingefühl, das sie zum pastoralen Seelsorgedienst geeignet macht, und Gott gebraucht sie oft durch die prophetischen Gaben des Heiligen Geistes im Heilungsdienst und für sein Werk auf den meisten Gebieten des Gemeindelebens.

Nach Gottes Ordnung ist aber der Mann dazu aufgerufen, der Frau in der Ehe Schutz zu geben. Ich bin überzeugt, daß das auch auf den Leib Christi zutrifft. Ich habe deshalb Schwierigkeiten, eine Frau als Leiterin von Leitern zu akzeptieren oder als alleinige Leiterin; dennoch kann ich ihren Stellenwert in einem Leiterteam sehen.

Die umstrittene Frage der Ordination von Frauen verwischt nur die Kernfragen. Michael Harper hat zu diesem Thema bemerkt:»Die Ordination von Frauen trägt nur zur Verwirrung bei; sie verewigt das Klassensystem, kerkert nur Frauen wie Männer ein. Damit sind wir nicht besser dran als vorher« (*Let My People Grow*, Hodder & Stoughton, 1977). David Watson fügt hinzu:»In unserem kirchlichen Denken sind die Austeilung des Abendmahls, die Predigt von der Kanzel, die Zusage der Vergebung und die Besiegelung des Ehebundes im Lichte der Bibel total überbewertet« (*I Believe in the Church*, Hodder & Stoughton, 1978).

Wer behauptet, daß Männer und Frauen austauschbar sind, verleugnet die Einzigartigkeit der Geschlechter und verkrüppelt die echte Entwicklung der Dienste im Leib Christi. Genauso wirken die vorurteilsvollen und engstirnigen Verhaltensweisen von Männern in die falsche Richtung, worunter Frauen oft gelitten haben – auch sie müssen zum Dienst befreit werden.

Die Gestaltung eines sich erweiternden Dienstes

Die Ausweitung des Dienstes wird Wirklichkeit, wenn wir biblische Grundsätze akzeptieren, die sich auf die Möglichkeiten aller Gläubigen beziehen. Das wird in 1. Petrus 2,5 erklärt:»Laßt euch auch selbst wie lebendige Steine aufbauen als ein geistliches Haus, zu einer heiligen Priesterschaft, um geistliche Opfer darzubringen, die Gott angenehm sind durch Jesus Christus!« (Zürcher Bibel). Und im Vers 9:»Ihr aber seid das auserwählte Geschlecht, die königliche Priesterschaft, das heilige Volk, das Volk des Eigentums, daß ihr verkündigen sollt die Wohltaten dessen, der euch berufen hat von der Finsternis zu seinem wunderbaren Licht.«

Im 1. Korinther 12,27 wird dasselbe Prinzip zum Ausdruck gebracht, nur die Bildersprache ist verschieden: »Ihr aber seid der Leib Christi, und jeder von euch ein Glied.«

Das sich ausdehnende Team

Wenn erst einmal anerkannt ist, daß jeder Christ in der Arbeit Gottes eine Aufgabe zu übernehmen hat, muß die Leiterschaft einfühlsam auf die individuelle Entwicklung eines jeden Gliedes eingehen. David Watson (in *I Believe in the Church*) hat die untere Kirchenstruktur am Bild einer Flasche erläutert, mit dem Pfarrer oder Vikar als Korken. Der Pfarrer und sein Kirchenvorstand können die freie Entwicklung der Gemeinde unterdrücken. Wenn aber – umgekehrt – die Sicht des sich ausdehnenden Dienstes akzeptiert ist, dann hat die Leiterschaft die Verantwortung, aufkeimende Dienstbereitschaft auszuwählen, anzuspornen, zu entwickeln und zu schulen.

Unsicherheit in der Leiterschaft verhindert eine solche Entwicklung; denn die Leitung hat Angst, von der neuen Tüchtigkeit der anderen beschnitten zu werden. Die erforderliche Entwicklung wird nicht nur zu einer Umbesetzung der Dienste führen, sondern die Dienste an Zahl und Umfang erheblich ausweiten. Infolgedessen braucht nicht Furcht aufzukommen, sondern nur größeres Vertrauen in den allmächtigen Herrn wachsen – denn es ist ja sein Plan!

Irgendwo habe ich den Satz gelesen: »Der Dienst eines Mannes schafft ihm Raum.« Wenn jeder sich unter der Hand Gottes durch den Ansporn der Leiterschaft entwickelt, wird auch das ihm anvertraute Aufgabegebiet deutlich wachsen. Menschen mit evangelistischer Gabe werden die Verlorenen zur Rettung führen; andere, die Hirtengaben haben, werden das kraftvolle Wachstum junger Christen fördern; diejenigen, die gut ermutigen können, werden Glauben aufbauen; jene, die die Gabe des Schenkens haben, werden die Gemeinde mit ihrer Großzügigkeit segnen. Unter dem Strich wird nicht nur mehr Engagement für alle herauskommen, sondern auch Wachstum und Frucht.

Das Format und die Leistungsfähigkeit von Dienst- und Leiterschaftspotential

Im Gleichnis von den anvertrauten Talenten in Matthäus 25,14–30 entnehmen wir, wie dort der Mensch die Talente nicht gleich austeilt, sondern nach der individuellen Leistungsfähigkeit der Empfänger. Wenn ich über die Entwicklung der im Dienst Stehenden rede, dann meine ich nicht, daß jeder die gleiche Veranlagung hat; viele werden nie Leiter werden, andere werden ihr

Leben lang auf nur einem Gebiet tätig sein. Gott beruft und erneuert nach seinem Wohlgefallen und nicht nach menschlichen Besetzungsplänen, wo jeder einmal in jeder Abteilung gearbeitet haben soll.

Halte Ausschau nach Menschen mit zehn Talenten und großer Leistungsfähigkeit, die immer nach Herausforderungen und Beanspruchungen dürsten. Kümmere dich um den Christen mit einem Talent, der es nicht vergraben will, sondern treu zu Gottes Ehre nutzen will. Es würde genauso schädlich sein, den 10-Talente-Menschen zu beschneiden wie den 1-Talent-Menschen zu überfordern.

Der Anwendungsbereich des Dienstes

Christen, die noch jung im Glauben sind und sich in der Gemeinschaft entwickeln, werden unvermeidlich in viele verschiedene Aktivitäten hineingezogen. Ich kann mir nicht vorstellen, daß jemand seinen auf ihn zugeschnittenen Anwendungsbereich des Dienstes wirklich herausfinden kann, ohne eine Reihe verschiedener Dinge auszuprobieren. Bringe deinen Schäfchen bei, wie sie Gottes Salbung für ihren Dienst suchen sollen, und wie sie die Bestätigung, daß Gott durch seinen Geist gibt, erkennen, wenn sie den richtigen Platz gefunden haben. Die Leiter müssen diese Entwicklung sorgfältig beobachten und erkennen, wenn ein gesalbter Dienst auftaucht.

Woran erkennt man, daß man die richtige Aufgabe hat? Da gibt es viele Mißverständnisse. Manche Leute meinen sogar, daß Gott jedem Menschen eine ganz schwierige und undankbare Aufgabe, die er gar nicht haben will, zugedacht habe. Ich bin überzeugt: das ist nicht Gottes Plan!

Vor einigen Monaten nahm ich an einem Gemeindewochenende in Bradford teil. Mitten in einem Leiterseminar deutete ich auf einen Mann in der ersten Reihe und fragte: »Was ist Ihr Dienst?«

»Ich weiß nicht«, antwortete er erstaunt.

»Seit wann sind Sie Christ?« forschte ich weiter.

»Seit ca. 13 Jahren.«

»Was tun Sie zur Zeit in dieser Gemeinde?«

»Nichts! Ich warte darauf, herauszufinden, was ich tun sollte«, antwortete er irgendwie deprimiert.

»In all den Jahren, die Sie Christ sind – was war die Aufgabe, die Ihnen am meisten bedeutet hat und am meisten Freude gemacht hat?«

Er dachte einen Moment nach, dann antwortete er: »Die meiste Erfüllung habe ich gefunden, als ich an einer Jüngerschaftsgruppe für neue Christen beteiligt war.«

»Genau das ist Ihr Dienst«, antwortete ich. »Ein ungeheuer lohnender und erregender Dienst obendrein. Tun Sie ihn wieder!«

Er strahlte und schaute aus, als ob ich ihm einen 50-£-Schein in die Hand gedrückt hätte. Ich drehte mich zu dem Pfarrer um und sagte: »Hier ist ein Mitarbeiter für das Jüngerschaftsteam!«

Wenn jemand seinen Platz im Dienst findet, dann ermutige ihn, in diesem Dienst zu bleiben, bis Gott ihn auf einen anderen Platz führt. Wirksamer Dienst geschieht unter der Salbung, nicht durch turnusmäßigen Wechsel! Wenn man jeden mal drankommen lassen will, dann verschleiert mach echte Salbung, statt sie zur Entfaltung kommen zu lassen. Wenn daher unter euch ein gesalbter Leiter für Lobpreis und Anbetung auftaucht, dann gib ihm Raum zu seiner Entwicklung auf seinem Gebiet des Dienstes. Wenn jemand für die Verwaltung begabt ist, dann versuche nicht, aus ihm einen Prediger zu machen.

Begrenzungen

Das Neue Testament lehrt, daß jeder Christ gebraucht wird, wenn der Leib Christi richtig funktionieren soll. In seinem 1. Brief an die Korinther schreibt Paulus im 12. Kapitel, Vers 12: »Denn wie der Leib einer ist und doch viele Glieder hat, alle Glieder des Leibes aber, obwohl sie viele sind, doch ein Leib sind…« Paulus führt in den folgenden Versen diesen Gedanken weiter, und dabei zeigt sich, daß jedem Christ eine bestimmte, von den anderen verschiedene Aufgabe zukommt. In Römer 12,1, Korinther 12 und Epheser 4 sind uns Aufgaben aufgelistet, deren Verschiedenheit breit und umfassend angelegt ist. Wenn also die Leiterschaft zum Engagement im Gemeindeleben ermutigt, muß Platz für das ganze Spektrum an Gaben und Diensten sein, wie sie in der Heiligen Schrift aufgezählt sind.

Das geschieht nur dann, wenn die Leiterschaft eine gemeinsame Sicht und gleiches Verständnis hat – eine Sicht, die in der Anlage vorhandenes Wachstum erkennt, das aufbricht, wenn jedes Gemeindeglied bis zur Grenze seiner Leistungsfähigkeit eingesetzt wird; und gleiches Verständnis, daß es zu Stillstand und Unruhe in der Gemeinde kommen wird, wenn es nicht gelingt, Dienste im Kreis der entschiedenen Jünger Jesu zu entwickeln.

In unseren konfessionellen Gemeindestrukturen gibt es gewiß Faktoren, die die Breite dieser Entwicklung einzuengen scheinen, vorneweg die Neigung, alles in feste Formen zu gießen, die von den paar Beamten in vollzeitlichem Dienst übernommen wurden oder ihnen auferlegt wurden. Ich habe jedoch noch keine Gemeinde kennengelernt, wo es nicht möglich gewesen wäre, das volle Potential des Leibes zu entwickeln, wenn das wirklich ersehnt wurde – selbst einigen ziemlich einschränkenden gesetzlichen Vorschriften von Konfessionen zum Trotz.

Andere zum Gottesdienst befreien

In den Hirtenbriefen des Paulus gibt es eine Fülle von Anweisungen an Timotheus und Titus, ganz in ihrem Dienst aufzugehen (2. Tim. 4,5/Jerusalemer Bibel) und andere anzuspornen, ebenfalls im Dienst heranzureifen.

Das 2.-Timotheus-2,2-Prinzip ist die Grundlage dieses Kapitels. Es ist viel über die Entwicklung von Gaben und Diensten gesagt worden. Was aber passiert nun in der Realität deines, eigenen Wirkungskreises? Nichts kommt von selbst.

Freigesetzt durch Bejahung

Niemand kann in einem neuen Dienstbereich Verantwortung übernehmen, bevor nicht der letzte Stelleninhaber diesen Platz geräumt hat. In 1. Korinther 16,10–11 lesen wir:»Wenn Timotheus kommt, so seht zu, daß er ohne Furcht bei euch sein kann; denn er treibt auch das Werk des Herrn wie ich. Daß ihn nur nicht jemand verachte!«

Ich höre förmlich die Bemerkungen, die diese Meinung ausgelöst haben – vielleicht ein Brief aus Korinth des Inhalts:»Wir möchten Lehre und Anleitung nur von dir selbst, Paulus, erhalten. Schicke uns also, bitte sehr, keinen von diesen aufstrebenden jungen Burschen!« Paulus ließ sich davon nicht beeindrucken. Er weiß, daß auf dem Leben des Timotheus die Salbung Gottes liegt. Also bejaht er ihn und schickt ihn mit seinem Segen hinaus. Er sagt nicht nur den Korinthern, was für einen Status er hat. Er stärkt auch Timotheus den Rücken, indem er ihm schreibt:»Niemand verachte dich wegen deiner Jugend« (1. Tim. 4,12).

Die kleine Geschichte zu Beginn dieses letzten Kapitels zeigt, wie sehr mich das Bestätigtwerden in meinem eigenen Leben und Dienst aufgebaut hat. Bestätigung war mir in meinen verschiedenen Phasen meiner Entwicklung unter Gott sehr wichtig.

In meinem Verhältnis zu anderen strebe ich danach, dasselbe Prinzip anzuwenden. Leiter müssen in der Lage sein, Fähigkeiten zu erkennen und Menschen in neue und anspruchsvolle Situationen vom Stapel laufen zu lassen.

Vor kurzem benötigte ich eine neue Sekretärin. Ich setzte mich mit Sandy zusammen, um sie zu bitten, die Stelle anzunehmen. Ich merkte, daß sie sehr ängstlich war. So gut ich konnte, erklärte ich ihr, was verlangt wurde, und schloß: »Sandy, ich habe volles Vertrauen, daß du alles tun kannst, was ich benötige. Ich bin zuversichtlich: wir beide werden das schon schaukeln und im einzelnen klarkommen, wenn die Arbeit getan wird.« Bei diesen Worten entspannte sie sich sichtlich, und in den folgenden Wochen ist dieses Wort der Bejahung reichlich gerechtfertigt worden.

Bejahung ist keine Schmeichelei, sondern ein Akt des Glaubens als Folge einer überlegten Entscheidung.

Freigesetzt durch Ermutigung

Während Bejahung gegeben wird, *bevor* die Arbeit begonnen hat, wird Ermutigung benötigt, *während und bis* die Arbeit getan ist. Es ist traurig, wie sehr es oft an Ermutigungen fehlt, weil die Ansicht vorherrscht, daß wir den Stolz nicht fördern dürfen, mit dem Ergebnis, daß viele einsam und entmutigt vor sich hin dienen. Das ist schlicht und ergreifend verkehrt.

Paulus war offen und großzügig in seinem Lob für die Thessalonicher: »... so daß ihr ein Vorbild geworden seid für alle Gläubigen in Mazedonien und Achaia« (1. Thess. 1,7). Wenn du gerne ermutigst, wirst du entdecken, daß dann auch Korrekturen besser aufgenommen und umgesetzt werden.

In den Sprüchen 31,31 wird die Arbeit der Hausfrau mit noblem Charakter als lobenswert beschrieben: »Gebt ihr von den Früchten ihrer Hände, und ihre Werke sollen sie loben in den Toren!«

Freigesetzt durch Ins-Wasser-Geworfenwerden

Während meines christlichen Lebens habe ich die Erfahrung gemacht, daß gerade unerwartete Situationen, denen ich mich nicht gewachsen fühlte, meinen Lebensweg kreativ und anregend beeinflußt haben. Einige dieser Situationen haben mich mehr zufällig als folgerichtig betroffen, und oft bin ich nicht gerade sanft ins kalte Wasser gestoßen worden. Während ich mich zu Gott ausstreckte wie ein Ertrinkender, der sich an einen Rettungsring klammert, habe ich stets Gottes unerschütterliche Treue erlebt. Ich weiß, daß ich dadurch in Jesus Christus gereift bin.

Denjenigen von euch, die Leiter sind, sei gesagt: wenn ihr im Glauben und in der Autorität reifen wollt, dann müßt ihr in der Lage sein, bereitwillig auf das Unerwartete einzugehen. Wie in einem früheren Kapitel ausgeführt, wächst Glaube nur, wenn er gelebt wird.

Wenn du andere dazu freisetzt, daß sie im Glauben wachsen, mußt du Gelegenheiten schaffen, in denen sie sich entwickeln können. Wenn nur wenige Gemeindeglieder ständig gefordert werden, haben andere keine Gelegenheit, Glauben und Autorität über ihre jetzige Erfahrung hinaus zu entwickeln.

In der Apostelgeschichte 3 gingen Petrus und Johannes zum Tempel, nur um dort zu beten, als sie mit dem lahmen Bettler konfrontiert wurden. Was sollten sie tun – eine Münze in den Bettlertopf werfen oder im Glauben hinaustreten? Sie sprangen ins kalte Wasser des Glaubens, und Gott tat ein großartiges Wunder!

Freigesetzt durch Fehlermachen-Dürfen

Wenn du jemandem eine bestimmte Verantwortung übertragen hast, und die Sache schiefzugehen scheint – was machst du? Du stehst mit ihm die Sache durch.

Wenn ein Mensch eine Neuaufgabe in Angriff nimmt, ist es hilfreich, auf ihn keinerlei Erfolgsdruck auszuüben. Ich räume oft eine Probezeit ein, wobei wir regelmäßig Zwischenbilanz ziehen. Wenn wir den Eindruck gewinnen, daß die Arbeit vorankommt und gesalbt ist, dann darf sie sich weiterentwickeln; wenn aber das Gegenteil der Fall ist, kann sie ohne Gesichtsverlust aufhören.

Trotzdem gibt es viele Situationen, wo zusätzliche Zeit eingeräumt werden muß, damit Erfahrung und Vertrauen wachsen können; in dieser Zeit werden zwangsläufig Fehler entstehen.

Jesus hatte keine Angst davor, seine Schüler Fehler begehen zu lassen. Wie in Markus 9 nachzulesen ist, war Jesus noch auf dem Rückweg von dem Berg der Verklärung, während seine Jünger vergeblich einen Knaben aus dem Griff eines bösen Geistes zu befreien versuchten. Jesus griff ein und brachte die Sache in Ordnung. Später redete er mit den Jüngern darüber und belehrte sie, daß sie in solch einen Dienst nur dann hineinwachsen würden, wenn sie mehr über das Beten lernten.

Die Jünger wurden nicht aus diesem Dienst entlassen, und wenn wir uns in die in der Apostelgeschichte berichteten Ereignisse vertiefen, entdecken wir, daß sie aus ihren Fehlern gelernt hatten.

Wenn man Menschen freisetzt, Fehler machen zu dürfen, werden sie positiv auf Korrektur und Hilfe reagieren. »Wir wissen aber, daß denen, die Gott lieben, alle Dinge zum Besten dienen ...« (Röm. 8,28).

Freigesetzt durch Schulung

Für den Dienst im Leib Christi brauchen alle Christen Hilfe und Ermutigung von ihren Lehrern. In den Gemeindestrukturen ist Schulung für die meisten Gebiete des Dienstes möglich. Viele Gemeinden beginnen mit Jüngerschaftskursen und bemühen sich, das Potential jedes Gemeindegliedes zu entwickeln. Durch diese Kurse wird deutlich, daß unter den Gemeindegliedern einige sind, die Gott in Dienste beruft, die eine gründlichere Schulung voraussetzen. Heutzutage gibt es eine ganze Reihe nützlicher Fernkurse, die gut geplant und sorgfältig verfaßt sind. Dienst- und Leiterschaftspotential muß *zuerst* evident werden; dann kann die anschließende Schulung sehr produktiv werden.

Wiederum finden wir in den Anweisungen des Apostels Paulus an Timotheus eine reife Einstellung gegenüber Schulung und Weiterentwicklung. Im 2. Timotheus 3,16–17 lesen wir:»Jede von Gottes Geist eingegebene Schrift ist auch nütze zur Lehre, zur Überführung, zur Besserung, zur Erziehung in der Gerechtigkeit, damit der Mensch Gottes vollkommen sei, zu jedem guten Werke völlig ausgerüstet« (Zürcher Bibel).

Freigesetzt durch die Gaben des Geistes in der Anbetung

In der im 1. Korinther 12 und 14 gegebenen Lehre über die Gaben des Heiligen Geistes wird erwartet, daß alle Glieder der christlichen Ortsgemeinde im Gebrauch dieser Gaben entwickelt werden. Sie wurden von Gott zur Stärkung, Ermutigung und zur Tröstung gegeben. Wenn man nicht zuläßt, daß sie funktionieren, wird der Leib darunter leiden. Die Gaben des Geistes sollen nicht nur durch eine beschränkte Zahl von Leuten praktiziert werden. Das lehrt uns Paulus im 1. Korinther 14,26:»Wenn ihr zusammenkommt, hat jeder einen Psalm, hat eine Lehre, hat eine Offenbarung, hat eine Zungenrede, hat eine Auslegung. Alles geschehe zum Aufbau (der Gemeinde)!« (Wuppertaler Studienbibel).

Wann denn sind die Menschen im Anbetungsdienst deiner Gemeinde frei, die Gaben des Heiligen Geistes zu handhaben? Es hilft nicht viel, eine solche Zeit in einen besonderen Nebengottesdienst zu verstecken, zum Beispiel Mittwochabend, denn dort ist nur ein Teil der Gemeinde anwesend.

Wie hältst du es mit der Anweisung des Paulus, jedem zur Gabe der Prophetie zu verhelfen? Im 1. Korinther 14,31 lesen wir:»Ihr könnt alle prophetisch reden, doch einer nach dem anderen, damit alle lernen und alle ermahnt werden.«

Du mußt für Antworten auf diese Fragen sorgen, wenn der Leib deiner Gemeinde dazu freigesetzt werden soll, sein volles Potential zu erreichen.

In Epheser 4,16 lesen wir: »Von Christus aus wird der ganze Leib zusammengefügt und fest zusammengehalten durch jedes einzelne Gelenk, das da einen Dienst zu verrichten hat je nach der Kraft, die jedem einzelnen Teil zugemessen ist, und so geht das Wachstum des Leibes vor sich, bis er sich selbst auferbaut hat in Liebe« (Jerusalemer Bibel).

Wenn Dienst und Leiterschaft sich zeigen, ist es wichtig, daß jedes Glied seine Arbeit tun kann. Es gibt nichts Schlimmeres, als wenn ein Leiter scheinbar vielen Menschen verschiedene Gebiete verantwortlich anvertaut hat, aber immer noch überall herumfuhrwerkt und in jede Arbeit hineinredet. Wenn Verantwortung abgegeben wird, muß auch ein entsprechendes Maß an Autorität zugestanden werden. Das hindert den Leiter nicht daran, Kontrolle und Wegweisung auszuüben. Aber es erlaubt dem ernannten Christen, Salbung und göttliche Autorität in seiner Rolle und Verantwortung zu suchen.

Laß mich als Beispiel berichten, wie ich diejenigen ermutige, die den Lobpreis leiten. Ich wähle nicht selbst die Lieder für die Lobpreiszeit zu Beginn eines Treffens aus, auf dem ich sprechen werde. Ich erwarte von dem Leiter des Lobpreises und der Anbetung, daß er Zeit geopfert hat, um Gott zu suchen und sich selbst und die Lobpreisgruppe vorzubereiten, damit sie die Leute zu fröhlichem Lobpreis führen und darauf vorbereiten, für das Wort, das ich ihnen bringen werde, empfänglich zu sein.

Das ganze Treffen steht unter meinem Kommando. Doch während der Zeit des Lobpreises und der Anbetung stehe ich unter ihrer Autorität und Salbung und vertraue darauf, daß sie die Versammlung zu dem erforderlichen Ziel bringen. Wenn ich aufstehe, um zu sprechen, fällt das Kommando wieder mir zu, und ich führe die Menschen weiter auf das Ziel zu, das – wie ich überzeugt bin – Gott wünscht.

Kürzlich hat mich ein Gemeindewochenende der anglikanischen Kirche in einem Vorort Londons ungeheuer beeindruckt. Als unser Team eintraf, wurden wir im Pfarrhaus begrüßt und vor unserem ersten Treffen zu einem gemeinsamen Essen geladen. Von diesem Zeitpunkt an schien jedoch der Pfarrer in den Hintergrund der Kerntruppe eines größeren Teams zu treten. Das ganze Wochenende hindurch zeigte sich ein Christ nach dem anderen, der auf einem bestimmten Gebiet weitreichende Verantwortung trug. Es schien zu schön, um wahr zu sein – sollte das nur schöner Schein sein?

Während des Leiterschaftstreffens am Sonntagnachmittag kam es dann zum heiklen Punkt, als ich die Frage stellte: »Wen würde das durchschnittliche Gemeindeglied als den für sich zuständigen Hirten ansehen?« Ich wartete gespannt auf die Antwort. »Der Leiter des Hauskreises würde als erster angesprochen; doch jeder weiß, daß er direkten Zugang zum Pfarrer hat.« Ich war hoch erfreut, hier ein Musterbeispiel dafür vorzufinden, was geschieht, wenn jedes Glied seine Arbeit tun kann.

Gott hat seinem Volk die Gute Nachricht von seinem Reich, seinen Satzungen und seiner Herrschaft in den Herzen der Menschen anvertraut. Die Leiter in seiner Kirche haben die Verantwortung:
- so in Beziehung zu Gott zu leben, daß sie Kanäle seiner Kraft sind;
- so nach den Prinzipien seines Wortes zu leben, daß das Leben der verlorenen Menschheit von der Herrschaft Gottes berührt wird;
- so andere zu befreien, daß das Werk Gottes wächst und sich vervielfältigt.

Zuverlässig ist das Wort:
Wenn wir mitgestorben sind,
dann werden wir auch mitleben.
Wenn wir mitdulden,
werden wir auch mitherrschen
(2. Tim. 2,11–12/Jerusalemer Bibel).